"新时代基层党建与基层治理现代化研究"丛书
丛书主编：郝宇青

The Study on the Dynamics
of Urban Grassroots Social Governance

赵
爽 ◎ 著

城市基层社会治理的
动力研究

天津出版传媒集团
天津人民出版社

图书在版编目（CIP）数据

城市基层社会治理的动力研究 / 赵爽著. -- 天津：
天津人民出版社，2025. 6. --（"新时代基层党建与基
层治理现代化研究"丛书 / 郝宇青主编）. -- ISBN 978-
7-201-21054-4

Ⅰ. D63

中国国家版本馆 CIP 数据核字第 2025N2N269 号

城市基层社会治理的动力研究
CHENGSHI JICENG SHEHUI ZHILI DE DONGLI YANJIU

出　　版	天津人民出版社
出 版 人	刘锦泉
地　　址	天津市和平区西康路35号康岳大厦
邮政编码	300051
邮购电话	（022）23332469
电子信箱	reader@tjrmcbs.com

策划编辑	王　玲
责任编辑	王　玲
封面设计	汤　磊

印　　刷	天津新华印务有限公司
经　　销	新华书店
开　　本	710毫米×1000毫米　1/16
印　　张	15
字　　数	240千字
版次印次	2025年6月第1版　2025年6月第1次印刷
定　　价	89.00元

丛书总序

中国特色社会主义进入新时代以来，基层治理就成了当今中国最为重要的政治议题之一，这也是新时代之"新"的一个表现特别突出的方面。那么，为什么基层治理成为当今中国最为重要的政治议题之一呢？我曾在《基层社会治理的政治学论纲》（《社会科学》2020年第6期）一文中梳理了以下三个方面的原因：

一是以社会领域为改革重心的战略转型。党的十一届三中全会的召开，标志着改革开放大幕的开启。正如邓小平所说："改革是全面的改革，包括经济体制改革、政治体制改革和相应的其他各个领域的改革"[①]，由于"文革"结束后中国面对严峻的社会现实，在实际的改革进程中，不得不把经济领域的改革作为优先选项，试图达到通过经济发展去解决其他领域问题的目的。这样的战略选择固然是有其合理性的，但也造成了改革的结构性失衡问题。可以看到，当代中国在创造世界经济奇迹和社会财富大量涌现的同时，各种社会问题和社会不稳定因素也在快速增加，片面强调效率和经济增长的后果逐渐浮现。对此，如果不能消除贫富分化、实现社会公平，那么，基层社会的治理危机就难以消解，构建社会主义和谐社会的目标就无法实现，甚至有可能葬送改革开放的成果。于是，改革方针和策略的调整就成为新时代面对的重大课题。党的十八届三中全会通过的全面深化改革的决议，把"完善和发展中国特色社会主义制度，推进国家治理体系和治理能力现代化"作为全面深化改革的总目标，就可以看作对改革方针和策略的重新定位，从而开启了以社会领域为改革重心的新征程。

---

① 《邓小平文选》（第三卷），人民出版社，1993年，第237页。

改革重心调整是一种必要的政治行动，而加强基层社会治理是这一政治行动目标的核心和基础。

二是以美好生活为价值取向的社会主要矛盾转化。党的十九大报告明确提出了我国社会主要矛盾的转化："人民日益增长的美好生活需要和不平衡不充分的发展之间的矛盾。"①社会主要矛盾的变化是"关系全局的历史性变化"，它关乎第二个百年奋斗目标、关乎中华民族伟大复兴、关乎国家治理体系和治理能力现代化的实现程度。当然，社会主要矛盾的变化也"对党和国家工作提出了许多新要求"，特别是要"建立符合我国实际的先进社会制度"，要"顺应人民意愿"（实现美好生活的意愿可以说是当前中国最大的民意）。社会主要矛盾的转化是一个宏观的政治问题，而化解社会主要矛盾则需要微观层面的努力。当前，我国社会主要矛盾集中表现在基层，尤为集中地表现在基层民众那里。因而，基层是化解社会主要矛盾最为主要的阵地。党的十九大报告提出了"社会治理重心向基层下移"的政治策略，就在客观上把基层作为化解社会主要矛盾主要阵地的功能定位固定了下来。

三是以强基固本为政治考量的合法性资源转换。对于任何一个执政党来说，拥有一定的合法性资源都是必要的，否则，就有可能陷入执政的危机之中。对于中国共产党来说，也是如此。应当说，在党的执政过程中，始终进行着合法性资源的生产和再生产，并源源不断地提供着合法性支持。譬如，在改革开放前，着重意识形态合法性资源的生产和再生产；改革开放后，则着重经济绩效合法性的生产和再生产。这里需要说明的是，中国共产党执政合法性资源的生产和再生产模式具有一个鲜明的特点，即它是一种特定合法性资源的生产和再生产。特定合法性资源的生产和再生产在特定的历史时期是有效的，但是其局限也是明显的，即它无法满足现代化国家和现代政党对合法性资源的要求。因此，对于

---

① 《决胜全面建成小康社会，夺取新时代中国特色社会主义伟大胜利》，《人民日报》2017年10月28日。

旨在追求社会主义现代化国家建设为目标的中国共产党来说，在世情、国情、党情都发生深刻变化的情况下，它必须致力于从特定合法性资源的生产和再生产到散布性合法性资源生产和再生产的转换。如果说特定合法性资源的生产和再生产是单一向度的，那么，散布性合法性资源的生产和再生产则是综合的、系统的、全面的。虽然两者都以人民的同意和认可为宗旨，但是，后者是多维度的、网络化的，包含着物质的和精神的双保险。在这个意义上，散布性合法性资源的生产和再生产更有利于满足人民群众的需要，因而更有利于赢得基层人民群众的认同和支持，因此，它更有助于党的执政地位的巩固。因此，习近平指出："党的工作最坚实的力量支撑在基层，最突出的矛盾和问题也在基层，必须把抓基层、打基础作为长远之计和固本之举。"①

鉴于上述三个方面的原因，中央果断作出了党和国家工作重心转移到基层、转移到基层社会治理的政治决策，并进行了相应的制度安排。可以看到，在这一政治决策和制度安排的推动下，全国范围内开始了形式多样的基层社会治理的实践和创新。当然，在这些实践和创新中，既有成功的经验，也有失败的教训。然而，不论是经验还是教训，都值得从学理上进行总结和探究，从而为提高基层社会治理的有效性、推进基层社会治理的现代化提供智力支持。这是学术界理应肩负起来的责任。应当说，新时代以来，基层党建与基层治理的实践可谓蔚为壮观，学术界对之展开的研究和探索也是蔚为壮观。两者形成了实践和理论的"合唱"。我带领我的研究团队也加入了基层党建和基层治理的研究中来了。

在党的十八大之前，我的研究兴趣主要集中在社会转型领域，并积累了一些社会调查的经验。2016年起，我担任上海市闵行区政协委员，多了一些接触社会、接触各行各业精英人士的机会，也给我创造了和闵行区的一些基层单位进行合作研究的机会。我带领我研究团队在江川路街道、古

① 《〈中共中央关于制定国民经济和社会发展第十四个五年规划和二〇三五年远景目标的建议〉辅导读本》，人民出版社，2020年，第434页。

美路街道、吴泾镇、华漕镇、颛桥镇、浦江镇和一些新经济组织进行了驻点调研，获得了大量的一手资料。我们还基于研究阐释党的十九大精神国家社科基金重大专项课题"加强基层党组织建设，着力解决基层党组织弱化、虚化、边缘化问题调查研究"，到浙江、福建、江西、云南、陕西、甘肃、新疆、吉林等地进行调研，获得了极为珍贵的资料和数据。基于此，我的团队成员在获得锻炼的同时，也取得了不少的学术成果。"新时代基层党建与基层治理现代化研究"丛书就是这些成果的一部分。目前，该丛书先行出版4本，即任园的《新时代城市社区"组织再造"中的主体及其功能调试研究》、王谢平的《城市社区治理中的政治技术及其运用研究》、赵爽的《城市基层社会治理的动力研究》和哈德里别克·黑南的《新时代城市社区服务型治理研究》。待其他成果整理完成，将进一步充实该丛书。

"新时代基层党建与基层治理现代化研究"丛书的出版，得到了天津人民出版社的大力支持，在此谨表示衷心的敬意和感谢！尤其是王玚同志欣然担任丛书的责任编辑，付出了许多艰辛的努力，她在很多细节上不厌其烦，其认真负责的态度让人感动。

出版该丛书的初衷，并不仅仅是成果的展示，而是希望能够让我们的研究成果接受实践的检验和学界的批评指正，从而达到对实践的帮助、对研究的推动作用。我们也深知，任何一项研究成果都不可能是十全十美的，它所揭示的经验或规律也不可能是静止的。尤其是中国式现代化的实践没有完成时，基层党建和基层治理的实践没有完成时，因而任何实践经验的总结可能也都是一时的、局部的。或许，恰恰就是这些，给我们提供了不断努力、不断探索的持续的动力。当然，不断地接受挑战、不断地进行探索，是我们作为理论工作者应有的理论情怀和责任担当。

郝宇青

2024年8月21日于丽娃河畔

前　言

　　加强和创新城市基层社会治理是新时代社会建设的重要任务、国家治理的重大挑战。城市基层社会治理是一项系统工程，其中，激活基层社会治理的动力系统是前提和先决条件。没有驱动力，再好的基层社会治理模式和机制也无法运行，而驱动力不足，基层社会治理则难以持续、长效。在全面建设社会主义现代化国家新征程的背景下，加快建设人人有责、人人尽责、人人享有的社会治理共同体，探明城市基层社会治理动力问题，准确把握和运用不同的动力，不仅有利于构建符合中国城市特点的基层社会治理体系、让新时代城市基层社会更好地运转起来，还有助于在基层领域深化推进国家治理体系和治理能力现代化。

　　在上述背景下，本书以基层社区为分析单元，聚焦城市基层社会治理动力研究。本书首先介绍了新时代背景下城市基层社会治理动力研究的选题背景、研究意义及国内外研究现状，在此基础上，阐述了主要研究内容、研究方法、思路框架和章节安排等。接着，笔者对所涉及的核心概念进行了界定并系统论述了相关理论基础，进而结合中国社会体制背景和城市基层现实情况，提出基于社会治理共同体目标逻辑的城市基层社会治理动力分析框架。为了深入了解和把握城市基层社会治理动力状况并总结作用机理，本书采用个案研究、访谈调研等实证研究方法，立足城市社区治理体制机制的历史变迁和社会背景，对上海市 Y 社区加强和创新基层社会治理实践情况进行了深入的调查分析，围绕"基层社会治理为什么可能、如何持续"等前提性追问，揭示城市基层社会治理动力构成要素及特征表现，进而提炼出一般意义上的城市基层社会治理动力生成和提升的基本条件，深化对城市基层社会治理动力的作用机理的理论解释和现实借鉴。

作为本书研究样本的 Y 社区，其代表性在于其曾经被称为"沪上最烂小区"，几乎集中了当代中国城市社区治理中的典型问题：社区居民生存原子化、社会交往冷漠化、社区利益格局碎片化、公共事务疏远化、社区治理主体互疑化，问题背后则是城市基层社会治理的缺失及共同体的衰退。而其独特性在于，党的十八大以来，在并不漫长的时间里 Y 社区就完成了向"上海市文明社区"的历史性蜕变，创造了一片"翻天覆地、七彩 Y 居"的社会治理新景观。历史性变迁映射出 Y 社区治理动力的系统激活及社会治理共同体的快速成长，通过对 Y 社区治理动力的系统研究，本书所获得的主要结论包括：

第一，本书通过对新时代社区治理相关顶层设计的梳理和解读，揭示城市基层社会治理动力生成的目标逻辑。笔者认为，新时代加强和创新城市基层社会治理，关键是要促成人人有责、人人尽责、人人享有的社会治理共同体建设，而城市基层社会治理共同体的实现，意味着通过完善和优化城市基层社会治理动力机制，激发多元城市基层社会治理主体强大动能。

第二，本书依循社区治理的目标逻辑，结合新时代 Y 社区治理实践，归纳城市基层社会治理的动力结构和表现特征。笔者认为，城市基层社会治理的核心动力是一组复合的动力系统，包括纵向国家治理结构性的压力、社区居民的需求拉力、社区内部的矛盾张力、社区居委会的绩效驱动力、智能社区建设的推力。这五种力量为加强和创新城市基层社会治理提供了系统的驱动合力。同时，城市基层社会治理动力还表现出构成的系统复合性、动力作用的交叉传导性、动力内在的利益关联性和动力发展的动态可塑性等一系列特征。

第三，本书从 Y 社区社会治理实践的个性和特殊性中提炼共性和普遍性的基层社会治理的动力生成与作用机理。笔者认为，首先，在城市基层社会治理中，社会治理共同体意识是维系基层社会治理共同体存续的精神保障、促进社区团结和协调治理行动的文化纽带，也是社区治理动力形成的思想基础。其次，加强党建引领社会治理，是重新激活多元主体的参与

热情、发挥多元主体共同力量的根本保证。党建引领基层社会治理，基层
党组织是主体，引领功能的实现是关键。基层党的组织有力，社区治理才
能运转有序。党的组织统筹联动核心作用的充分发挥，才能打破基层社会
的利益壁垒，基层社会治理共同体才能凝聚强大治理合力。最后，激发城
市基层社会治理长效动力，保障基层社会治理可持续发展，制度是最可靠
的选择。持久性的城市基层社会治理不是建立在运动式推动基础之上，而
是建立在稳固的制度基础之上。基层社会治理改革与发展需要制度供给者
主动适应环境变化和发展要求，进行动态的、科学的、系统性的制度创新
设计。此外，笔者通过调研发现，正是不断地创新为城市基层社会治理动
力激活的机会空间，在新时代的现实需要和顶层设计驱动下，国家致力于
深化诸领域的改革创新，系统性、持续性地打开了社会治理动力释放的总
阀门。

　　总之，本书将城市基层社会治理动力视为一个多元互动、有机发展的
整体系统。通过对城市基层社会治理动力系统性分析，不仅有利于充实对
中国特色社会治理的理论研究，而且有助于更加有的放矢地探索社区治理
共同体的实现，更加可持续地推进新时代城市基层社会治理体系和治理能
力现代化。

绪　论

一、选题缘由及研究意义

（一）选题缘由

中国的改革开放虽然是从经济领域率先开启，但是在高度集中的计划经济体系向社会主义市场经济转变的过程中，同时引发了社会政治文化的全面综合的变革。如果将视野从中国巨变的宏大政治经济叙事聚焦到具体的社会生活细节，我们可能看到的"最大的引人注目的变化，即中国基层社区的复活和草根社会的复兴"，而基层的变化已经并将继续"巨大但缓慢地推动着中国政治的变迁"。①中国基层社会的巨大变革，推动国家对基层社会管控转向基层社会管理。党的十八大以后，在国家治理的话语框架和制度实践背景下，基层社会管理逐渐走向基层社会治理。

于是，中国特色社会主义进入新时代以来，加强和创新基层社会治理逐渐成为当代中国政治生活中最为重要的政治议题之一。有学者提出了这样的观点：如果说在党的十八大之前，经济发展是中国最大的政治（其论据是邓小平在1979年的讲话："经济工作是当前最大的政治，经济问题是压倒一切的政治问题"②），那么，党的十八大以来，加强和创新基层社会治理就是中国最大的政治。③在当前的中国，基层社会治理的重要性是毋庸置疑的。

① 贺海涛，聂新平．基层社区治理的创新实践：国家治理现代化视野下的罗湖探索[M]．北京：中国社会科学出版社，2016:2.

② 邓小平文选：第二卷[M]．北京：人民出版社，1994:194.

③ 郝宇青．基层社会治理的政治学论纲[J]．社会科学，2020(06):15-31.

正因为如此，党的十八大以来，中央对于基层社会治理高度重视，出台多项关于加强基层社会治理的文件。譬如，党的十八大报告指出，要加强社会建设，"加快推进社会体制改革"，"加快形成党委领导、政府负责、社会协同、公众参与、法治保障的社会管理体制"，要加强和创新社会管理，"提高社会管理科学化水平"。①虽然党的十八大报告中还没有使用社会治理的概念，但是，在报告的第五部分"坚持走中国特色社会主义政治发展道路和推进政治体制改革"中，在谈到"完善基层民主制度"时，提出了"社区治理"，②这为后来党的十八届三中全会正式提出作了重要铺垫。党的十八届三中全会通过的《中共中央关于全面深化改革若干重大问题的决定》，这是党的文件第一次使用"社会治理"的概念。《决定》提出，要"创新社会治理"，"改进社会治理方式"，"加强党委领导，发挥政府主导作用，鼓励和支持社会各方面参与，实现政府治理和社会自我调节、居民自治良性互动"。③

2017年党的十九大进一步指出，要破解人民日益增长的美好生活需要和不平衡不充分的发展之间的矛盾，改善人民生活水平，必须"加强和创新社会治理"，"完善党委领导、政府负责、社会协同、公众参与、法治保障的社会治理体制"，"打造共建共治共享的社会治理格局"。与此同时，党的十九大报告还提出了"加强社区治理体系建设，推动社会治理重心向基层下移"④的策略。党的十九届四中全会通过的《中共中央关于坚持和完善中国特色社会主义制度 推进国家治理体系和治理能力现代化若干重大问题的决定》，在党的十九大报告论述的基础上更进一步指出："必须加强和创新社会治理，完善党委领导、政府负责、民主协商、社会协同、公

---

① 胡锦涛.坚定不移沿着中国特色社会主义道路前进 为全面建成小康社会而奋斗:在中国共产党第十八次全国代表大会上的报告[R].北京:人民出版社,2012:38.

② 胡锦涛.坚定不移沿着中国特色社会主义道路前进 为全面建成小康社会而奋斗:在中国共产党第十八次全国代表大会上的报告[R].北京:人民出版社,2012:27.

③ 中共中央关于全面深化改革若干重大问题的决定[R].北京:人民出版社,2013:49.

④ 习近平.决胜全面建成小康社会 夺取新时代中国特色社会主义伟大胜利:在中国共产党第十九次全国代表大会上的报告[R].北京:人民出版社,2017:49.

众参与、法治保障、科技支撑的社会治理体系，建设人人有责、人人尽责、人人享有的社会治理共同体。"①

在城市基层中，为实现人人有责、人人尽责、人人享有的社会治理共同体，其"关键在于形成内部聚合力的基础上开展多元主体间的互动合作"②。顾名思义，共同体必定是超越单一主体的存在，只有一元主体存在和发挥作用的治理结构不能称之为治理共同体，治理共同体的逻辑在于共同条件下的多元主体间性。同时，治理共同体还意味着多元主体间存在高度的合作共治关系。也就是，社区治理场域内，不同主体基于共同治理目标而积极采取协调的集体行动。城市基层社会治理是一个系统性工程，应该通盘考量，充分调动各类关键行动者的积极性，形成基层社会治理共同体。但是，一个健康活跃的社会治理共同体并不会自发生成，社会治理研究不能忽视其背后的动力研究。党政部门究竟为何或者说出于怎样的考量而推动形成多元共治的社区治理格局，多元主体又是缘何积极参与到社区治理中来，其背后所蕴含的不同治理主体治理行动逻辑及影响因素又是什么等一系列的问题。也就是说，"人人有责、人人尽责、人人享有"社区治理共同体的形成，并不是党和国家自上而下推动就可以发生的，其背后是关涉多元主体的系统动力问题。

事实上，长期以来，城市基层社区治理受制于"全能国家"③和"总体性社会"④的逻辑，"国家包揽一切，对一切负责"的传统社会治理责任模式，以及理论上倡导的相关社会参与及基层社会治理结构调整等都存在很大不足。这就使得城市基层社会治理难以因应基层社会发展需要，城市基层社会治理共同体成长与城市基层社会转型不相适配。美国社会学家奥

---

① 中共中央关于坚持和完善中国特色社会主义制度 推进国家治理体系和治理能力现代化若干重大问题的决定[R].北京:人民出版社,2019:28.

② 陈秀红.如何把"社区治理共同体"做实做好? [N].学习时报,2021-01-27.

③ 李强.后全能体制下现代国家的构建[J].战略与管理,2001(06):77-80.

④ 孙立平,等.改革以来中国社会结构的变迁[J].中国社会科学,1994(02):47-62.

格本用文化堕距（cultural lag）①来解释由于社会的各个组成部分变化速度不一致而在社会变迁的过程中产生的问题。借用文化堕距的概念，我们可以将基层社会治理理想与现实差距称为一种治理堕距（governance lag）。也就是说，伴随着城市基层社会的结构化转型，在城市基层社会系统中，治理子系统在多个方面出现了与基层社会转型要求不相匹配的错位、延迟或滞后等问题，形成了一个治理堕距的复杂现象。从发展的角度看，如何弥合城市基层社会的治理堕距，同样需要从发展的动力上着手。通过对动力的深入研究，可以揭示事物发展背后的成因，发现事物发展的阻碍因素，把握事物发展的趋势走向。城市基层社会治理的动力问题，本质上指向基层社会治理为什么可能、如何持续的前提性追问。

由此，在社区治理改革创新已经进入深水区的当下，在推进城市基层社会治理共同体建设、促进城市基层社会治理现代化进程中，有必要加强相应的基层社会治理动力研究。然而，从现有的研究来看，有关城市基层社会治理发展和创新的动力研究尚有进一步拓展的空间。对此，有学者指出："当前研究对形塑社区治理变革的动力缺乏足够分析"②，而且即使以往一些研究对基层社会治理动力有所探讨，但这些研究多立足宏观的"国家/社会"的"强/弱"框架下加以解释，尚缺少深入到城市社区多元主体及其互动关系中把握社区治理的深层次动因。

有鉴于此，本书基于"人人有责、人人尽责、人人享有"社会治理共同体的城市基层社会治理目标逻辑，从具体的社会治理场域（即上海市Y社区）出发，反思新时代加强和创新城市基层社会治理何以可能、何以持续这一深层次命题，深入剖析城市基层社会治理中的动力问题。通过对城市基层社会治理动力系统性地分析，进而能够更加有的放矢地讨论城市社区治理共同体的实现，能够更加可持续地推进城市基层社会治理体系和治

---

① 威廉·奥格本.社会变迁:关于文化和先天的本质[M].王晓毅,陈育国,译.杭州:浙江人民出版社,1989:106-107.

② 王德福.社区治理现代化:功能定位、动力机制与实现路径[J].学习与实践,2019(07):88-97.

理能力现代化。

（二）研究意义

1.理论价值

一方面，本研究有助于深化对城市基层社会治理动力的理论认知。探究城市基层社会治理的动力，是加强和创新基层社会治理的前提和先决条件，没有驱动力，再好的社区治理模式和机制也无法运行，而驱动力不足，社区治理就不可能持续、长效。然而，正如有学者所指出的："当前研究对形塑社区治理变革的动力缺乏足够分析。"[①]因此，本书以基层社区为分析单元，聚焦于城市基层社会治理动力研究，通过对具体社区治理共同体场域中多元主体互动过程和内容的分析，揭示城市基层社区治理动力构成及形成规律，深化对城市社区治理动力的作用机理和关键影响因素的理论解释。

另一方面，本研究有助于推动新时代社区治理及其创新理论研究的不断深化，进而在具体领域深化国家治理理论研究。基层社会治理在国家治理体系中居于"小基层""大舞台"的战略位置。[②]新时代社区治理创新理论研究是重要而系统的理论命题，涉及国家与社会关系动态演化、治理组织再造、治理技术创新应用等多个方面的理论内容。而其中，动力系统则是让其他社会治理要件运转起来的基础性要件，由此，"社区治理动力及其机制更是需要政治学、行政学、社会学等学科加强关注的'大问题'"[③]。通过研究上海市 Y 社区社会治理创新背后的动力问题的典型样本，可以为管窥动态复杂的新时代社区治理及其创新现象和规律提供了一个重要的研究切口，有助于深化和拓展变动中的新时代社区治理及其创新理论研究。

---

① 王德福.社区治理现代化：功能定位、动力机制与实现路径[J].学习与实践,2019(07)：88-97.

② 崔运武,柯尊清.城市基层社会治理体制运行研究[J].学术探索,2016(10)：64-69.

③ 王艳丽.城市社区协同治理机制研究[D].长春：吉林大学,2012.

2.现实意义

一方面,"基层是一切工作的落脚点,社会治理的重心必须落实到城乡、社区"①。而随着中国社会迈入"城市社会",②"城市治理的重要性势必随着'乡村中国'向'城市中国'转型而日益凸显"③。与之相应,探索构建既遵循一般社会治理规律,又符合中国城市特点的基层社会治理体系,成为当前及今后一段时期推进国家治理体系和治理能力现代化的突出内容。其中,"加强城市基层建设,激发社会治理主体的积极性和内生动力尤为重要"④。因此,深入研究基层社会治理动力问题,不仅可以使人们得到一些对基层社会治理变迁的合理解释,而且可以推动思考基层社会治理的未来发展,为变动情景中的城市基层社会治理工作提供有益指导。

另一方面,改革开放特别是21世纪以来,地方在推进社区治理创新上可谓热闹异常、繁花似锦、日新月异。然而我们也注意到,在实践中不少所宣称的社区治理创新标签化、内卷化问题较为凸显,"趋同式创新""盲目式创新""跟风式创新""指标式创新""碎片化创新""运动式创新"等问题大量存在。在新时代呼唤社区治理共同体的大背景和战略要求下,亟须加大社区治理持续创新的动力建设,推动新时代社区治理创新持续发展。在开启全面建设社会主义现代化国家新征程的背景下,加快建设人人有责、人人尽责、人人享有的社会治理共同体,探明城市基层社会治理动力问题,准确把握和运用不同的动力,不仅有利于完善对中国社会治理的理论研究,更有助于为新的历史条件下让城市基层社区更好运转起来提供

---

① 习近平到上海代表团参加审议[EB/OL].http://politics.people.com.cn/n1/2016/0305/c1024-28174544.html.

② 2011年末,我国城市化率超过首次50%,到2019年底中国城市化率更是突破60%,中国已经迎来了一个以城市人口为主的新的社会结构。

③ 王德福.社区治理现代化:功能定位、动力机制与实现路径[J].学习与实践,2019(07):88-97.

④ 徐敏.基层干部的春天到来了!"一号课题"文件让人"眼睛一亮"[N].解放日报,2014-12-28.

经验参考。

二、研究现状述评

文献既是过往学术研究的积累，也是未来学术研究的基础，把握某一研究议题的文献特征和趋势，具有极为重要的学术价值。但是，对文献的科学把握并不是件容易的事，特别是在现代信息社会开放的学术研究场景下，一项热点或传统且重要的研究议题场域往往会产出大量文献，仅靠研究者传统上的主观阅读、描述性分析的定性研究难以很好地对文献加以归纳和提炼。同时，传统意义上的定性研究"未使用任何系统方法来对所综述内容的原始数据进行收集、分析，也不能赋予各类相关研究成果以合理的权重，从而使得文献选择标准主观随意，选择过程不透明，最终研究结论不可避免地出现局限性"[①]。在这种情形下，利用现代数学、统计工具进行量化文献分析便得到越来越多研究者的青睐并广泛应用。文献计量学（Bibliometrics），又称计量书目学，兴起于20世纪中叶，由英国著名情报专家艾伦·普里查德（Alan Pritchard）在1969年首次提出。经过几十年的发展，文献计量分析已从起初的物理、生物学、医学等自然科学领域扩展到经济学、管理学等人文社会科学领域。时至今日，文献计量分析已经成为一种科学研究中广泛应用的客观和定量工具，"提供了一套客观的、可重复的文献分析讨论框架"[②]，进而帮助各领域学者有效了解和把握学术研究中的发展规律。现代信息技术的发展，不少计算机软件被开发出来以支持文献定量分析。作为文献计量分析最先进的软件之一，引文空间（CiteSpace）是由美国德雷塞尔大学信息科学与技术学院的华人学者陈超美教授开发并被学界广泛认可和采纳。CiteSpace基于JAVA平台的视觉信息分析软件，能够帮助研究人员获得显示海量文献主题态势的知识图谱。本书基于最新优化版本CiteSpace软件（5.6R2版本）的技术功能，展开对

① Borenstein, M and H R Rothstein. Introduction to Meta-Analysis[M]. Chichester, UK: Wiley and Sons, Ltd, 2009: 73.

② 崔智敏,宁泽逵.定量化文献综述方法与元分析[J].统计与决策,2010(19):166-168.

基层社会治理研究文献的定量可视化分析，不仅有助于总结该领域过去的研究成果，而且还为揭示未来的研究趋势提供提示。

中国知网（CNKI）是十分重要的中文文献数据库，收录了国内人文社会科学相关学术研究的主要成果，通过知网数据库来把握国内关于基层社会治理研究状况具有高度的适配性。在中国知网中选择以"基层社会治理"为主题词①进行精确检索，文献检索起始时间不限，终止时间定为2020年，期刊来源设为中文社会科学引文索引（CSSCI）。经过去重，去除新闻报道、专栏简介、公告、重复发表、会议综述以及其他无关的文献，最终获得497篇相关文献。在此基础上，按Refworks格式导出所获全部文献到CiteSpace分析文档位置，形成本书研究的样本数据库。CiteSpace工具进行分析的参数设置主要是：时区分割（"time slicing"）设为2006—2020年，也就是从第一篇关于基层社会治理的文献（2006年）开始到2020年底；时间切片（years per slice）以1年为单位；网络类型（node types）设为作者（author）、关键词（keyword）；阈值（threshold）设置c、cc、ccv分别为2、2、20，默认Top N = 50、Top N% = 10%。基于上述设置，展开对文献样本进行定量和可视化分析，实现对国内基层社会治理研究场域与知识生产样貌的动态化梳理。

（一）基层社会治理研究的总体情况

1.基层社会治理研究的总体趋势

通过文献检索的结果（如图0-1所示）可知，国内聚焦基层社会治理主题的研究比较晚近。2006年之前中国知网期刊库中还没有明确以基层社会治理为主题的中文社会科学引文索引（CSSCI）文章，2006年后学界关于基层社会治理的相关研究成果开始兴起。国内最早涉及此领域的论文当属上海交通大学彭勃教授2006年发表在《社会科学》杂志上的《国家权

---

① 主题词是公认的规范化检索语言，相对而言，用主题词检索具有较高的查全率、较好的查准率。

力与城市空间：当代中国城市基层社会治理变革》①（截至2020年底该文
共被下载3155次，被引82次），他从空间战略的角度，探讨了当代中国城
市基层社会治理变革，并指出基层社会治理变革的难点和问题源于"政党
国家""行政国家"和"社会化国家"三种国家空间战略的冲突。彭勃的
文章主要从战略上进行宏观研究，对一些具体的基层社会治理问题还没有
进一步展开，但这也表明这一主题领域存在诸多进一步展开和深入的研究
空间。

此后，不同的领域的研究者从不同角度出发，对基层社会治理问题进
行了相应研究。从2012年开始，聚焦基层社会治理的研究成果开始快速
攀升。截至2020年底，知网数据库中累计有497篇CSSCI期刊论文。其
中，2012年之前的文献仅有14篇，2012年之后累计产出483篇，占全部
文献的比重高达97.2%。究其原因，笔者认为，党的十八大以来，以习近
平同志为核心的党中央高度重视基层社会治理问题，多次为基层社会治理
工作提出指导意见。在政学互动下，近年来，我国基层社会治理研究迅速
升温、成果产出愈来愈丰富，说明基层社会治理研究正成为极具潜力的研
究领域。

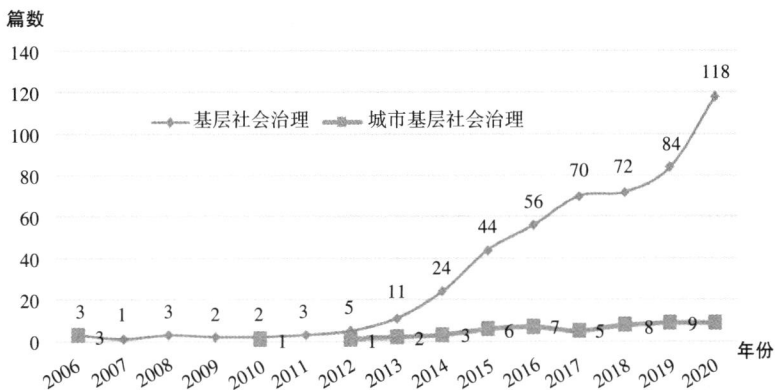

图0-1 基层社会治理相关研究的发文量趋势

① 彭勃.国家权力与城市空间:当代中国城市基层社会治理变革[J].社会科学,2006
(09):74-81.

2.基层社会治理研究的学科视角

如前所述，基层社会治理研究是一个从政界到学术界都很关注的热点问题，自然会引起相关学科领域大量研究的投入。同时，基层社会治理本身就是一个复杂的系统行为，涉及的各类要素、各个环节较为丰富，由此也使得基层社会治理研究呈现出一定的多学科交叉特点，笔者对关于基层社会治理研究的文献检索结果也充分印证了这一点。而且，对文献检索结果的分析显示（如图0-2所示），围绕基层社会治理研究的学科主要集中在公共管理、政治学和社会学等若干领域。其中，公共管理学科领域的文献超过300篇，反映了公共管理学科在基层社会治理上的丰富知识产出。

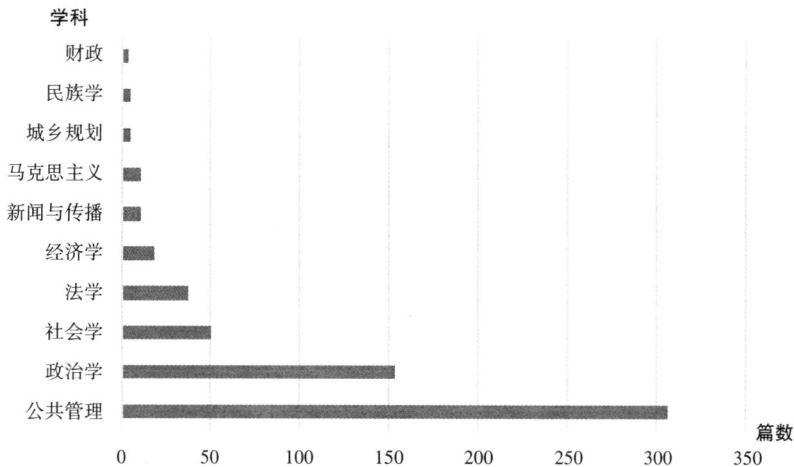

图0-2　基层社会治理研究成果的学科分布

3.基层社会治理研究期刊分布

学术期刊是文献呈现的重要载体，而且高质量的学术期刊（如CSSCI期刊）在审稿条件和程序上往往较为严格，从而也会对成果质量有着一定的筛选作用。从已有文献发表期刊情况来看，目前以基层社会治理为主题的文献分布期刊较为分散（如图0-3所示），其中发文最多的CSSCI期刊是上海社会科学院的《社会科学》，该刊从2006年至2020年持续关注基层社会治理研究，共刊发相关文章9篇（9篇论文累计被引317次，篇均被引35次）。

刊名

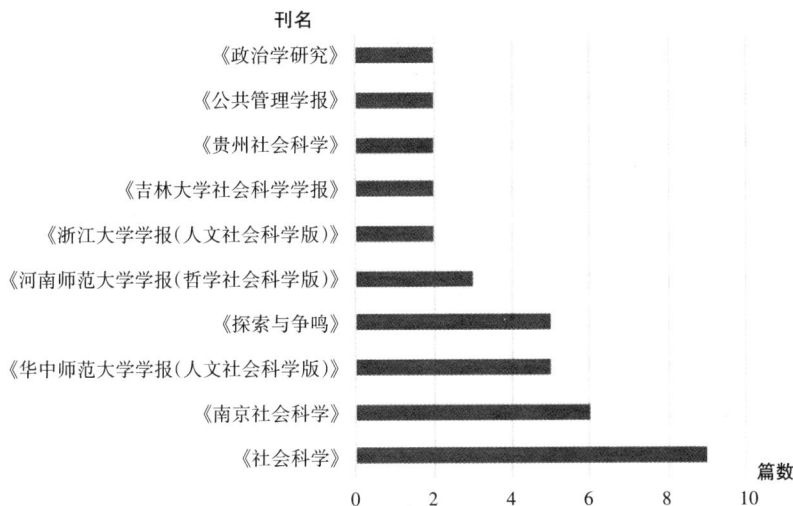

图 0-3 基层社会治理研究成果的期刊分布情况

4.基层社会治理研究核心作者群

文献分析显示，基层社会治理研究学术共同体规模小、结构松散，但潜力大。在 CiteSpace 软件中以"作者（author）"为节点，设置相应阈值（threshold），运行 CiteSpace，得到节点数为 218，连线数为 42，密度为 0.0018 的作者贡献网络知识图谱。学者节点数由大到小排序依次为中国社会科学院政治学研究所的周庆智（10 篇）、杭州师范大学的卢福营（6 篇）、清华大学的李强（5 篇）、浙江大学的郁建兴（5 篇）、吉林大学田毅鹏（5 篇）、中国人民大学孙柏瑛（4 篇）、南京农业大学张新文（4 篇）、华东师范大学郝宇青（4 篇）、江西财经大学的陈成文（4 篇）、华东理工大学的侯利文（4 篇）。也就是说，发表超过 4 篇的核心作者数量仅为 10人，显示这一领域有待学者进一步深入且持续研究。在知识图谱中，作者间的连线网络反映的是学术共同体的交流与合作情况。从该图中可以看出，节点间的连线数仅为 42，单独节点的研究者较多，并且仅发表 1 篇论文的学者占比较高。基层社会治理研究的核心作者间合作关系较为稀疏，尚未形成显著的学术共同体。这也表明，在越来越多学者关注并投入基层社会治理研究的同时，彼此间在这一领域研究的学术交流与合作有待加强。

5.基层社会治理研究作者所在机构分布情况

从研究成果的完成机构分布情况看，排名前十的机构均有超过（含）10篇成果的表现（如图0-4所示）。其中，华中师范大学对基层社会治理研究的贡献的成果最多，累计达24篇。这些机构主要集中在高校，在地域上东部地区高校较多。

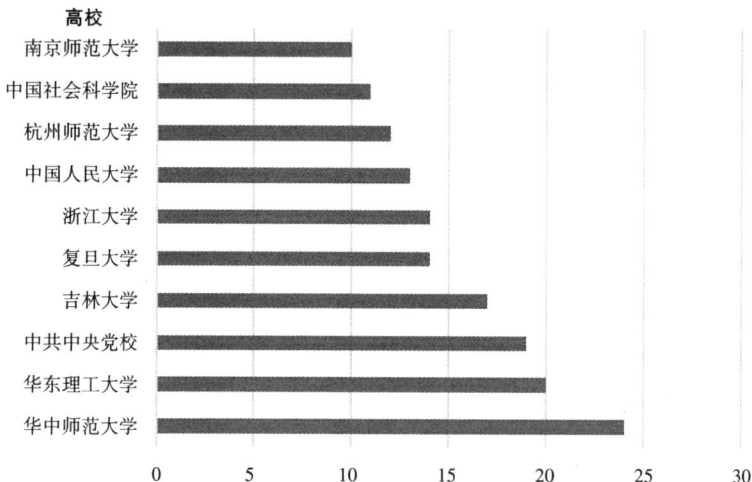

高校

南京师范大学
中国社会科学院
杭州师范大学
中国人民大学
浙江大学
复旦大学
吉林大学
中共中央党校
华东理工大学
华中师范大学

0　5　10　15　20　25　30

图0-4　基层社会治理研究作者的机构分布情况

6.基层社会治理研究的科研基金资助情况

在中国，纵向项目基金资助情况，在一定程度上反映了国家和地方对某类研究问题的支持力度。我们可以通过检索基层社会治理研究的纵向项目基金资助情况，来粗略了解国家和地方对基层社会治理研究的支持力度。从已有文献的基金项目标注情况来看（如图0-5所示），从国家到地方、从社会科学基金到自然科学基金，分布较为广泛。其中，国家社科基金占据绝对的优势，超过200多篇CSSCI论文受到国家社科基金的资助。

国家社科基金所立项目通常指向的是有国家战略价值和重要学术价值的选题，应该说，某种程度上间接表明这一研究议题的战略价值。

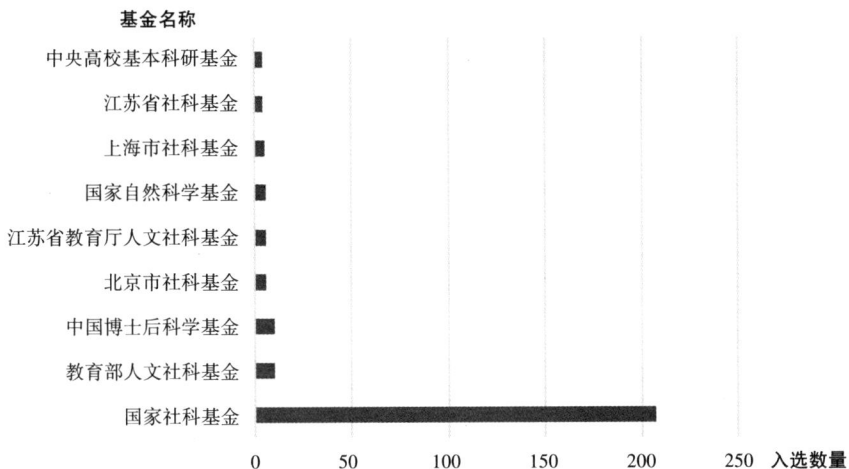

图0-5 基层社会治理研究成果的基金分布情况

7.关键词分布情况

关键词代表了文章的核心思想，如果同一个关键词在众多文献中反复出现，我们则认为这一关键词所代表的研究议题能够反映学科热点。具体到文献计量而言，就是文献中关键词出现的频次（frequency）、中心性（centrality）和sigma值可以帮助我们了解基层社会治理的热点研究主题分布情况。在以"基层社会治理"为主题词检索获得的497篇CNKI数据库中CSSCI样本文献中，选择统计出现频次前20位的关键词（如表0-1所示），除了基层社会治理这一关键词，社会治理、基层治理、社会治理创新、基层社会、社区治理、党建引领、创新、枫桥经验、网格化管理等都代表了研究的热点话题。值得一提的是，sigma值是中心性和突现性复合而成的指标，大多数情况下该值是1，意味着关键词在文献结构和引文中都非常重要。当然，sigma值越高，所代表的研究前沿可能性就越高。我们注意到，"枫桥经验"和"新时代"这两个关键词的sigma值发生明显突现，sigma值分别是1.28和1.11，显示出国内学界在基层社会治理研究中对枫桥经验和新时代的密集关注和研究偏好。

表0-1 基层社会治理研究关键词统计（Top 20）

序号	关键词	频次	中心性	sigma	序号	关键词	频次	中心性	sigma
1	社会治理	158	0.69	1	11	新时代	11	0.07	1.11
2	基层社会治理	152	0.52	1	12	社会组织	10	0.06	1
3	基层治理	56	0.24	1	13	基层党组织	10	0.06	1
4	社会治理创新	18	0.17	1	14	基层党建	8	0.03	1
5	基层社会	18	0.16	1	15	协商民主	8	0.05	1
6	社区治理	17	0.11	1	16	法治	8	0.02	1
7	党建引领	14	0.09	1	17	德治	8	0.04	1
8	创新	13	0.09	1	18	农村	7	0.01	1
9	枫桥经验	12	0.08	1.28	19	自治	7	0.03	1
10	网格化管理	11	0.08	1	20	乡村振兴	7	0.01	1

8. 关键词聚类情况

对基层社会治理主题研究文献所含的关键词作为节点进行统计上的聚类分析，可以绘制出该领域的关键词共现知识图谱（图片不方便展示）。其中网络的模块度Modularity Q=0.6643，Q>0.3，表明关键词聚类操作生成的图谱结构显著，平均轮廓值Mean Silhouette=0.5488，S>0.5，意味着该聚类是合理的。图谱结构中共包含367个关键词、678条边、网络密度为0.0101，表明学界关于基层社会治理的研究具有较大的延展性，这也与基层社会治理研究议题本身的复杂性和包容性有关。进一步观察该聚类图谱，关键词聚类共生成了22个主要聚类标签，其中可以看到若干较为明显的节点年环，如基层治理、基层社区等，这表明既有研究很多是从社会治理、基层社区等为核心，向多个维度、多个方向的研究发散、拓展的。

9. 关键词时区分布

当然，为了更为动态地把握基层社会治理的研究现状，CiteSpace还可以通过关键词时区图（即主题路径图，图片不方便展示）加入时间的因素，展示不同时间段新出现的关键词情况，图中圆圈内关键词表示首次出现的时间点，首次出现的位置不变，后续重复出现该关键词则会叠加到原位置频次，而该关键词的圆圈也就相应增大，由此从左到右、由下到上地展示主题知识的动态演进轨迹。从我们生成的关键词时区图来分析，基层治理、社会治理、基层社会治理是在所收集到的文献中较早出现并且与后续研究关键词关联最频繁，具有较为显著的传承和延续性。此外，通过观察不同时区节点和连线的密集度，还可以直观看到基层社会治理研究成果的产出情况。显然，该关键词时区图中能够分析出，自2012年开始，基层社会治理研究的成果产出越来越多，呈不断繁盛的趋势，而且社会治理创新、社区治理、乡村振兴等突现关键词也显示政治领域对学术领域的互动影响。

（二）基层社会治理研究的具体情况

前述文献量化研究，可以为我们统揽基层社会治理研究状况提供直观的呈现。但是，量化文献研究并不是万能的，作为研究方法，量化文献研究存在难以对文献的纵深把握、对因果关系探寻等问题。而且，量化文献主要根据文献关键词展开数据分析，对于人文社科研究中偏重于论证阐释的文章则存在把握不足问题。因此，在进行文献研究的时候，需要"密切结合文献学的发展状况，科学地运用定性和定量相结合的方法。也只有这样，才能把文献学方法论的研究推入理性的、科学的研究轨道"[1]。也就是说，在对文献进行定量分析的情况之下，研究者还应结合必要的定性文献研究，综合比较、系统考量，以更好地把握相关选题的研究状况。而且，政治学理论知识更多的是"边际生成"，也就是充分依托既有研究基础开展深化、细化探索。全面梳理和把握既有研究，有助于更好地推进基层社会治理研究向前。接下来，我们根据前文文献总体分析的启示，对基层社会治理研究的知识生产情况展开探讨。

1.关于基层社会治理的术语之辩

20世纪末，治理概念在全球范围内流行之际，国内一些学者在论及基层问题时，也使用了社会治理或基层社会治理的概念。但真正让社会治理

---

① 王瑞珍.我国文献学研究方法之探析[J].新世纪图书馆,2007(05):63-64+7.

概念成为热点，则是来自政界的有力推动。特别是在党的十八届三中全会上，首次在党的顶层设计文件中提及社会治理概念，由此迅速在政界、学界流行开来。因此，可以说基层社会治理既是一个学术性概念，也是一个政策性概念。而"这既为这方面的研究创造了较好的氛围条件，也因为它们在政策实践和学术研究中概念及其边界的认识不同，甚至比较模糊而给研究带来困难"①。

总体上看，关于基层社会治理的术语之辩，主要集中在两个方面：一是基层社会治理的"治理"之辩。虽然"管理"和"治理"两个概念只有一字之差，但在不少学者的解读中，却意味非凡。通过比较，较为一致的观点认为，社会管理是一种传统模式，而社会治理代表了一种现代范式；社会管理意味着封闭、保守、权力集中，而社会治理则突出了开放、多元和分权；社会管理相对狭隘，而社会治理则更为广阔。学者们大多会引用习近平总书记的论述，即"治理和管理一字之差，体现的是系统治理、依法治理、源头治理、综合施策"。二是基层社会治理的"社会"之辩。由于社会治理的概念在施政政策上使用的不够严谨，在这方面产生了两种不同的理解，基层社会治理的社会究竟是包含政治、经济、文化等领域的"大社会"概念，抑或特指除去政治、经济等领域的社会领域进行治理。应该说，如果一味严格地对概念进行辩词释义的话，的确可能会让人们对这一概念的理解陷入冲突。而且，在现代性高度展开的当代社会，领域与领域之间的界限相互交叉、融合而正变得模糊，执着于定向领域的治理，其实际意义并不强。因此，越来越多的学者不再局限于社会本身的纠结，而是从基层社会治理问题出发，将研究的焦点集中在具有公共性属性的对象上。突出公共性，认为基层社会治理是基于公共利益、解决公共问题、治理公共事务展开的积极行动。②

---

① 王思斌.新中国70年国家治理格局下的社会治理和基层社会治理[J].青海社会科学，2019(06):1-8+253.

② 王宗礼，李连军.新中国70年来基层社会治理的演进逻辑与主要启示[J].青海社会科学，2019(06):9-15+23.

2.关于基层社会治理的背景和发展

环境变迁影响甚至塑造社会生活、交往乃至治理关系，不少学者在论及基层社会治理时，往往会结合纵向或横向背景展开。比较多的是历时性把握中国社会领域结构性转型基础上，审视基层社会治理模式变迁。例如，有学者认为，从1949年新中国成立开始，中国城市基层社会发生了由个人建构向社会建构的转变，而这也契合了社会管理向社会治理转变的趋势。①有学者注意到，随着城乡二元社会结构变迁及带来的群体分化，传统的基层管理出现失能、失效的情况，再加上社会自身的活力还没有被充分释放，导致基层社会矛盾和问题频发、高发，转向新的基层社会治理模式势所必然。②还有学者注意到，改革开放以来，中国社会发生的一种由城乡二元到城乡三元的结构性变迁，而这也生发了基层社会治理创新的可能性空间。③此外，不少学者从基层社会治理背景中选取特定角度加以考量，例如杨建华创新地从"文化"视角出发，论述了传统基层社会文化的现代转型问题，认为基层社会治理必须回应这种文化转型而作出现代性调整。④而张再生、牛晓东则注意到，因受到东方文化的影响，中国的城市基层治理具有关系型治理的特征。⑤

3.关于基层社会治理的主体及模式研究

基层社会治理是一项能动的系统工作，对其主体的研究也自然是学界深入关注的议题。学界普遍从一种开放的角度看待基层社会治理的主体，认为基层社会治理主体是一个包括公共机构和私人机构在内的多样化行动者结构。当然，考虑到中国国情，不少学者注意到基层社会治理在多元主

① 柯尊清.城市基层社会治理的社会建构研究[J].学术探索,2016(06):47-51.
② 衡霞.基层社会治理中群众路线制度优势的理论阐释[J].行政论坛,2020(03):19-24.
③ 卢福营.二元到三元：基层社会治理的结构变迁[J].社会科学,2020(05):72-81.
④ 杨建华.传统基层社会治理文化的现代转型[J].中国特色社会主义研究,2015(05):90-94.
⑤ 张再生,牛晓东.东方文化的城市社区关系型治理模式与机制研究[J].天津大学学报：社会科学版,2015(01):16-21.

体角色定位和认知上的差异，①在中国的基层社会治理主体中，党委和政府、基层自治组织在基层社会治理中发挥重要作用的同时，也彰显了中国特色社会治理主体结构。基层社会治理主体结构无论是纵向的与社会管理主体比较，还是横向与其他性质国家社会治理比较，都表现出新的独特性。因此，不少研究基于基层社会治理主体结构特征，来确定和把握基层社会治理模式。胡祥根据基层社会治理主体的多元互动性，认为理想的城市社区治理模式就是城市社区合作网络治理模式。②而徐宏宇则持不同看法，认为虽然基层社区治理吸纳多元主体参与，但问题是这些治理主体本身具有自利性，社区公共性弥散及责任区隔的情况下，真正意义上的合作网络治理难以实现。③陈鹏针对基层社会治理中主体"寡头化"和"碎片化"两种极端情况，认为要解决这些问题、真正发挥多元主体作用，应该构建"一核多元"基层社会合作治理模式。④当然，基层社会治理模式并不只是以主体多寡或结构来区分，不少学者还从不同角度归纳出多样的基层社会治理模式。例如，李友梅在研究特大城市基层社会治理时，选择从社会治理问题出发，提出以人口管理服务为重点的精细化基层社会治理模式、以化解矛盾为重点的协作式基层社会治理模式，以及以风险响应等为重点的政府主导式基层社会治理模式。⑤近年来，有不少学者从中国传统的人情社会价值观念出发，注意到情感要素在基层社会治理中的建构性作用，⑥提出基层社会情感治理模式，认为情感因素在强化基层社会治理主体彼此互动关系的同时，也会在潜移默化间实现着基层社会治理权力的再

---

① 吴庆华,祖晨阳.论社会治理多元主体的角色分工和职能定位[J].理论观察,2012(04):39-40.

② 胡祥.城市社区治理模式的理想型构:合作网络治理[J].中南民族大学学报:人文社会科学版,2010(05):101-105.

③ 徐宏宇.城市社区合作治理的现实困境[J].城市问题,2017(06):75-82.

④ 陈鹏.城市社区治理:基本模式及其治理绩效——以四个商品房社区为例[J].社会学研究,2016(03):125-151+244-245.

⑤ 李友梅.我国特大城市基层社会治理创新分析[J].中共中央党校学报,2016(02):5-12.

⑥ 蓝煜昕,林顺浩.乡情治理:县域社会治理的情感要素及其作用逻辑——基于顺德案例的考察[J].中国行政管理,2020(02):54-59.

生产。①

4.关于基层社会治理的方式方法研究

基层社会治理被各方寄予了美好期望，但要实现预期治理目标，就必须选择并不断改进基层社会治理的方式方法。改革开放以来，学者围绕基层社会治理方式方法，从不同角度展开了探索和探讨。基层社会治理方式种类繁多，其中有一些重要的方式方法实际上已经为决策部门所主张和广泛推进了。党的十九大报告中就明确提出，要"提高社会治理社会化、法治化、智能化、专业化水平"②。可以说，社会化、法治化、智能化、专业化是从四个不同方式维度提出基层社会治理要求。其中，基层社会治理的社会化是近年来实务部门推进的一种基层社会治理方式改革，被认为是在扭转"过度行政化"的社会管理方式，引入社会力量以改进基层社会治理。而吴晓林教授则看到社会治理社会化在撬动国家治理制度转型中的巨大潜在价值。③近年来，基层社会治理法治化既顺应了现实要求，又契合了法治国家建设的战略进程，是应该坚持下去的基层社会基本治理方式。④值得注意的是，技术发展始终是推动社会变革的重要力量，伴随新技术的发展和应用，社会治理也在不断吸纳相应的技术工具。社会治理智能化就是在智能技术大发展、大应用背景下展开的。对此，有学者指出，技术在社会治理中广泛且深度地应用，使得技术超越了一般性的工具存在，而成为一种新的社会治理范式，即技术治理。而且，在某种程度上，技术治理甚至代表了一种新的基层社会治理的发展方向。⑤当然，技术在

① 孙璐.社区情感治理:逻辑、着力维度与实践进路[J].江淮论坛,2020(06):139-144.
② 习近平.决胜全面建成小康社会 夺取新时代中国特色社会主义伟大胜利:在中国共产党第十九次全国代表大会上的报告[R].北京:人民出版社,2017:49.
③ 吴晓林."社会治理社会化"论纲——超越技术逻辑的政治发展战略[J].行政论坛,2018(06):38-45.
④ 童彬.基层社会治理法治化:基本现状、主要问题和实践路径[J].重庆行政:公共论坛,2018(04):40-44.
⑤ 陈晓运.技术治理:中国城市基层社会治理的新路向[J].国家行政学院学报,2018(06):123-127.

不断演进，新的技术应用如何嵌入基层社会治理，进而引发什么样的社会治理效应，这些都是学者们常提常新的研究议题。例如近年来，大数据、人工智能、区块链等新兴技术被基层社会治理研究者所广泛讨论。但也有学者冷静反思当下社会治理技术热的问题，认为当前社会治理失灵的一个重要原因，就在于社会治理的方式及手段与社会治理的实际需求之间不适配，而大数据等新技术嵌入社会治理的关键在于从社会治理需求出发的治理技术应用和创新。①

5.关于基层社会治理创新及动力研究

随着中国基层社会的发展，人们对基层社会治理的要求也越来越高，基层社会治理需要不断创新，以更好回应居民需求、现实需要和时代要求。与之相应，近年来基层社会治理创新也迅速成为热度比较高的研究议题。②应该说，基层社会治理创新是一项系统性工作，涉及基层社会治理的方方面面。江必新、李沫将基层社会治理创新的内容归纳为基层社会治理方式创新、基层社会治理格局创新、基层社会治理机制创新和基层社会治理体系创新四个方面。③

基层社会治理创新同时也表现为动态向前的过程，即从旧的基层社会治理状态转向新的基层社会治理状态。但是，这一过程并不是自然而然生成的，其背后有着复杂的动力机制作用。冯猛认为，推动基层社会治理创新的主要有社会诉求、认知和资源三大动力，其中社会诉求是首要动力。④张勇从恩格斯"历史合力论"出发，概括出宏观的基层社会治理创新的动力形态，认为基层社会治理作为历史发展特定阶段的产物，受经济、政治、文化、社会等历史合力推动。⑤此外，还有学者经过系统地考

① 张凤荣.大数据社会治理研究的理论进展与政策堕距分析[J].学海,2018(02):36-42.
② 黄毅,文军.从"总体—支配型"到"技术—治理型":社会治理创新的逻辑[J].新疆师范大学学报:哲学社会科学版,2014(02):35-44.
③ 江必新,李沫.论社会治理创新[J].新疆师范大学学报:哲学社会科学版,2014(02):25-34.
④ 冯猛.中国社会治理转型的动力与路径[J].探索与争鸣,2019(06):24-26.
⑤ 张勇.社会治理新动力研究[J].沈阳农业大学学报:社会科学版,2016(01):24-28.

量，认为基层社会治理创新既有硬件上的基层社会治理制度规则支撑，也有软件层面的相关政治文化牵引。①

（三）对已有文献的简要评述

通过系统地对文献进行定量、定性梳理，可以看到国内学界对基层社会治理问题给予了较多且较高的学术关注，相关高质量成果大量产出，对本书的研究具有重要启示意义。结合对典型文献的深入研读，可以发现并归纳出既有基层社会治理研究的趋势特征及有待进一步拓展之处，具体有以下三点：

一是在基层社会治理研究议题上，学界基本完成了从"社会管理"到"社会治理"的研究范式切换。但细读相关研究成果发现，不少研究者对"社会治理"的理解或浮于表面，如将治理简单理解为多元主体管理，忽视价值共识、关系协调、行为互动等深层要件；或理论跟风、人云亦云，特别是未能充分考虑中国国情、民情，照搬西方治理理论思想来解释中国社会治理问题。本书认为，要克服上述研究中出现的研究虚浮、理论与现实鸿沟问题，一方面需要加强理论研究，以马克思主义基本原理为指导，注重深入研究基层社会治理现象背后的关系机理；另一方面，需要立足中国特色社会主义和国情、民情，结合具体的基层社会治理实践开展实证研究。

二是在基层社会治理研究内容上，学界表现出从现象观察到问题导向的研究趋势。问题导向的研究是理论关切的逻辑使然，也是进一步理论创新的客观必要。近年来，不少学者对不同时期、不同场景下的基层社会治理客体问题进行了较多关注、较紧追踪和较深入思考，取得了大量有启发性的研究成果。不可否认，社会治理客体问题是整个社会治理的逻辑起点，但城市基层社会治理本身是一个复杂系统，还需要基于系统思维，深入到社会治理行动者网络内部，聚焦具体社会治理主体能力及其行动等方

---

① 高苑,钟哲.基层社会治理中政治文化整合机制建构的前提思考[J].社会科学战线,2017(07):185-192.

面内容仍有极大的研究空间。

三是在基层社会治理研究重心上，学界出现由注重"体系结构"到关注"行动过程"的研究转变。基层社会治理体系结构与基层社会治理行动过程是基层社会治理存在的基本状态，前者注重从横向或静态地分析社会治理网络的基本要素及其关系定位，后者则从纵向或动态地探讨社会治理是如何运转起来的。实际上，基层社会治理可以被视为一个有机系统，系统结构与行动本身密不可分、相互作用。然而，基层社会治理系统诸要素的有机联结不会自然形成，社会治理共同体也不会突然自动生成，对城市基层开展社会治理应该综合解构与行动两方面。考虑到多元基层社会治理主体的目的不一、动机多样并进而生发出不同的行动及功能，本书认为，通过对城市基层社会治理动力展开研究，可以架设起沟通社会治理体系结构和行动过程的桥梁，这对于深化城市基层社会治理研究的知识产出及发展相关政策框架具有积极意义。

三、研究方法与案例选择

（一）研究方法

研究方法是进行研究的系统计划，包括研究人员在研究过程中用来寻找分析和解决问题的所有技术手段。研究方法的基本目的就在于找到合理分析和解决问题的方案，对于复杂的社会科学问题，通常需要多种研究方法的组合。就本书关于城市基层社会治理动力问题的研究，囿于选题的复杂性和系统性，笔者主要采取以下研究方法进行综合分析：

一是文本研究方法。文本研究是人文社会学研究中常见的一种研究方法。本书采用的文本研究方法主要体现在两个方面：一方面，学术文本研究。在政治学领域，学术成果更多的是"边际生成"，也就是充分依托既有研究基础开展深化、细化研究。学界在社会治理研究领域的知识生产取得了丰硕的成果，并且还正在以惊人的速度发展。对于研究学科和研究项目而言，梳理和利用已有相关文献都是必不可少的。本书系统查阅和梳理国内外相关研究文献，考察和借鉴前人的研究成果，同时借助 CiteSpace

可视化分析软件进行量化文献分析，更为科学把握研究状况，并获得本研究所需理论素材和依据。另一方面，政策文本研究。本书在对Y社区调研中同时还收集了大量相关政策文本（包括相关法律法规、中央文件，上海市相关政策文件，M区相关政策文件，以及Y社区"三公约四制度"等相关文件80多份），这些政策文本资料为本书的论证提供了很好的基础文本支撑。

二是个案研究方法。个案研究也被称为个案调查，通常是对某一特定个体、团体、事件或社区的深入调查。案例研究方法起源于临床医学，后来被广泛应用于社会科学。个案研究中，数据可以是从各种来源、不同方法（例如观察和访谈）收集。相对而言，集中对个案的深入调查，能够帮助研究者获得更为详细（丰富的定性）的信息，从而个案研究可以用于探索性研究。城市基层社会治理日益复杂的现实情况使得个案研究成为必须，个案研究是研究基层社会问题的常见方法。通过个案研究，不仅分析了现实生活中的具体情况，而且还提供了收集理论研究所需证据的机会。本书从个案研究的代表性、便利性、可行性等原则出发，选择上海市M区Z镇Y社区作为个案调查点。通过长时间的田野调查，掌握了大量城市基层社区治理的一手鲜活资料，很好地服务于本书的研究。

三是访谈调研方法。本书的访谈资料来源主要是对Y社区治理相关机构负责人员及社区居民展开半结构化访谈，从而更加有针对性且直观地把握城市基层社会治理动力问题情况。

（二）案例选择

经过综合比对和深入分析，本书最终将个案研究的对象确定为上海市M区Z镇的Y社区。Y社区地处上海市M区Z镇，建成于1995年，是上海市M区最早一批承接市中心动迁基地之一的社区。街路纵横交错，交通便利，辖有从一村到七村共7个小区，社区总面积31万平方米，住房有131幢，共有336个楼道（如图0-6所示）。区域内现有幼儿园1所、小学1所，公共生活设施齐全。Y社区目前有居民住户4652户，常住人口约2万人，社区目前共有286名党员。

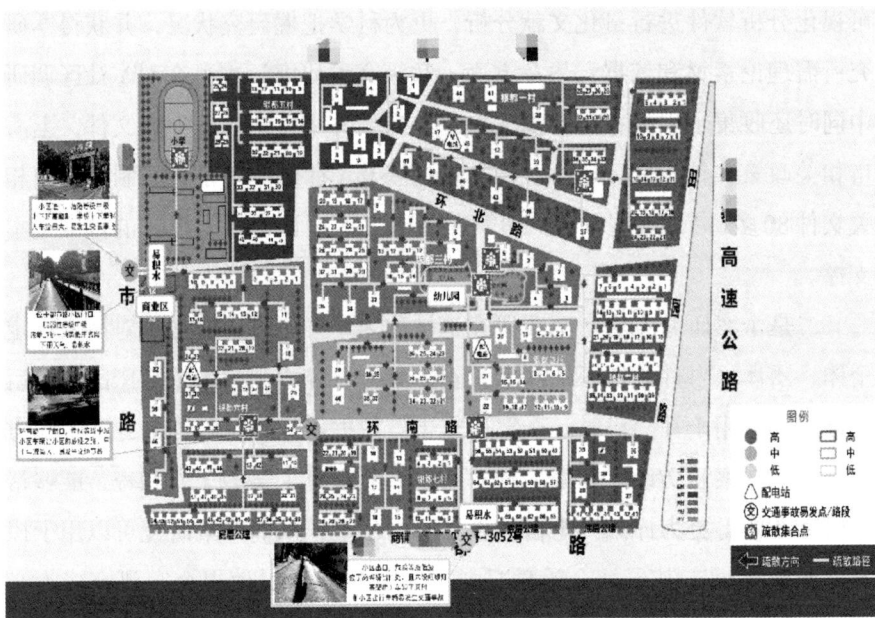

图0-6　Y社区地图

注：该地图还具有与一般地图不一样的地方，即服务于基层社会治理需要，地图上同时标有Y社区存在的风险点。

提供根据匿名需要，图中对涉及具体社区名称等信息进行了模糊处理。

图片来源：Y社区居委会

本书之所选择Y社区作为研究的典型个案，具体考量如下：

第一，作为研究的对象，Y社区能够较好地帮助我们分析城市基层社会治理的动力问题，探究不同主体多元互动如何形塑社区治理共同体。Y社区作为20世纪90年代上海市较早动迁形成的社区，在社区建设、社区发展和社区治理上都有着某种典型性。一方面，社区自建立以来就蕴含着"杂乱"基因，2012年前的Y社区，正如小区许多党员、居民所反映的："没有一条路不是坏的、没有一个房顶不是漏的、没有一个围墙不是破门的；成群的鸡鸭鹅招摇过市、到处乱窜，俨然就是一个都市里的村庄"，可以说是一个极难治理的社区；另一方面，社区面临的是一个时代大潮下变迁的复杂环境，各种时代变迁因素内外交织、新旧交替的变换，都在Y社区场域中交汇、激荡。这使得Y社区曾经是"沪上最烂小区"，有着

"乱象丛生"的过去。"十里长街"乱设摊,"百只家禽"招摇过市,"78家无证无照经营户"违法违规经营。经过2014年"综合改造"、2016年"五违四必"整治、2017年"美丽家园"重大工程建设,乱象最终消失,小区一天一天换了新颜。Y社区也由过去的"沪上最烂小区"建设成上海市文明小区、上海家园自治示范社区、全国综合减灾示范社区、M区五星党总(支)部、M区民主法治示范区。由此,选择Y社区作为调研的观测点的理由,可以简单表述为:Y社区在一个较短的时间里,如何实现由乱而治?如何由松散的城市社区活动主体网络到城市基层社会治理共同体雏形渐成?

第二,作为考察的样本,Y社区是上海市乃至全国的社区治理创新典范地区,治理经验丰富、特色鲜明。社会治理创新的城市基层实践探索,在上海市有着典型的体现。事实上,很长时期以来,上海这个特大城市,对其域内无数微"小"社区有着异常的关怀。在探讨地方社区建设与治理实践方面的研究中,关于上海的社区研究文献也位居全国地方之首。例如,在中国知网,以"社区+地名(包括省、市)"为篇名的全部文献检索结果显示,"社区+上海"的文献达到177篇,远高于第二名北京(102篇)。可见,长期以来,上海在社区建设与社区治理方面的改革行动一直走在全国前列。而作为上海市基层社会治理典型的Y社区,在艰辛而又幸福的蝶变历程中,Y社区同样不仅仅收获了美丽的生态、齐聚的民心、和谐的关系、安全的家园、便利的生活,更收获了社区治理的根基:可复制、可推广的"田园模式"。2018年,习近平总书记视察上海期间,要求深化社会治理创新,以人民为中心,在细微处下功夫,构建共建共治共享的社会治理格局。新要求呼唤新举措,Y社区试点成功的"田园模式"开始走向升级版,接驳社区治理各领域的"七彩工作法",促进了新时代社区治理新格局的形成(如表0-2所示)。总体上看,如何加强和创新基层社会治理,这个课题是上海市Y社区较早碰到的,而在改革试点中,Y社区较好地推进了基层社会治理创新进程。在社会治理领域,Y社区可以说面临着异常严峻的挑战。但Y社区人创造了奇迹,并且还在继续创造着奇迹。由此，选择 Y 社区作为考察样本的理由，可以简单地表述为：Y 社区在基层社会治理试点为何能取得成功？Y 社区社会治理创新何以能够持续创新、不断升级？

表0-2　Y社区"七彩工作法"

色彩	特征	内容	做法
红色	一个核心	居民区党总支	党建引领组织强
橙色	一支队伍	"三长"志愿者队伍	志愿服务领头羊
黄色	一种机制	法律服务进社区	法律服务零距离
绿色	一股合力	政府职能部门	共建共治有力度
青色	一套规则	三公约四制度	依法自治有保证
蓝色	一张网格	七心俱乐部、关爱基金	线上线下展风采
紫色	一组平台	议事会、百合工作室	百合花开香万家

注：之所以叫七彩工作法，既有七大经验和特色做法，也寓意 Y 社区的这种社会治理创新模式是从1到7共七个村的共同成果。

　　第三，作为调研的"观测点"，Y 社区是笔者所在科研团队长期稳定合作的调研单位。自2017年笔者的博士生导师承担国家社科基金重大项目以来，便组建了一支研究团队（笔者是团队核心成员之一），并长期蹲点调研 Y 社区。在实地调研过程中，与 Y 社区两委、社区物业工作人员、部分社区业委成员、部分驻区单位负责人员和诸多普通社区居民结成了良好的人际关系，调研对象信任度高从而较为配合调研，从而能够进行深度访谈并获取更多有价值的调研访谈资料。例如，对 Y 社区两委相关负责人员进行的访谈时间最小值为20分钟，最大值为130分钟。而且为确保研究的效度，一对一深度访谈后24小时内即将所获的访谈录音、笔录等及时转录为文字稿。此外，在整个调研过程中，笔者所在科研团队还会定期就调研收集的资料进行集中整理、分析及讨论，对笔者调研所获得的一些调研资料进行重复编码以加以验证。因此，以 Y 社区作为调研的观测点，能够保证本书调查研究的信度和效度。

四、研究思路与章节安排

(一) 研究思路

本书从社会治理动力学出发,观察 Y 社区基层社会治理的创新实践,聚焦 Y 社区治理趋向社区治理共同体的结构性变化,在总结经验的同时,挖掘其动力机理。也就是说,基层社会治理或者说内含其中的城市社区治理是一个多元主体、多种要素共同构成的系统,兼具整体性和层次性。运用系统思维建议审视,社区治理可被视为一个整体系统,社区治理结构是这个整体系统的内部构造,而促成治理结构中的各主体积极发挥相应的功能作用,即社会治理动力,决定了整体社会治理共同体的系统功能性实现。由此,本书的基本思路呈现如下 (如图 0-7 所示):

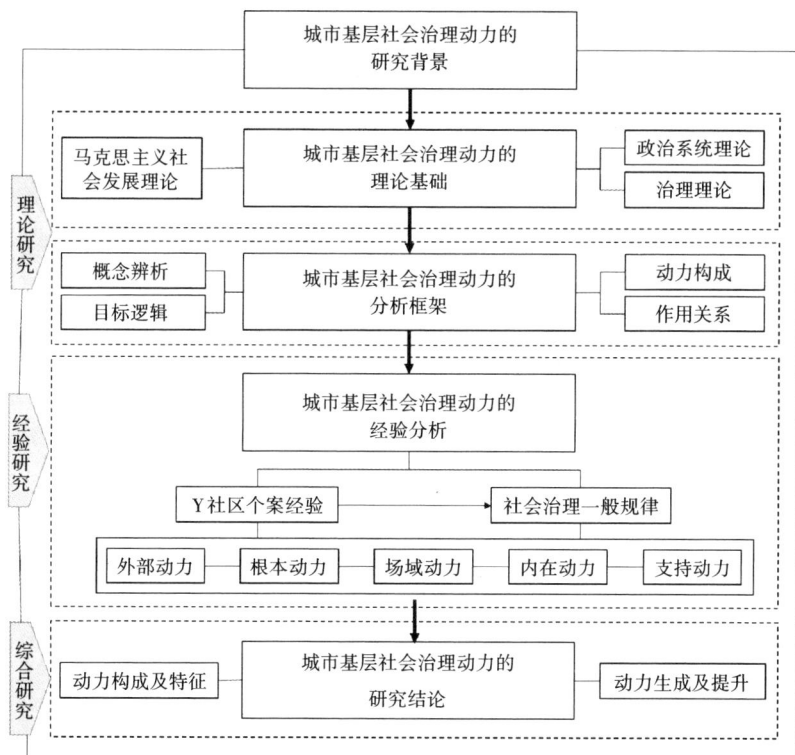

图 0-7 本书的研究思路

（二）章节安排

根据上述研究思路，文章的具体章节安排如下：

绪论部分通过对城市社区治理历史与现实背景的梳理，揭示本书的选题缘由、研究的理论价值及现实意义。在此基础上，重点以中文核心期刊发表的主题为"基层社会治理"的学术论文为样本，从总体情况和具体情况两个方面对以"基层社会治理"为主题的学术研究状况进行量化和定性的文献分析，在获得研究启示的同时，也从学理层面确证本书研究的问题和学术对话点。同时，在绪论部分还阐述了本书研究所采取的研究方法、选择上海市Y社区为个案研究的理由和文章的总体框架、章节安排等。

第一章是本书的理论基础和研究依据。本书立足相关理论基础，在汲取前人研究的丰硕知识资源的前提上，进一步建构研究基层社会治理动力的分析框架。首先，开展城市基层社会治理动力问题的系统研究，需要从对基层社会治理动力的概念解析开始。通过对基层社会治理动力的概念解析，既可以收获对这一概念的基本理解又有助于进一步挖掘这一概念所指研究领域的知识体系。其次，基于概念认知的基础上，梳理与本书研究相关知识，吸收理论资源，进而构筑本书研究的理论基础。最后，在前述理论准备的基础上，结合基层社会治理的经验观察与反思，通过演绎与归纳从中提炼出适合本书的分析框架，并以此作为研究的理论准备。

第二章，聚焦城市基层社区治理的外部动力，分析来自国家治理的纵向压力。国家与社会关系是影响和制约城市基层社会治理的基本关系，对城市基层社会治理动力的考察，必然地要关注到国家力量的影响。该章将围绕上海市M区政府打造Y社区试点典型的案例展开论述，剖析基层城市政权组织在城市基层社会治理中的强大动能。同时结合基层政权国家治理环境和任务的变化，从"正动力"和"逆动力"两个方面揭示国家治理纵向压力的动态影响。

第三章，聚焦城市基层社区治理的根本动力，分析来自社区居民的需求拉力。从根本性上而言，社会治理的成效如何，始终要看是否最终"满足了人民对美好生活的需要"。把握社区居民需求、促进社区居民参与城市基层治理，本身就是从根本上推动城市基层社会治理发展。该部分正是基于这一逻辑，立足 Y 社区基层社会治理实践，聚焦社区居民需求如何推动甚至塑造基层社会治理发展。

第四章，聚焦 Y 社区治理的场域动力，分析来自社区内部的矛盾张力。矛盾是驱动事物发展的动力，基层社区这些纵横交错的矛盾运动也恰构成了基层社会治理变革、发展的内在驱动力。该部分将深入到 Y 社区治理场域中，把握不同主体多样性的利益关系格局，揭示社区纵横交错的内部矛盾，进而围绕 Y 社区社会治理改革实践，探讨社区如何认识并在化解内部矛盾张力中实现社会治理向前。

第五章，聚焦 Y 社区治理的内在动力，分析来自社区居委会的绩效驱动力。就社区居委会的行为逻辑而言，社区在城市基层社会治理中的行动表现，可以通过相应的绩效管理来加以把控和驱动。社区居委会的绩效驱力的构成及表现是伴随城市基层社会发展与基层组织建设而动态变化。该部分将在考察 Y 社区居委会组织建设与社区治理方式变迁的基础上，分析社区居委会绩效考核转变对社区治理动力的建构性影响。

第六章，主要聚焦 Y 社区治理的辅助动力，分析来自智能社区建设的推力。科学技术是社会发展的重要动力，也是城市基层社会治理的重要推力。城市基层社区治理技术动力实际上源于技术治理性的政治动力。该部分基于对网络信息技术在基层社会治理过程中所可能产生难题的考量，探究社区如何做到适度利用网络信息技术以实现基层社会治理智能化。

结语部分回顾并总结了全书的基本内容、核心观点，重申城市基层社会治理动力研究的理论价值和现实意义。在此基础上，进一步探讨城市基层社会治理动力提升的关键影响因素和本书研究结论对已有理论的回应情况。

第一章 概念解析、理论基础与分析框架的构建

概念既是研究的基础，也是开展学术对话的前提。在政治学研究中，概念通常被视为构建政治学知识大厦的基石，其重要性不言自明。甚至，"可以毫不夸张地说，政治问题的争论往往归结为关于'术语'（terms）真正意义的争辩"①。开展城市基层社会治理动力问题的系统研究，同样需要从对基层社会治理动力的概念解析开始。通过对基层社会治理动力的概念解析，既可以收获对这一概念的基本理解又有助于进一步挖掘这一概念所指研究领域的知识体系。本章将基于概念认知的基础上，梳理与本研究相关知识，吸收理论资源，进而构筑本书研究的理论基础。在此基础上，结合笔者对基层社会治理的经验观察，通过演绎与归纳从中提炼适合本书后续研究的分析框架，并作为本书的理论准备。

第一节 核心概念

概念是对研究对象的一般性抽象概括，通常用单词和词组来表达，其在认知上发挥着根基性作用。概念界定定义是对术语含义的陈述，有内涵定义（试图赋予术语意义）和扩展定义（描述术语所呈示的对象）两重解构逻辑。科学且全面地认识和理解基层社会治理，也应该从内涵和外延上深入把握。基于此，本章从解构逻辑出发，结合中国基层社会治理实践场域的经验和政策背景，最终确定这一概念在经验材料和学理维度上的定位。

---

① 海伍德.政治学核心概念[M].吴勇,译.天津:天津人民出版社,2008:3.

一、基层社会

基层社会是一个组合词，英文多翻译为"grass-roots society"，它包含了基层和社会两个方面。理解基层社会，最重要的无疑是要搞清楚基层是什么。从字面上来看，基层是指基础层次，这是一个相对的概念，与基层相对应的就是中层、高层乃至顶层。《现代汉语词典》对其的界定是"各种组织中最低的一层，它跟群众的联系最直接"。在这里，前半句是从一般意义上对基层进行界定，也就是字面上的理解；而后半句则颇有政治意蕴，某种程度上又包含了权力关系。实际上，在中国社会，基层一词很多时候被用在国家治理语境之中。因此，对基层的理解有必要结合国家政策文本。

查看《中华人民共和国宪法》可以发现，在全部条款中，总共出现了两次"基层"，即第一百一十一条："城市和农村按居民居住地区设立的居民委员会或者村民委员会是基层群众性自治组织。居民委员会、村民委员会的主任、副主任和委员由居民选举。居民委员会、村民委员会同基层政权的相互关系由法律规定。"在这里，虽然没有明确规定基层的范围和边界，但直观上看到的是其被用于群众性自治组织上，而范围则是农村和城市居民居住地区。在翻阅《中华人民共和国地方各级人民代表大会和地方各级人民政府组织法》时，笔者发现，通篇并没有"基层"一词。因此，根据宪法和组织法来确定基层的边界范围，更多是基于对条文的推理，并没有直接而明确的文本规定。就党章而言，其中对基层有着明确的所指，即第三十条："企业、农村、机关、学校、科研院所、街道社区、社会组织、人民解放军连队和其他基层单位，凡是有正式党员三人以上的，都应当成立党的基层组织。"这里更多的是从组织内部层次上确定基层，并且有着明确的人员要求。如果单看区域的话，这里的街道社区大多对应的是城市的基层。实际上，在2017年中组部召开的全国城市党建工作座谈会上，第一次提出了"城市基层党建"的概念，其所指的主要是城市基层党建，是以城市"街道社区党组织为核心，有机联结单位、行业及各领域党组织"，应该说，在党建的话语体系中，城市基层的范围更倾向于指街道社区。

回到社会治理的语境来考察，笔者注意到党的十九大报告中，在关于社会治理方面就指出："加强社区治理体系建设，推动社会治理重心向基层下移。"①这两句话中间是逗号连接，说明所讲的是同一个主题语境，显然，这里的基层主要指向的是逗号前的社区。而在政府文件中，笔者注意到，基层更多的是指乡镇（街道）、村（社区）等，例如2015年国务院发布的《关于推进基层综合性文化服务中心建设的指导意见》指出，未来5年内要在"全国范围的乡镇（街道）和村（社区）普遍建成集宣传文化、党员教育、科学普及、普法教育、体育健身等功能于一体，资源充足、设备齐全、服务规范、保障有力、群众满意度较高的基层综合性公共文化设施和场所"。

学术界对基层的理解也不尽相同，有学者认为："城市基层主要包括不设区的市和市辖区及以下行政区划，主要包括市辖区、城区街道、社区居民委员会这三个与城市居民直接发生联系的层级。"②这是一种广义上的理解。而另外有学者则指出："'基层'就是指城乡社区"；③ "城市基层治理的对象是城市里的各个社区，而农村基层治理的对象则是广袤的农村"，④这是狭义的理解。何增科教授指出："基层实际上既包括了公民社会，主要是城市和农村社区以及各类社会组织；也包括了基层政府，即城市的街道办事处和农村的乡镇政权"⑤，这是一种相对中义的理解。对此，学界已经意识到概念认知上的分歧，例如李慧凤、郁建兴指出："广义的基层包括城市社区居委会、农村社区村委会、企业事业单位、城乡基层政

① 习近平.决胜全面建成小康社会 夺取新时代中国特色社会主义伟大胜利:在中国共产党第十九次全国代表大会上的报告[R].北京:人民出版社,2017:49.

② 牟春雪.城市基层社会多元主体合作治理模式研究[D].大连:大连理工大学,2019.

③ 刘宇明.转型期农村基层管理体制创新研究[D].长春:吉林大学,2013.

④ 姜广博.新时代以人民为中心的农村基层治理方式改革研究[D].长春:吉林大学,2020.

⑤ 何增科.中国社会管理体制改革路线图[M].北京:国家行政学院出版社,2009:243.

权机关以及社会组织。本文所指的基层特指狭义上的社区。"①当然，这种
区分主要是从理论层面展开的，同时也便于论证的聚焦，实际上，在现实
基层社会活动中，人员的流动性、网络信息的串联性、治理权力的交错互
动性和社会公共事务的跨域跨界性，使得以法律和地理确定的一定区域的
基层单元边界本身变得模糊。但无论如何，当前中国城市基层社会，居民
生活居住的社区都是最为核心的存在，也是基层社会治理关系最为集中之
处。就此而言，本书重点对城市基层社会治理问题进行研究，综合学术和
政策两个方面的考量，本书倾向于从狭义的维度来理解基层社会，也就是
聚焦以社区为核心的城市基层社会。

二、社会治理

社会治理是在反思社会管理的基础上提出并扩散开来的新概念。为了
更为全面准确地把握这一新概念的内涵，需要与社会管理加以比较。应该
说，社会管理的研究是学界较早使用的概念，在学术话语中通常有广义与
狭义两种理解。广义的社会管理泛指对整个社会的管理，也就是说对包括
政治子系统、经济子系统、思想文化子系统、社会生活子系统在内的整个
社会大系统的管理。②可见，广义上的社会管理是与国家政治统治并立的
国家两大基本职能之一。而狭义上的社会管理概念则特指社会公共事务中
除政治统治事务和经济管理事务之外的社会事务的管理，其包含的范围主
要是社会政策所指向的领域。③从中可见，狭义上的社会管理无论在对象
上还是内容上都更为聚焦。实际上，在强调领域细分的现代社会，社会管
理已经成为一个独特、丰富而又重要的领域。

相对而言，社会治理强调的是以治理理念为指导的社会管理，也就是
在特定地域范围内，为满足社会需求、保障社会秩序并实现社会善治，多

---

① 李慧凤，郁建兴.基层政府治理改革与发展逻辑[J].马克思主义与现实，2014(01)：
174–179.

② 郑杭生.社会学视野中的社会建设与社会管理[J].中国人民大学学报，2006(02)：1–10.

③ 应松年.社会管理创新引论[J].法学论坛，2010(06)：5–9.

元行动者运用各自权威对社会事务进行治理的过程。[①]从概念演进历程来看，社会治理实际上是对社会管理的扬弃，比较而言，更为强调以下四个方面要件：一是在思维理念上，社会管理延续的传统的统治、管控思维，主张官僚制、国家本位；而社会治理则突破旧有思维理念，强调公平、互动、合作思维，立足人本主义、社会本位。二是在主体结构上，社会管理在主体结构上相对保守，因循简单的管理者与被管理者分法；社会治理则在主体结构上更为开放，鼓励多元主体参与共同治理行动。三是在权力向度上，社会管理具有官僚制典型的"自上而下"权力逻辑，而社会治理的权力运行则是多向度的，权力在一个互动的"上下结合"的场域中展开。四是方式方法上。传统意义上的社会管理，其所采用的方式方法相对传统，即较多地依赖强制性权力基础的刚性行政指令方式行事，从而演化为"权治"甚至"人治"。而社会治理则广泛采用各种新型治理工具，"德治"与"法治"是基本的方法论遵循。

三、动力

所谓"动力"，就其字面意思而言，即推动力量。查阅《现代汉语词典》，发现主要有两个定义："能使机械运转做功的各种力，如水力、风力、电力、畜力等；比喻推动事物发展的力量，如人民群众是社会发展的动力。"[②]前一个界定指向的是物理学上的使用，后一个界定则是社会科学上的应用。可见，动力一词在自然科学和社会科学两大领域内普遍使用。实际上，科学研究范畴中的"动力"一词，最初是一个物理学的概念，主要是指使机械做功的各种作用力。这些作用力有各种不同的形式，例如，蒸汽就是一种动力。英国人詹姆斯·瓦特（James Watt）发明的蒸汽机，就是以蒸汽作为动力的。蒸汽机在工业上得到了广泛的应用，使人类进入了"蒸汽时代"。瓦特开辟了人类利用能源的新时代，他也因此成为第一

---

① 何增科.从社会管理走向社会治理和社会善治[N].学习时报,2013-01-28.
② 中国社会科学院语言研究所词典编辑室编.现代汉语词典:第7版[M].北京:商务印书馆,2016:281.

次工业革命的重要人物。由于蒸汽是不竭的动力，因而当时的人们把蒸汽机称作"万能的原动机"。又如，水力、风力、热力、电力、原子能等也是动力的表现形式。当水力用来行船、推磨（水力磨）、发电（水电站）等，当风力用来发电、扬帆等，它们都是为人类所利用的一种力量。

"动力"一词又被用于人类和人类社会，人们相信，与物理现象类似，社会事物的发展被必定也有某种作用力驱动。亚里士多德最早较为系统地将物理学中的动力问题引入到社会研究中来，他在《物理学》的著作中，曾深入探讨"万物之因"。在亚里士多德看来，动力实际上是"每一个自身内具有运动变化根据的事物所具有的直接基础资料"，"一般地说就是那个使被动者运动的事物，引起变化者变化的事物"。[①]

可见，任何社会事物的发展必定都有相应的动力所驱动。不同的时期有不同的动力因素起着推动作用，并且可能有着不同方向的推动事物发展的力。通常，社会科学中的动力更倾向于向前、向上的正向力量。这就是说，动力是指社会事物运动和发展的推动力量。由此，可以把动力界定为推动工作、事业等前进和发展的正向作用力。本书所讲的"动力"，就是在这种意义上加以使用的。因此，所谓"城市基层社会治理的动力"，也就是推动城市基层社会治理发展的作用力。

第二节　理论基础

一、马克思主义社会发展动力理论

由于当前我国城市开展的基层社会治理，是在中国特色社会主义以及中国特色社会主义进入新时代的宏大背景之下进行的。因此，研究城市基层社会治理的动力，必须把马克思主义的社会发展的动力观的相关内容纳入其中。这是历史唯物主义的立场的重大问题。

---

① 亚里士多德.物理学[M].张竹明，译.北京:商务印书馆,2004:45,50.

　　那么，马克思主义是如何认识社会发展的动力的呢？

　　社会发展的动力问题是马克思主义社会历史观的核心问题。推动社会历史发展的究竟有哪些力量？其中哪一种力量最终起决定性作用？在马克思主义产生之前，思想家们普遍把社会意识、政治法律、国家政权甚至领袖个体当作社会发展的决定性力量。这就是几千年来盛行的历史唯心主义。很显然，历史唯心主义关于社会发展动力的认识是局限的、不科学的。马克思突破历史唯心主义的认识论藩篱，从历史唯物主义出发，真正意义上科学地揭示了社会发展动力的本质特征和运行规律。根据马克思的历史唯物主义观点，促进社会发展的因素和力量有很多。基于内在性质和外在方式的差别，可将之分为根本/直接动力、基本/非基本动力及主要/次要动力，等等。而在这些动力系统中，生产方式的矛盾运动无疑是社会发展的基础性条件。在生产方式的内部矛盾中，生产力决定着生产关系和社会生活的其他方面，从而是推动社会发展的最终决定力量。当生产关系符合生产力发展的要求时，它可以促进其发展，否则的话，它就会成为社会生产力发展的阻碍力量。生产力和生产关系的这一矛盾运动，追根溯源是由生产力的发展而引起的。生产力是最活跃、最革命的因素，各种社会形态归根结底都是决定于其所相适应的生产力水平。社会历史的发展中最终起决定作用的也是生产力的发展，人类社会历史发展的运动过程明显表明，生产力的发展是社会发展的根本原因、根本动力。

　　马克思在科学地揭示生产力作为社会发展根本推动力的过程中，一方面，由于他肯定了人是生产力的主体，是生产力中的能动因素，生产力及相应的生产关系是人的自觉自主活动的结果，是人的本质力量的展开和确证，从而马克思最终也就肯定了作为主体的人对于社会发展的根本推动作用。在马克思看来，人类社会发展的终极原因在于以"现实的人"为主体的物质力量和精神力量以及所形成的物质生产实践活动，这是推动社会发展的原动力。另一方面，马克思在肯定生产力对社会推动作用的同时，也看到作为先进生产力的集中体现和标志的科学技术在社会发展中推动作用。在马克思看来，科学技术不是生产的附属品而是生产力本身，从生产力发展驱动社会历史发展的根本动力上看，科学技术无疑也是社会历史发展的源动力。实际上，科学技术通过生产活动中的应用，推动生产力和生产关系的变革，进而改变甚至重塑整个社会。因而可以说："科学技术是社会发展的直接、显在动力。"[1]当然，马克思在承认生产力的巨大作用同时，并不是说否定作为生产活动主体的人的作用。相反，生产活动是主体与客体的辩证统一，科学作为生产力本身，其产生和运用都离不开人。对科学技术在社会发展中的动力问题，需要结合人的主体性加以把握。

"将社会发展动力视为系统的整体，是马克思社会发展动力的基本特征。"[2]马克思揭示了生产力作为社会发展的根本动力，但这并不意味着整个社会的发展的动力是唯一的。实际上，在马克思的思想体系中，推动社会的发展既有生产力这样的根本动力，还有具体的社会现实动力。社会发展的现实动力，是各种现实社会要素的交相作用。诚然，社会发展的基本动力是生产方式的矛盾运动，而其中生产力起着根本性的作用。但是，生产力的根本动力作用并不是直接表现出来的，它必须通过各种社会要素的相互作用为其中介和补充，才能够在实践中实现。因此，社会发展的动力在其现实性上，不是某种单一要素而是多种要素共同作用的结果。也就是说，马克思的唯物史观，虽然肯定了生产力作为社会发展的决定性因素，但并没有否定其他社会因素对社会发展的动力作用。对此，恩格斯有过明确的解释，他指出："如果有人在这里加以歪曲，说经济因素是唯一决定性的因素，那末他就是把这个命题变成毫无内容的、抽象的、荒诞无稽的空话。经济状况是基础，但是对历史斗争的进程发生影响并且在许多情况下主要是决定着这一斗争的形式的，还有上层建筑的各种因素。"[3]由此可知，马克思社会动力理论是一种系统动力思想，它表明，"离开社会发展的根本动力考察社会发展动力问题，将无以寻求社会、历史之本、之基；离开社会各要素的交互作用考察社会发展动力，将无以说明社会发展的真

① 郑忆石.社会发展动力论[M].重庆:重庆出版社,2012:47.
② 郑忆石.社会发展动力论[M].重庆:重庆出版社,2012:47.
③ 马克思恩格斯全集:第37卷,北京:人民出版社,1971:460.

貌实况"①。

社会发展的动力是变化的，不是凝固的。也就是说，在不同时期、不同情况下，有的社会发展的动力产生了，有的社会发展动力却消失了，社会动力系统的构成并不是一成不变的。实际上，社会的发展是在生产力和生产关系的矛盾运动中进行的。这种运动意味着，原有的矛盾解决了，便出现新的统一；而在新的统一中，又孕育出了新的矛盾要求加以解决，新的矛盾被解决后，又会再出现新的统一……如是循环反复，矛盾永不停息地发展变化下去。矛盾无处不在，但有主次之分，社会发展的每个时期，都有主要矛盾和次要矛盾。唯物辩证法告诉我们，主要矛盾和次要矛盾在一定的条件下是可以转化的。例如，社会主义制度确立后的中国，作为剥削阶级的资本家阶级不再存在，无产阶级和资产阶级这一主要矛盾便被"人民日益增长的物质文化需要同落后的社会生产之间的矛盾"这一新的矛盾所代替，随着社会生产的发展，人民群众的物质文化生活水平不断提高，社会主要矛盾由此又发生新的变化，即"人民日益增长的美好生活需要和不平衡不充分的发展之间的矛盾"。今天，我们在讨论具体领域的社会改革时，必然要结合社会主要矛盾的新变化，唯有如此，才能正确认识事物发展背后的客观规律。

二、政治系统理论

"系统"一词，起源于古希腊语，就其词义而言，指的是由部分构成整体的意思。系统理论是对自然、社会和科学中系统性质的研究。更具体地说，系统理论是一个框架，用于分析或描述可以协同工作以产生某些结果的任何事物。实际上，系统的观点古已有之，经典如亚里士多德就曾讨论过，在《形而上学》中，亚里士多德认真地讨论了系统整体与部分的关系，他认为，"就具有若干部分的所有事物而言，整体并非只是一种堆积，整体除了部分以外，还具有作为统一因的某种东西；就以实物而言，在某

---

① 郑忆石.社会发展动力论[M].重庆:重庆出版社,2012:47.

些场合下，联结是一种原因，在另外场合下，联结成类似于此的都是一种原因"①。而他的著名言论"整体大于部分之和"（The whole is greater than the sum of its parts）更是被广为引用。社会科学领域的现代系统理论主要是受到生物学的影响，路德维希·冯·贝塔朗菲是这一领域的先行者。20世纪20年代，美籍奥地利生物学家贝塔朗菲（Ludwig von Bertalanffy）多次发表文章讨论一般系统思想，提出要把有机体当作一个整体或系统来研究，才能发现不同层次上的组织原理。1937年贝塔朗菲在芝加哥大学的一次哲学讨论会上第一次提出一般系统论，此后便在学术界进行传播。而其1968年的代表作《一般系统理论：基础、发展和应用》（General System Theory: Foundations, Development, Applications），较为详细地讨论了系统理论。在其著作中，一般系统分析的中心思想是基于生物学的类比：就像心脏，肺和血液的整体功能一样，社会系统的组成部分也是如此。当一个组件发生变化或承受压力时，其他组件将进行调整以进行补偿。

戴维·伊斯顿被认为是第一位使用系统分析来理解政治进程的现代政治思想家。1953年，戴维·伊斯顿最早在《政治系统：对政治学现状的探讨》（The Political System: An Inquiry into the State of Political Science）（1953年）一书中提出了他的政治系统概念框架。1965年，他在他的两本书《政治分析框架》（A Framework for Political Analysis of Political Systems）和《政治生活的系统分析》（A System Analysis of Political Life）中进一步阐述了政治系统的理论思想。特别是在其经典著作《政治生活的系统分析》中，戴维·伊斯顿详细解释了政治系统理论，这本书也被公认为是政治系统理论的最重要代表。戴维·伊斯顿将政治系统定义为"从整体社会行为中抽象出来的一系列互动，通过互动将价值权威地分配给社会"②。在戴维·伊斯顿看来，政治系统具有普遍性，大到国际组织，小到利益集团，都可以看作是一种政治系统。伊斯顿的政治系统理论着重于复杂性和相互依赖

---

① 亚里士多德.形而上学[M].北京:商务印书馆,1997:30.

② David Easton. A Systems Analysis of Political Life[M]. New York: John Wiley, 1965:11.

性，认为所有的政治系统都不是孤立的，都与其他社会系统紧密相连，各种政治系统都是依靠"输入—输出体系"（input-output system）与社会保持联系，维系自身的存续。伊斯顿系统分析的基本单位是"互动"，也就是说，一旦系统成员固有地发挥作用，就会从系统成员的行为中产生交互作用。当这些无数的相互作用在学者看来是"相互关系的集合"时，它们就被认为是"系统"。戴维·伊斯顿由此以政治生活为研究对象，系统分析政治生活的特征，条件和生活过程。在系统的视野里，政治生活被视为一种政治行为体系，在政治系统内部进行运作并对其社会环境作出反映，同时对价值进行有约束力的分配。具有约束力和权威性的决策将政府形式与其他系统（普通社会内部和外部都存在）区分开来，后者构成了这种形式的政治系统环境。从某种意义上说，他的"系统"概念是整合的，涉及价值、文化、权威等要素，包含了各种形式的正式和非正式过程和相互作用。

戴维·伊斯顿承认政治系统的开放性，也就是说政治生活的运行和转换发生在某些环境之中。作为一个开放系统，政治系统必须具有适应环境，面对所有障碍并根据情况进行适应性调整的能力。因此，戴维·伊斯顿的政治系统理论，也被认为是政治生态学的重要组成部分。当然，在戴维·伊斯顿的政治系统理论中，系统不仅是开放的，而且是动态的。在系统运行过程中，"反馈"无疑是一个极为重要的概念。一种政治系统形式随时间推移而存续的关键在于反馈。反馈是一个动态过程，通过该过程可以将有关输出及因此环境得出的信息传达给系统，该信息随后可能触发系统调整。也就是说，政治系统作用于环境，并接收相应的反馈输入。而在没有反馈的情况下，系统很可能会以无响应方式工作，并失去支持。由此，戴维·伊斯顿将政治系统产出的后果与投入的流入联系在一起，在输入和输出之间建立了循环关系，也即通过其输入—转换—输出—反馈过程来完善政治系统运行的循环（见图1-1所示）。

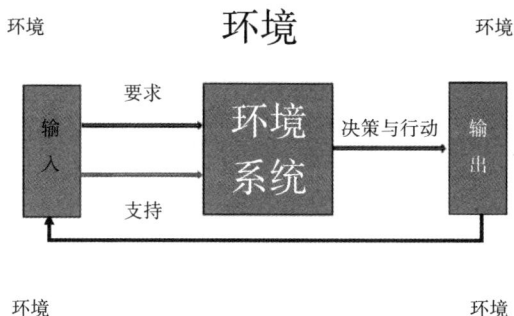

图1-1 戴维·伊斯特的政治系统模型

总体上看，政治系统理论说明了社会政治活动的复杂性和动态性，客观地反映了社会政治活动中的一些实际情况，有其合理性的内容和参考价值。特别是政治系统理论所强调的系统与环境的关系、社会政治活动的互动过程等，能够有助于更为全面地审视各种社会现象。同样的，运用政治系统理论，我们可以对城市基层社会治理中各类要素、各个环节都加以认真考虑，关注城市基层社会治理各要素之间的互动关系，以及更为全面地分析社区所处的生态环境对城市基层社会治理的综合影响。

三、治理理论

在当代西方政治思想丛林中，多元治理理论无疑是最为流行和最具潜力的政治理论之一。对此，联合国社会发展研究所副主任辛西娅·休伊特·德·阿尔坎塔拉（Cynthia Hewitt de Alcántara）感叹道，在当下，无论是国际还是国内、政界还是学界抑或民间组织，"关于发展问题的出版物很难有不以它（即治理）为常用词汇的"[1]。任何一种理论的兴起都有其理论与现实背景，多元治理理论同样也不例外。归纳而言，多元治理理论的产生既是对客观世界现代性危机的回应，也是因应现实社会和知识发展的需要。首先，在20世纪七八十年代，二战后建构起来的西方福利国

---

[1] 辛西娅·休伊特·德·阿尔坎塔拉,黄语生."治理"概念的运用与滥用[J].国际社会科学杂志:中文版,1999(01):105-113.

家开始逐渐爆发整体性的管理危机。具体表现在国家内部，政府福利负担过重和自身效率低下并存，面对复杂公共事务，市场和等级制的调节机制双重失灵等；而在国际上，全球性、区域性公共问题激增，对国际社会的管理提出了严峻的挑战。在这种情况下，在政府之外还看到其他多元主体力量的治理理论思想开始被相关学者所主张，并迅速在诸领域扩散开来。其次，20世纪后半叶，公民社会和社会组织集团蓬勃发展已经成为一种全球性的现象和趋势，这为治理的兴起提供了体制和动力支撑；与此同时，现代信息技术的发展以及西方学者的努力又为治理的实践应用与理论发展提供了技术和知识保障。

作为一种现代政治理论，多元治理理论的勃兴是比较晚近的社会科学事件。但"治理"的概念却由来已久，其对应的英文词汇governance源于古希腊语，原本是操控之意。1989年，世界银行的一份报告中第一次提出"治理危机"一词，随后"治理"开始频现于各种官方文件和学术著述之中。但是，当代语境下的治理，其内涵已然被重新开发。正如法国学者戈丹（Jean-Pierre Gaudin）指出的："治理从头起便须区别于传统的政府统治概念。"[①]多元治理理论巨擘罗茨（R. A. W. Rhodes）同样认为，治理意味着"一种新的统治过程，意味着有序统治的条件已经不同于以前，或是以新的方法来统治社会"[②]。人们对治理概念的理解，首先在于将治理（governance）与统治（government）相区分。国内治理理论研究先驱俞可平教授认为，治理与统治两者之间有着截然不同的意涵：一方面，治理与统治的权威来源不同，统治的权威必然是政府，而治理的权威则不仅仅局限于政府；另一方面，治理与统治的权力运行向度也不同。统治的权力运行向度是刚性的自上而下，治理的权力运行向度则表现为高度灵活的上下

---

① 让-彼埃尔·戈丹,陈思.现代的治理,昨天和今天:借重法国政府政策得以明确的几点认识[J].国际社会科学杂志:中文版,1999(01):49-58.

② 俞可平.治理和善治引论[J].马克思主义与现实,1999(05):37-41.

互动。①总体上看，关于治理的文献可谓汗牛充栋，而关于治理的定义也是众说纷纭。罗茨曾搜罗了至少有以下六种关于治理的流行定义：作为最小国家（the minimal state）的治理；作为合作治理（corporate governance）的治理；作为新公共管理（the new public management）的治理；作为善治（good governance）的治理；作为社会—控制论系统（socio-cybernetic systems）的治理；作为自组织网络（self-organizing networks）的治理。②如果说罗茨所归纳的是不同角度或领域的治理概念，那么，全球治理委员会则是从普遍意义上对治理作了一个宽泛的定义。在1995年《我们的全球伙伴关系》（Our Global Neighbourhood: The Report of the Commission on Global Governance）的研究报告中，治理的概念被界定为"个人和机构、公共和私人管理共同事务的多种方式的总和"（the sum of the many ways individuals and institutions, public and private, manage their common affairs）。而且，治理是"一个持续性的过程，通过这个过程，冲突或不同的利益可能会得到照顾，并可能采取合作行动。它包括有权强制遵守的正式制度，以及个人和机构认同或认为符合其利益的非正式制度"③。

虽然不同领域的学者对治理概念有着不同见解，但关于多元治理理论的基本内核正形成一些共识。斯托克通过文献梳理，将多元治理理论的核心观点归纳为以下五个方面：第一，治理的主体不止政府，也就是说，治理主体的多元化，既包括具有复杂、多元构成的政府自身，也包括半官方机构、非政府机构甚至公民自身。正因为治理主体多元化特征，一些学者往往偏好使用"多元治理""多中心治理""多头治理"等类似概念。第二，治理在分享管理公共事务权力的同时，也提醒和注意责任转移等问题。例如，在这种责任模糊的情况下，制定公共政策的人和公众很难搞清

① Rhodes R. Understanding Governance: Policy Networks, Governance, Reflexivity and Accountability[J]. Social Studies, 1998 (04):182-184.

② Rhodes R. Understanding Governance: Policy Networks, Governance, Reflexivity and Accountability[J]. Social Studies, 1998 (04):182-184.

③ The Commission on Global Governance. Our Global Neighborhood: The Report of the Commission on Global Governance[R]. Oxford University Press, 1995:13.

楚有关的事务到底应由谁来负责，这就可能导致公务人员每逢发生问题或
危机就把责任推卸给外部供货商。更糟糕的情况可能是，一些较为复杂的
治理体制尤其使寻找替罪羊的机会大为增加。第三，治理意识到，没有哪
个机构，无论其为公共部门或私营部门，都不可能掌握充足资源以独自解
决全部复杂公共问题。正因为如此，从治理的视角来看各行动主体之间必
须相互依赖，在实现共同目标的过程中实现各自的目的。正是因为存在权
力依赖关系，治理各主体间易形成互动的伙伴关系。第四，治理的过程同
时也是一个行动者和机构把它们的资源、技能和目标混合起来以成长为一
个长期的联合体的过程。第五，治理主张政府跳出权力规制的逻辑，尝试
运用新的合作方式和技术来引导和控制。从这个意义上看，治理并不是对
政府的全面拒绝。相反，治理认为，政府的作用不容忽视，政府需要在整
个社会公共网络管理系统中扮演"元治理"角色。①

就一般意义而言，治理是一种协调和管理事务的机制安排。因此，治
理有其目标指向性。如果说"统治"的最终目标是实现"善政"（good
government），那么，治理的目标就是"善治"（good governance）。善治是
良善治理的简称，所概括的是治理发展的应然情况或理想状态。俞可平教
授对善治特征的概括堪称经典，他认为善治的根本特征是政府与民众对公
共事务的合作管理方式和关系。②主要表现在：一是合法性（legitimacy）。
这里的合法性更强调实质合法性，或者说是政治学意义上的合法性，即民
众对权威和秩序的自觉认可和自愿服从。二是透明性（transparency）。政
府信息公开（包括公共决策、公共预算、政策执行等与公民利益相关的公
共信息）既是政府的责任，也是公民知情权、监督权的核心指向。三是责
任性（accountability）。从根本上讲，责任是主体履行治理任务、落实治理
计划、战略或项目的基础。没有责任机制，治理计划或战略难以存续。责
任的重要性还在于，其本身还有工具性作用，可以使公共生活的管理者将

① 格里·斯托克，华夏风.作为理论的治理：五个论点[J].国际社会科学杂志：中文版，
1999(01):19-30.

② 俞可平.治理和善治：一种新的政治分析框架[J].南京社会科学，2001(09):40-44.

法规遵从性作为一项长期可持续活动。四是法治（rule of law）。依法治理，这是善治的应有之义。法治本身是一项治理原则，根据这项原则，所有个人、机构和实体（不论公共机构还是私营机构、政府官员还是普通公民），都要对法律负责，必须按照既定的、成文的规章制度和法律原则行使权力。五是回应性（responsiveness）。回应性与责任性紧密关联，从善治的角度看，公共机构作为一种为人民服务的机构，必须能够对人民尽忠职守并向民众作出积极反应。就此而言，基于回应性的善治是可以使民众与公共机构之间产生牢固的纽带。六是有效性（effectiveness）。善治拒绝低效甚至是无效的管理行为，这意味着更低的投入、更灵活的管理以及更好的服务产出。在某种意义上，管理的有效性程度越高，善治的程度也就越高。

多元治理理论之所以表现出如此旺盛的生命力，恰是因为其理论本身所提供的富有吸引力的分析和行动框架。也正因为如此，多元治理理论广泛适用于不同的层次和领域。从纵向上看，它可以适用于在制度层次上创造中立的国家、在社会层次上创造自由的公共圈或曰民间社会、在个人层次上创造自由的现代行为模式，也可以表现在全球治理、地区治理、国家治理、组织治理。从横向上看，多元治理理论可以应用于政治、经济、文化等诸领域事务的治理。当然也包括城市基层社会治理，更是可以直接从多元治理理论中汲取理论启示。依循治理的逻辑，从城市基层社会管理升华为城市基层社会治理应是必然趋势。在这里，原本的城市基层社会管理本质上是国家通过建立一系列法律法规和规章制度对城市基层社会管理行为的规范化，对象是基层社会，主体是单一的政府。相对而言，城市基层社会治理则是国家通过采取一系列的制度安排，利用和借助社会治理的功能用以解决城市基层社会公共问题、化解城市基层社会矛盾等问题，对象是城市基层社会，主体则是"政府+社区+N"的多元合作，政府发挥主导作用，社区居民自治，多元主体参与共治。从方式上看，城市基层社会管理，突出法律和行政的刚性约束力；而治理，则相对灵活，更主张人、社会与国家等多元主体的能动性和自主性。总之，多元治理理论的探讨揭

示，城市基层社会管理，不能固守行政思维、停留在"管"的层面，而应
该实现向城市基层社会治理的转变。

第三节　城市基层社会治理动力体系的
目标逻辑及要素构成

一、建构治理共同体：城市基层社会治理动力生成的目标逻辑

恩格斯曾对社会领域和自然领域的发展动力作过严格区分，他指出社
会领域与自然领域的动力有着根本性区别，"在自然界中（如果我们把人
对自然界的反作用撇开不谈）全是没有意识的、盲目的动力，这些动力彼
此发生作用，而一般规律就表现在这些动力的相互作用中。……相反，在
社会历史领域内进行活动的，是具有意识的、经过思虑或凭激情行动的、
追求某种目的的人；任何事情的发生都不是没有自觉的意图，没有预期的
目的"[1]。由此可知，社会领域的行动动力是通过主体的有意图、有目的
和预期的自觉活动表现出来的。这里至少包含了两个方面的规定性：一是
城市基层社会治理动力与主体密切关联，体现的是客观条件下人的主观能
动性；二是城市基层社会治理动力与目标密切相关，蕴含着客观趋势与主
观意图的统一。社会活动的动力与目标密切联系，要把握社会活动的动
力，需要与其指向的趋势目标结合起来。按前文所述，城市基层社会治理
的动力也就是推动城市基层社会治理向前发展的作用力。那么，这里的
"向前发展"的目标指向就必须加以明确。推动城市基层社会治理发展，
根本上是主观与客观的辩证统一的社会活动过程。相关决策者响应基层社
会发展的客观需要来明确城市基层社会治理恰适的目标样态，进而规划相
关规范和激励机制，来驱动相关主体为这一目标样态展开行动。因此，当
我们要厘清城市基层社会治理动力的内容和方向的规定性时，首要的就是
明确城市基层社会治理主体究竟要达到什么样的目标状态。

---

① 马克思恩格斯选集：第4卷[M].北京：人民出版社，1995:247.

事实上，当代中国社会治理正在发生现代化转型，[①]也就是系统调适传统社会治理关系和结构，加快形成现代化的社会治理模式。2019年1月，习近平在中央政法工作会议上首次提出："打造人人有责、人人尽责的社会治理共同体。"同年10月，党的十九届四中全会再次明确提出"建设人人有责、人人尽责、人人享有的社会治理共同体"的要求。社会治理共同体目标在顶层设计中被屡屡提出，在为基层社会治理建设指明了方向的同时，也正契合了当代中国社会治理现代化转型趋势。

共同体（community）本义上是一个社会学概念，意指具有紧密的有机社会关系的群体。这种有机关系，通常可以是基于情感、兴趣、利益、权利、任务，等等。共同体可以在多种多样的情况下生成，而基于紧密社会治理关系和共同社会治理目标形成的共同体，就是社会治理共同体。具体来说，所谓社会治理共同体，意指政府、社会组织、公众等基于互动协商、权责对等的原则，基于解决社会问题、回应治理需求的共同目标，自觉形成的相互关联、相互促进且关系稳定的群体。[②]按照顶层设计的构想，我们正在推进的社会治理共同体具有三个"人人"的特点：

一是人人有责。主要是从社会治理共同体的主体结构而言，意思是社会治理中每一个成员都有责任参与。这里的"人人"是一个泛指，强调的是主体结构的广泛性、普遍性及开放性。就实践情况看，社会治理主体既包括政府、社会组织等公共机构，也包括营利性企业等私人机构，还包括共同体范围内的所有个人。当然，对于当代中国而言，社会治理共同体中的政党组织，特别是执政党发挥着至关重要的作用。

二是人人尽责。主要是从社会治理共同体的功能过程而言，意思是社会治理各主体能够主动作为、能够作为、有效作为。社会治理主体具有参与社会治理的责任，但并不是说其就能够很好地参与进来、充分发挥自身的应有作用。考虑到社会治理系统的高度复杂性，要实现一个人人尽责的

---

① 周庆智.推进基层治理的社会改革:基于城乡基层社会治理实践的制度分析[J].学海,2016(01):44-51.

② 郁建兴.社会治理共同体及其建设路径[J].公共管理评论,2019(03):59-65.

社会治理共同体，需要系统提供人人尽责参与社会治理的基础性、支撑性条件，积极搭建人人尽责参与的治理平台和渠道、不断提供人人尽责参与社会治理的机会空间。

三是人人享有。主要是从社会治理共同体的目标价值而言，意思是社会治理各主体能够充分享受社会治理成果，或者说每一个社会治理共同体成员都能够被正向治理效应所覆盖。可以说，人人享有是人人有责、人人尽责的出发点和归宿，而人人有责、人人尽责则为最终的人人享有提供了前提和保障。从这个意义上看，正是人人享有，才确定了社会治理共同体建设的意义所在，也构成了一个理想社会治理共同体存续下去的正当性基础。

由上述讨论可见，人人有责、人人尽责、人人享有构成了一个有机的社会治理共同体目标体系。其中人人有责是基础和前提、人人尽责是关键环节和保障，人人享有是出发点和归宿。显然，我们所提的社会治理共同体显然是一个内容丰富、逻辑严密的理想目标体系，特别是三个"人人"的要求，体现了鲜明的中国特色。为实现人人有责、人人尽责、人人享有的社会治理共同体，其"关键在于形成内部聚合力的基础上开展主体间的互动合作"[①]。而聚合共同体内部力量、激发互动合作共治行动，所需要解决的核心问题就是动力问题，就是要明确何种因素影响不同主体究竟参与社会治理，并进而寻找如何能让不同主体在社会治理中自觉做到"人人尽责"的路径。

因此，完整意义上的城市基层社会治理共同体实现过程，意味着通过完善和优化城市基层社会治理体系和机制，激发多元城市基层社会治理主体强大动能，既充分发挥党委领导和政府主导的作用，又支持和鼓励社会各方面积极参与，增强基层社区自治组织、企事业单位、社会组织以及居民个人参与社会治理的责任。在城市基层社会治理共同体中各类主体既良性互动，又各尽其能、各展其长，从而最大限度激发基层社会主体活力，形成城市基层社会治理的整体合力。就此而言，社会治理共同体目标的提

---

① 陈秀红.如何把"社区治理共同体"做实做好？[N].学习时报,2021-01-27.

出还只是第一步，要实现城市基层社会治理共同体的目标，必须明确城市
基层社会治理动力问题，解决城市基层社会治理动力问题。

二、城市基层社会治理的动力构成

正如前文所述，建构治理共同体是城市基层社会治理动力生成的目标
逻辑。城市基层社会治理动力与治理主体密切关联，体现的是客观条件下
人的主观能动性。应该说，城市基层社会治理活动是有目的、有计划的系
统性行动，有目的和预期的自觉自为活动正是人的主体性的重要标志。因
此，研究城市基层社会治理领域的动力问题，也应该立足各社会治理行动
者的主体性。而要系统地把握城市基层社会治理动力，首先就要厘清城市
基层社会治理共同体的主体结构，从多元化的社会治理主体出发展开对社
会治理动力的追溯。也就是说，从社会治理共同体来看，治理共同体形成
于治理场域内各类关键行动者的大量互动之中。就此而言，本书所论城市
基层社会治理的动力，是在社区治理主体向社区治理共同体转变的系统
的、动态过程中加以把握（如图1-2所示）。实际上，现代组织学理论很
早就揭示，关键行动者对于一个关系场域的结构化至关重要。[1]那么，在
城市基层社会治理场域中，又会存在哪些关键行动者？他们彼此之间又是
何种角色定位和互动关系？

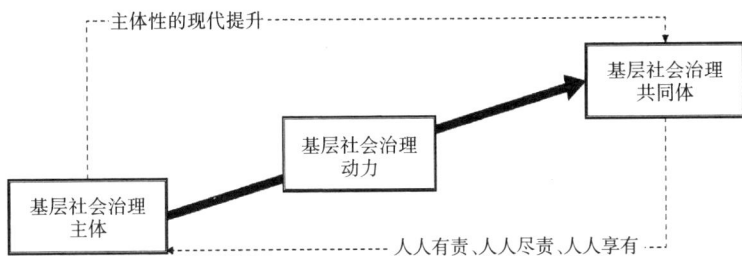

图1-2 基层社会治理动力分析的逻辑框架

党的十九届四中全会指出，要完善"党委领导、政府负责、民主协

---

① DiMaggio, P J and W Powell. The Iron Cage Revisited: Institutional Isomorphism and Collective Rational in Organizational Fields[J]. *American Sociological Review*, 1983(48):147-160.

商、社会协同、公众参与、法治保障、科技支撑"的社会治理体系，建设
"人人有责、人人尽责、人人享有"的社会治理共同体。从中可见，中央
在提出社会治理共同体目标的同时，实际上也确认了基层社会治理的核心
行动者，即党委、政府、社会、公众四大类行动主体。应该说，这四大类
行动主体是一种宽泛的分类，实际上，具体到城市基层社会治理，我们还
可以进一步明确具体的行动主体。从当前我国城市基层社区的实际情况来
看，我们可以将这些核心主体展开并整合为以下七类：

一是基层政权组织。基层政权组织指国家为实现其统治和管理职能，
依法在基层行政区域内设置、行使权力的组织机构。基层政权组织是相对
中央政权组织和地方政权组织而言，是居于国家政权组织体系的最底层和
最末端。在中国，城市基层政权一般是指乡镇（街道）在内的基层政权组
织。按照相关法律规定，我国城市基层政权组织与社区之间的关系并不是
严格意义上的上下级隶属关系，而是指导与被指导、帮助和协助的关系。
二是社区居民。基层社会同样是人的社会，社会治理归根结底是人实施的
治理活动。按照治理共同体的理想，每一个社区居民都是有权有责参与城
市基层社会治理主体。三是业主委员会。人作为城市基层社会治理的主
体，可以是个体形式，也可以是组织的。作为个体的治理主体，就是社区
居民。而居民的组织形式则更为丰富多样。其中，基于社区居民的物业所
有权所成立的业主委员会，业主委员会经由所在小区的业主选举产生并自
我管理小区，这无疑是一种较为直接的城市基层社会治理主体。四是社区
两委。社区两委主要包括社区党组织委员会和社区居委会，严格意义上
讲，前者是政党组织，而后者是法理意义上的居民自治组织。之所以将两
者放在一起，是考虑到中国基层治理的实际情况。实际上，如果跳出形式
考量，从功能上来看，中国城市社区两委在一定程度上既是国家政权的间
接代理人，也是居民利益的直接代言人，是当前城市基层社会治理的最为
重要依托和最核心行动者。五是物业公司。就其性质而言，物业公司是私
营企业组织。其本身是以追逐商业利润为目的，但在这一过程中，却实际
地承担着社区物业管理职责，对基层社会治理有着重要影响，从而成为基

层社会治理中的重要主体。六是社区社会组织，这是一种既不同于政府也不同于私营企业的、以公益为目的的组织机构。随着现代城市的发展，人们的公益心及由此生成的公益行为，往往是志愿组织起来的，并在社会治理中发挥着越来越重要的作用。七是其他主体。在城市基层社会，往往还有一些基于某项事务而临时设置或下派的临时机构等，由于这些组织的不稳定性和流动性，本书对此不作重点研究对象来展开。

如前文理论基础中"马克思主义社会动力论"部分所述，马克思在科学地揭示生产力作为社会发展根本推动力的过程中，既肯定了作为主体的人对于社会发展的根本推动作用，也看到作为先进生产力的集中体现和标志的科学技术在社会发展中的推动作用。据此，我们可以将城市基层社会治理动力构成区分为纵向国家治理结构性的压力、社区居民的需求拉力、社区内部的矛盾张力、社区居委会的绩效驱力、智能社区建设的推力五个方面。

第一，纵向国家治理结构性的压力。城市基层社会治理体系是"国家治理体系在社区这个新生城市社会空间的自然延伸，而并非完全由社区内在治理需求生发而成，这就决定了其天然同国家治理体系高度链合在一起"[1]。从纵向国家治理方面看，城市基层社会治理受到国家政权机构推进国家治理所带来的纵向压力驱动，至少表现在两个方面：一方面是治理重心下沉。习近平指出："党的工作最坚实的力量支撑在基层，经济社会发展和民生最突出的矛盾和问题也在基层，必须把抓基层打基础作为长远之计和固本之策。"[2]"社会治理的重心必须落到城乡社区，社区服务和管理能力强了，社会治理的基础就实了。"[3]基层是社会治理的基础和重心，基础不牢，地动山摇；基层不稳，国家难安。纵向上的国家治理必须以基层作为最基础的单元和最深厚的支撑点。也就是说，城市基层是中国社会

---

① 王德福.社区治理现代化：功能定位、动力机制与实现路径[J].学习与实践,2019(07):88-97.

② 中共中央文献研究室.习近平关于全面从严治党论述摘编[G].中央文献出版社,2016:138.

③ 中共中央文献研究室.习近平关于全面深化改革论述摘编[G].中央文献出版社,2014:101.

的末梢，很多国家治理事务最终都要落实到基层、下沉到基层。国家治理的基础是基层社会治理，国家治理的任务需要基层来落实。另一方面，伴随治理重心向基层下移，相应的各类物质资源、管理权限也向基层下放，使得基层社会治理有条件、有资源保障，可以履行更多的公共事务功能，为基层群众服务。这样，通过纵向国家治理压力驱动，加强基层社会治理，把各种资源集中到基层，打通基层社会治理和公共服务"最后一公里"，及时有效回应新时代社会治理面临的风险挑战，满足群众多方面需求，扩大基层人民共享发展成果。

第二，社区居民需求的拉力。社区是人民群众生活休憩的家园，是最接地气、最能直观反映人民群众日常生活状况和需求的地方。因此，社区通常是一个社会的神经末梢，基层社会治理必然要以人民群众的实际需求为工作的出发点和归宿。而城市基层社会治理状况和能力水平也会最直接地受到社区居民的检验。城市基层社会的主人永远是人，全部城市基层社会的建设、治理和发展也必须立足社区居民的需求。由此，满足社区居民需求、提升社区居民获得感是城市基层社会治理主体存在的正当性基础。新时代，人们追求美好生活的愿景愈发强烈，社区居民需求（当然也包括对高品质基层社会治理的需求）在不断扩大和发展，如何有效回应社区居民需求、提升社区居民获得感是摆在城市基层社会治理面前的重大挑战。这就客观上要求城市基层社会治理能够有效回应社区居民各方面的需求，由此，社区居民的需求也就构成了城市基层社会治理的拉动力量。

第三，社区内部的矛盾张力。回顾改革开放四十多年来的伟大实践历程，可以发现，探索中国特色社会主义市场经济之路是不变的主题。而"随着我国社会主义市场经济体制的不断完善和经济结构、社会结构的不断变化，与此同时，社会矛盾、社会冲突凸显"①。在当下城市基层社会，社会结构与改革开放前相比已经发生了历史性变化：一方面，单位社区的

---

① 陆学艺.建设社会现代化：中国未来发展的战略重点[J].西北师大学报：社会科学版，2012(06):1-5.

消解使个体从单位体制的中脱嵌出来成为原子化个人；另一方面，各种社会组织、私营企业力量不断涌入基层社区，在承接了大量单位社区功能的同时，也成为基层社会治理重要的参与主体。但是，在城市基层社会治理场域中，这些社会治理主体都是利益相关者，无论是自愿相关、非自愿相关，主动相关还是被动相关，都有其参与逻辑和利益取向。这就使城市社区不可避免地陷入利益分化之中，城市社区治理因此进入了一种利益博弈的矛盾状况。矛盾是驱动事物发展的动力，基层社区这些纵横交错的矛盾运动也恰构成了基层社会治理变革、发展的场域动力。

第四，社区居委会的绩效动力。对于当代中国城市基层社会治理场域而言，社区居委会无疑居于中心位置，承担着至关重要的职能，发挥着越来越突出的作用，是城市基层社会治理的核心行动者。在法律形式上，社区重在自治，社区居委会就被明确定位为城市居民自治组织。然而，在实际上，社区居委会并不完全是自主意志的治理主体，其在客观上受到基层政权（镇街）的影响甚至控制。社区居委会的主要成员人事关系产生、变化及发展，都或多或少受到基层政治力量的影响。由于社区居委会同时也事实上是一个把党和国家意图落实到社区层面的执行机构，因此，基层政权力量对社区居委会的影响也往往以绩效考核为依托，考核社区居委会在城市基层社会治理中的业绩，进而通过绩效后果的应用产生对社区两委的激励。从社区居委会的角度看，社区在城市基层社会治理中的绩效表现及绩效后果反馈是其行动的核心驱动力。而在一般的认知之中，社区往往也被当作是所辖区域基层社会治理效果的第一责任组织。因此，考察城市基层社会治理的动力构成，就不能忽视作为核心行动者的社区居委会治理动因的探讨，就需要深入基层社会治理中社区居委会绩效管理和政绩心理中来加以把握。

第五，智能社区建设的推力。科学技术是社会发展的重要动力，也是城市基层社会治理的重要推力。对此，有学者指出，城市基层社区治理技术动力实际上源于技术治理理性的政治动力。[①]现阶段，新技术嵌入社区建设和治理的热点在于互联网技术的应用。而在互联网技术进步的最前沿处无疑则是人工智能的应用，即智能社区建设和社区智能化治理。20世纪五六十年代形成了第一波人工智能社会热潮，但很长时期以来人工智能并没有在社会生活及国家治理中得到广泛和有效应用。究其原因，主要是人工智能技术发展并没有达到理论上的预期，技术的滞后发展限制了技术的应用。现如今，大数据技术、机器学习等基础科技知识的发展，人工智能发展实现新的突破。人工智能在算法创新与处理大数据的可用性和经验相结合方面取得的发展，是人工智能能够走向广阔社会应用的最大技术原因。对此，有学者指出现下人工智能技术的突破性发展，"不仅仅是一场技术革命，更是一场决策革命和治理革命，它正在开启一个新的未知空间，可能带来一场社会变革，特别是公共治理领域的变革与创新"[②]。由此可见，现代技术的突破性发展及快速社会应用，构成了当下城市基层社会治理智能化创新的辅助性现实动力源。

---

① 陈晓运.技术治理：中国城市基层社会治理的新路向[J].国家行政学院学报,2018(06):123-127.

② 高奇琦,陈建林.大数据公共治理：思维、构成与操作化[J].文化杂志,2016(06):103-111.

第二章　城市基层社会治理的外部动力：国家治理的纵向压力

国家与社会关系是社会治理领域最基本的关系，当然也是影响城市基层社会治理的基本关系，对城市基层社会治理动力的考察，必然地要关注到国家力量的影响。特别是对于中国基层社会而言，社会自治的传统相对偏弱，国家在基层社会治理中长期占据主导作用。当然，国家的主导作用在不同时期有不同的表现，或直接控制或间接干预，但无论如何，国家的影响力始终存在。国家最直接面向基层社会影响力的组织化形式，自然是基层政权组织。

伴随中国城市基层社会治理体制的变迁，当代中国城市基层政权的角色定位也在不断变动调适。计划经济时期形成的"单位为主、街居为辅"管理体制，放大了城市基层政权在城市基层社会管理中的权力和职能。在改革开放开启的社会主义市场经济进程中，这种传统的城市基层管理体制逐渐解体并走向新的构造。新的构造过程在两条线路中展开：一是简政放权、倡扬基层社区居民自治，而城市基层政权在此过程中出现一定程度的回撤性调整；二是伴随着改革开放的深入，基层社会环境得到了历史性变迁，又让城市基层承担着越来越多且又日益复杂化的国家治理任务，需要增加能够左右基层的影响力，城市基层政权又在此过程中出现一定程度的渗透性调适（例如社区行政化、内卷化问题）。无论是回撤还是再渗透，城市基层政权在城市基层社会治理中的作用无疑都是极为显著的。基层社会治理的变革没有基层政权的参与，是不可能顺利推进并取得预期结果，很多时候，变更甚至是由基层政权所发起。就此而言，"我国社区建设的动力来源于政府，其目的是发展新的基层社会治理的力量，使广大群众参与到政府决策的事务中，保障政治社会的稳定"①。因此，在某种程度上，基层政权组织及其所传递的国家治理的纵向压力，本身就构成了变革时代基层社会治理前行的最大外部动力。

在这一章，笔者将围绕 M 区和 Z 镇政府打造 Y 社区试点典型的案例展开深入论述。应该说，M 区和 Z 镇政府打造 Y 社区成为试点典型的过程，集中反映了基层城市政权组织在城市基层社会治理中的强大动能。其中，本书从社会治理动力角度的研究，需要重点关注的是 M 区和 Z 镇基层政府打造试点典型中，通过怎样的方式来驱动试点工作的运行？在这一过程中压力如何转化为变革的动力？国家治理的纵向压力又会有怎样的发展变化？又出现了怎样的异化情形使得压力变成逆动力？等等。

第一节　上级政府以 Y 社区为"点"的治理考量

总体上看，改革开放以来，中国所实行的是渐进式风格的改革，其特点是综合权衡改革的成本与收益，严控改革风险，采取稳妥方式，渐进积累、稳中求变。上级部门选择典型地区开展改革试点，在局部先行先试进而将成熟经验推广全局，这无疑是渐进改革中惯用的一种改革方式。可以说，"但凡重大改革举措，无一不是通过试点来总结推广而成"②。很多时候，所选择"试点"的地区往往"成为政治体制改革的'前哨站'和'侦察岗'，'试点'模式被称作改革的'重要任务'和'重要方法'"③。试点也是基层政府推动基层社会治理创新的常用方式，就本书的研究样本——Y 社区而言，在过去几年内的基层社会治理创新取得巨大突进，也正是始自 2014 年被 M 区政府遴选为首批次社会治理改革试点社区。因此，M 区和 Z 镇政府对 Y 社区试点的选择、打造及后试点工作的实践，无疑为

① 胡晓明,高荣.基层社会治理中公民参与机制创新[J].人民论坛,2015(32):34-36.
② 慎海雄.发挥好改革试点的示范突破带动作用[J].瞭望,2015(24):10-11.
③ 秦前红.中国政治体制改革"试点"模式需解决好四大问题[J].中国法律评论,2017(4):188-192.

我们观察基层政权组织如何驱动基层社会治理发展提供了一个非常有价值的观察切入点。

一、"点"的政治

在学术话语体系中，试点属于政策扩散的范畴，一般地，政策扩散可以区分为三种类型，即横向的水平扩散、自下而上垂直扩散和自上而下垂直扩散。其中，上级政府自上而下推动的试点近年来在基层社会治理创新中较为常见，具有明显的试验主义风格，依循"先试先行—典型示范—以点促面—逐步推广"的逻辑进路。①遵循实事求是思想路线的中国共产党，历来重视实践中的试点工作，鼓励地方和基层积极探索，大胆试验。

据考证，"'试点'发轫于中国共产党在农村基层土地改革过程中的工作方法"②。毛泽东多次强调试点工作，指出在实际工作中要"突破一点，取得经验，然后利用这种经验去指导其他单位"③。实践中"应当坚决采用逐步推广的方法，不用普遍动手的方法。逐步推广的运动，看来很慢，其实是快；普遍动手的方法，看来是快，其实是慢"④。改革开放以来，由于能在相当程度上降低改革成本、规避改革风险，"试点"工作因而也成为中国改革探索的重要路径之一，各种试点更是在改革系统工程中得到常态化应用。邓小平指出："在全国的统一方案拿出来以前，可以先从局部做起，从一个地区、一个行业做起，逐步推开。中央各部门要允许和鼓励它们进行这种试验。试验中间会出现各种矛盾，我们要及时发现和克服这些矛盾。这样我们才能进步得比较快。"⑤实际上，试点本身就是一

① 章文光,肖彦博.创新型城市试点选择的多维影响因素分析:基于2006—2016年事件分析[J].上海行政学院学报,2020(06):78-89.
② 周望."政策试验"解析:基本类型、理论框架与研究展望[J].中国特色社会主义研究,2011(02):84-89.
③ 毛泽东选集:第3卷[M].北京:人民出版社,1991:897.
④ 毛泽东文集:第5卷[M].北京:人民出版社,2009:38.
⑤ 邓小平文选:第2卷[M].北京:人民出版社,1994:150.

种改革探索。中国的改革"更重要的还是要从试点着手，随时总结经验，也就是要'摸着石头过河'"①。改革的试点固然在全国各地已经常态化，但是每一次的试点通常意味着一次局部政策创新，意味着对过去经验的扬弃，因此，试点对象的选择以及试点方案的设计往往需要上层推动者系统谋划、精心部署。也就是说，试点工作"既不是盲目试错，亦非自负的试对，其通常是由上层政府所主导的慎重的'政策设计'"②。

以什么样的标准来选择试点对象，需要综合考虑多方面的因素。既考虑历史背景因素，也考虑到现实制约因素；既受纵向上下级组织间互动影响，也受关键行动者的决策影响。而且，相关研究发现，政府自上而下推动的试点，通常偏好于成功概率更大的地区。对于这样的试点对象，上级政府往往具有较高的试点期待，"实际上是一种塑造示范标杆的过程"③。这样的试点一旦顺利推进并取得成功，其带来的价值效应是多方面的：一方面，作为上级政府主抓的一项重点工作，试点成功能够回馈上级政府改革预期并为更大范围试点经验推广提供正当性依据；另一方面，从长远和发展的角度看，试点成功对于试点对象自身也是一种政绩肯定，而且试点通常带来上级更多、更集中的资源支持，从而也有利于试点地区的发展。因此，自上而下试点本身往往也构成了上级推动下级行动的强劲动力源。

二、"沪上最烂小区"的Y社区成为"点"

就本书的研究个案而言，上海市M区及Z镇政府推动Y社区为基层社会治理试点也遵循了上述试点政治逻辑。M区及Z镇政府推动Y小区基层社会治理试点建设始于2013年。在区、镇两级政府的统筹部署和统一安

① 陈云文选:第3卷[M].北京:人民出版社,1995:279.

② Mei C, Liu Z. Experiment-based Policy Making or Conscious Policy Design? The Case of Urban Housing Reform in China[J]. Policy Sciences, 2014 (03):321-337.

③ 章文光,肖彦博.创新型城市试点选择的多维影响因素分析:基于2006—2016年事件分析[J].上海行政学院学报,2020(06):78-89.

排下，Y社区两委基于抓住小区平安是所有居民首要关注的共同利益点，以打开物业安保工作为突破口，开始试点由M区公安分局田园新村派出所首创、经M区综治委指导培育的"田园模式"。而到2014年，上海市委一号课题形成的课题成果，则是年底中共上海市委、上海市人民政府颁布的《关于进一步创新社会治理加强基层建设的意见》（后称市委"1+6"文件），此后"田园模式"在深化的基础上被赋予新的内涵，功能开始覆盖社区治理和社区公共服务的各项内容。Y社区又在区、镇政府指导下，以党建为引领，积极探索和实践社区建设的家园自治、共治和法治新模式，构建了"1+3+N+X"的社区协同治理体系，取得重要突破，开拓了社区治理的新格局。回到此前的问题，试点的选择通常不是盲目而行，而是精心考虑部署。从笔者访谈调研所掌握的情况来看，对于Y社区试点的选择和部署，组织上反复权衡，最终选定Y社区大体有两个方面缘由。

（一）"沪上最烂小区"倒逼基层社会治理试点

Y社区位于M区Z镇田园地区，是Z镇最早的动迁安置社区，居民结构呈现"七多一少"特征。所谓"七多一少"，即中心城区动迁居民中困难群众多、老年人多、支疆支内退休人员多、残疾人多、刑释解教人员多、少数民族人员多、来沪人员多，居民就业能力弱且收入少。小区建成后很长一段时间乱象丛生，表现为：破墙开店、违章搭建、乱设摊、治安混乱、偷盗严重等，居民普遍缺乏安全感和归属感。社区环境乱，社区治理水平低下，引发民怨极大。面对社区乱象，不堪忍受的居民有的选择通过线上线下多个渠道向上级政府部门反映（如图2-1所示）。

图2-1 Y社区居民线上投诉摘录

（图片来源：东方网，根据匿名需要，图中对涉及具体社区名称等信息进行了模糊处理）

有个别极端的社区居民选择拉出"Y社区是小偷的天堂、居民的炼狱"的横幅，向社会曝光来给相关政府部门施加改革压力。而社区居民在现实社会正常反映问题遇到梗阻，或者说是难以得到有效或满意的答复时候，在互联网时代，他们还选择向虚拟网络公共空间反映问题。特别是2010年有网友在"天涯论坛"等网络平台发帖陈情，更是将Y社区直呼为"沪上最烂小区"（见图2-2所示），引起大量网友围观。

图2-2 最早出现"沪上最烂小区"称呼的网帖

（图片来源：天涯论坛，根据匿名需要，图中对涉及具体社区名称等信息进行了
模糊处理）

为解决群众反映最突出的治安问题，社区居委会也曾协调物业公司和
业委会加强小区管理，然而物业公司和业委会却相互推诿，居委会孤军奋
战陷入"大象屁股推不动"的困境中，再加上体制内原本有限的资源又无
法满足小区治理的实际需要，最后是居委会做得累，群众又不满意。在这
种情况下，在区、镇政府的统筹部署安排下，Y社区两委以平安社区作为
出发点和工作抓手，以打开物业安保工作为突破口，由M区公安分局等职
能部门启动，开始大刀阔斧地对Y社区基层社会治理进行试点。

（二）对接市委一号课题，深化基层社会治理试点

在Y社区试点的"田园模式"，实际上是由上海市M区公安分局派出
所为代表的基层单位首创，M区综治委指导、培育、固化经验而成。它是
以小区治理权责法定为依据，以小区物业安保为抓手，由公安机关启动、

物业企业响应实施，房管等职能部门和居民委员会、业委会等社会组织
联动参与的一种平安小区协同治理模式。"田园模式"最初的内涵主要是
明确三项职责：一是明确物业安保职责。保安人员在上岗期间是否对进
出人员或车辆进行询问、查看，是否巡逻检查。二是明确物业公司职责。
对小区内的公共安全是否做到位、是否履职。三是明确业委会职责。加
强技防设施，配备完善小区监控摄像头、楼道防盗门、电子围栏安装。
"田园模式"的最初试点的目标是：搭建政府依法行政、行业充分履职、
群众广泛支持的平安建设合作治理平台。

为了破解改革创新中的重大难点问题，自2013年开始，上海每年都
围绕重点领域突出问题推出一号课题。通过集中调研、研讨，最终形成
政府改革文件的课题成果。2014年的一号课题是"创新社会治理、加强
基层建设"。基层社会治理被上海市委列为一号课题意义重大，有学者甚
至将之和1995年上海开展的"加强社区管理和基层政权建设"专题调研
相类比，而那一次最终的破题成果则是上海推出著名的创新城市管理的
"两级政府、三级管理"模式。

"1+6"文件确立了基层社会治理创新方向和制度体系，明确指出：
街道、乡镇和居村是基层社会治理的主阵地。创新社会治理，加强以街
道、乡镇和居村为重点的基层建设是关系上海发展的一项基础性、全局
性重要工作。文件要求，经过3~5年的努力，进一步完善基层社会治理
体系，进一步提高基层社会治理能力，使基层社会在深刻变革中既充满
活力又和谐有序，为城市治理体系和治理能力现代化奠定坚实基础，为
上海顺利实现"四个中心"和社会主义现代化国际大都市建设目标提供
坚实保障。

一号课题成果吹响了上海新一轮基层社会治理创新的号角。在这一
地方顶层设计的部署下，上海各地纷纷加大基层社会治理创新力度。就
上海市M区而言，作为一贯以来创新基层社会治理的领头地区，自然在
基层社会治理上不断加码。一号课题发布当年的年底，M区就成立了区
委一号课题推进办公室，把基层社会治理创新列为全区重点项目来推进。

2014年之后，为贯彻市委一号课题精神，加强前端管理，化解社区治理突出问题，M区的一个重要做法是在Y社区等地深化"田园模式"试点，过去以治安为主题的"田园模式"被赋予新的内涵，试点范围扩大，功能开始覆盖社区治理其他内容。

三、反面典型变成了正面模范

自2013年Y社区被选为基层社会治理创新试点以来，Y社区在基层社会治理体制上，建立了"1+3+N+X"工作体系，以居民区党总支为核心，居委会、业委会和物业公司各司其职，党员骨干、"三长"、区域单位负责人等多元主体共同参与，政府职能部门支撑保障，实现"四驾马车"同心同向，合力同行；而在基层社会治理机制上，定期召开协同治理联席会议，协商解决社区突出问题，力图实现社区平安和谐、居民安居乐业。

正是通过基层社会治理创新，Y社区的整体面貌发生了巨大变化，创造了一片"翻天覆地、七彩Y居"的新景象和典型经验。目前，Y社区不仅环境卫生情况显著改善，社区治安条件显著提高，而且居民的社区归属感和认同感普遍强化、参与意识普遍提高，社区治理进入了良性循环，成为创新社会治理加强基层建设的示范小区。现如今Y社区新变化、新形象，与过去那个屡屡被居民吐槽、上访的脏乱差小区形成了鲜明反差。笔者在调研中，也多次听到小区老居民对这种变化的感叹："以前一塌糊涂，张书记进来后全部改造，带着党员一起搞，越来越好，现在是上海文明小区了。现在有多项便民服务，越来越方便了。"[1]"小区环境变好了，房价也噌噌涨，老开心。"[2]"以前的时候，这里的房子也就几千块钱一个平方，现在是7万块钱一个平方，最高能到7万6，我说咱们买房子买进卖出要多一个零，以前几十万，现在是几百万。"[3]Y社区也由"沪上最烂小

---

① 访谈编码：20190924LYQ.

② 访谈编码：20191114WCY.

③ 访谈编码：20201022HZY.

区"，一跃成为如今的全国综合减灾示范社区、上海市文明小区、上海市家园自治示范社区、上海市志愿服务先进集体。在笔者调研的后期欣喜获悉，Y社区又被M区推荐参加国际安全社区评比。

第二节　"点"的打造

M区及Z镇等上级政府选择Y社区作为试点社区，这还只是第一步，更重要的是如何打造这个所试之"点"。根据笔者的实际调研访谈来看，在推动Y社区基层社会治理试点工作中，M区、Z镇政府不仅仅停留在形式上"指导"上，而是进行了一系列的实质性"干预"和"支持"。

一、选择社区书记

一是配强"班长"队伍。在顶层设计方面，区委出台关于加强村居"班长工程"建设的市委"1+6"制度文件，按照"上管一级"原则，对全区村居党组织书记实行条件管理，明确村居党组织书记具体岗位条件，形成进编享编、退出、教育培训等规划。而在人员结构方面，新的政策又提出加大从区、街镇机关事业单位中选派优秀干部到村居任职的力度，共选派124名优秀干部担任村居党组织书记，全面落实村居党组织书记"事业岗位、事业待遇"。目前，Y社区所在M区，全区符合条件管理的村党组织书记为74%，居民区党组织书记有编人员、就业年龄段和退休返聘比例达到3：5：2；在能力培养和考核激励方面，各街镇落实分层分类教育培训，确保每名书记每年参加不少于7天的培训，强化典型引领，在全区选树了20名"双十佳"优秀"班长"，形成正面激励。1995年Y社区成立时的第一任书记（主任）在2010年退休，接任的书记是位80后，由于资历有限，在接任后并没有树立起个人及组织较高的威信。张书记在访谈中回忆道："我的前任社区书记是个二三十岁的小姑娘，总是看见领导就哭，说她在这小区干不下去，群众不听她的话，任何一件事情的推行都很难。"① "有好几个其他社区的社区书记，他们宁可降半级去别的班子做副职，也不愿意到我们这来当书记。太乱了，很难成功的。"②在这种情况下，M区Z镇就迫切需要物色一位有经验有魄力的书记到Y社区打破工作困局。

城市基层社会治理试点能否取得成功，关键在人，在于能否发挥基层党委领导和干事作用。其中，社区党委书记是基层党委的"班长"、领头羊，更是重中之重。实际上，在2014年上海市委一号课题文件中，就已经注意到"班长工程"建设问题。在一年多的市委一号课题调研中，决策者对社区党委书记的重要性体会极深，在一号课题报告中就提到"基层社区队伍不强，尤其是居村党组织书记作为基层社会治理的领军人物，队伍建设较为滞后"等突出问题。因此，在基层社会治理创新工作中，首当其冲地要抓好和强化"以居村党组织书记为重点的队伍建设。"

由此，上级政府在推进Y社区基层社会治理试点过程中，首先是给Y社区选好、选对社区书记这个当家人。在Y社区书记选择上，从笔者调研掌握的情况看，当时上级政府主要有三个方面考虑：一是由于试点困难重重、任务艰巨，Y社区书记人选必定是能力强、经验丰富的人来担任；二是考虑到试点周期的有限性（按照上海市委一号课题文件，计划3年出成绩），候选人应该是对基层工作熟悉，能够迅速开展工作；三是由于Y社区"臭名远扬"，很多干部并不愿意来这里工作，这就决定了能来Y社区担任书记的人，要有较高政治觉悟和较强干事业的热情。鉴于此，1969年出生、基层工作经验丰富、能力强也愿意下沉到基层干事业的张书记便在一众候选人中脱颖而出，被选派到Y社区担任书记。

当然，上级政府领导也有考虑张书记编制问题——张书记在城管工作多年，但个人问题没解决，只有社区有这个编制。在任职Y社区书记之前，张书记已经在城市管理方面积累了丰富经验并取得了优秀成绩，例如

① 访谈编码：20200104ZJD.

② 访谈编码：20200104ZJD.

荣获2007年M区市容环境综合建设和管理工作先进个人、2008年M区整治违法建筑先进个人、2009年M区城管大队先进个人、2010年M区"迎世博600天"个人记功、2011年上海市"服务世游、奉献世游"平安志愿服务活动优秀志愿者称号等。Y社区张书记在接受访谈时，也向笔者回忆起当时自己被上级选派的情形：

> 我当城管的时候，就做得很优秀，是一个能干事的人，从一线工作人员做到了负责人。那个时候我已经做了十几年的城管，领导觉得这个小区人数这么多，又这么复杂、这么乱，怎么弄呢？需要选一个比较强势的、有能力的。那么看我平时情商比较高，活也干得好，觉得这小子不错，雷厉风行的，就把我"骗"过来了。那个时候Y社区实在太乱了，我当城管时就曾带队整治过这里。①

可以说，这样的人选对于一个"沪上最烂小区"来说，无疑是一种高配。但也可以看出，M区政府对Y社区基层社会治理试点工作的重视。

后来的事实也证明，选择张书记做Y社区书记是正确的、合适的，其在Y社区基层社会治理试点工作中，发挥了不可取代的重要作用。对此，笔者可以从Y社区基层社会治理试点两年后（2015年）的一份M区区委一号课题办公室对Y社区进行的专题调研报告《工作情况调研》中摘取一段话来加以印证：

> 居民区党组织书记的视野决定了社区治理格局。在调研中，我们深刻感受到，Y社区张书记的工作思路清晰、明确，在应对繁杂琐碎的小区事务的同时，能够抽丝剥茧，通过规范各方运作机制，理清各方参与边界，形成一整套工作体系和机制。同时，他有较强的统筹协调能力，想方设法地动员街道职能部门、驻区企业参与社区治理，这

---

① 访谈编码：20200113ZJD.

与张书记的企业、镇职能部门的工作经历密不可分。我们建议，进一步健全街镇职能部门与村居"班长"的岗位流动机制，使"班长"既熟悉社区，也熟悉条线，拓宽视野，有助于破解基层治理难题。

而笔者在对 Z 镇相关负责人员访谈中，也能够感受到上级政府对张书记在 Y 社区工作的肯定：

> 我们是四个分管镇长，在任上都没有干好的事情（因为是分管镇长，两年三年要换一个——笔者注），被张书记一个人几年工夫搞定了。①

二、输送资源与社区硬件设施改造

国家治理不仅是一个治理功能释放的过程，也是一个治理资源配置的过程，而且后者在基础和起点处便影响和制约着前者。没有充足的治理资源支撑，基层社会治理很难优化推进。而且治理资源配置本身就具有高度政治意味，在现实国家治理中，谁有权及如何配置治理资源则充斥着政治博弈。

回顾 Y 社区基层社会治理成功试点全过程，可以发现，上级政府对其资源输送起着非常重要的作用。从所输送资源的指向上看，我们可以将之分为支持"社区硬件设施改造"的资源输送和支持"社区软环境改造"的资源输送。对社区硬件设施改造的资源输送是一种财政上、物质上的支持，而这无疑是最直观的。实际上，在2013年启动 Y 社区基层社会治理试点开始，政府就同步加强了对 Y 社区的资源输送。支持 Y 社区综合改造在2013年底正式立项，经费额度高达惊人的4000万元，在2014年被 Z 镇列为2014年9个政府民生实事项目之一。对于 Y 社区居民来说，这种大规

---

① 访谈编码：20191118WGQ.

模的、动真格的综合改造是"破天荒"的，以至于后来媒体在报道时使用的标题是"20岁'高龄'社区首次整体改造"。

Y社区张书记在访谈中也向笔者娓娓道来4000万元经费改造背后的故事：

> 我们进行综合改造，需要几千万元资金。跟镇里面说，镇里面没有这么多项目支持，也没有资金。我问镇里该怎么办？镇里不能解决的话，我们就反映上去。那么镇里领导让我以居委会和业委会的名义写三封信，分别给市委、市政府、市人大。他们安排下来，镇里才能支持这个项目。我们写好信给镇里看。交上去以后，有个副市长到M区，他是市委巡察组的组长，听说我们这个事，就到我们这来调研。这是进入我们小区的第一个市级领导。我就跟居民讲，市领导来巡察群众路线，你们其他事情都不要讲，就讲我们要综合改造，我们齐心协力。等副市长带队来以后，问我们还有什么困难，我们就说要综合改造，希望得到经费支持。因为我们这个小区在2005年的时候已经进行过评改了，不能再把它列入政府的改造项目了，电脑系统里面无法输入，所以我们申请综合改造。副市长后来打电话，跟我们M区的领导说，在Y社区调研的时候老百姓都很好，认可了M区Z镇做的大量工作，但是Y社区太破旧了，希望M区将其列入综合改造项目中。随后M区的领导马上派了个副局长来调研。在2014年，我记得是获批了一个4000万元的综合改造项目，从地下管道到路面，到停车位，到墙体，再到屋顶，一共4000多万，厉害吧。①

在丰裕的资金资源支持下（这里面上级政府的资源输送占了大头，还有一小部分是社区自筹），2014、2015两年间共实施了40多项民生工程，主要包括：31万平方米的平改坡综合改造；安装了336扇楼道防盗门、

---

① 访谈编码：20191231ZJD.

4652户家庭空调滴水管、493个监控摄像头和1700米围墙电子脉冲安全栏，4652户老式电表箱改造；新建、扩建了集休闲、健身、法治宣传等功能的四个主题小公园（总面积达4000平方米）；绿化修剪、移植、补种6.8万平方米，新建1200米健身步道；新建无障碍坡道和简易坡道200个，新增停车位总数达到1200多个。通过大规模的工程改造，Y社区硬件设施环境面貌发生了巨大转变。

三、输送资源与社区软环境改造

城市基层社会治理试点根本上是制度创新，上级政府对Y社区基层社会治理试点的软环境改造，最核心的是提供的相关服务和制度支持。就此而言，这可能是上级政府对基层社区更深层次的也是最为重要的资源输送。根据具体的对象，上级政府针对Y社区软环境改造的资源输送主要有两种情形。

（一）对社区两委的服务和制度支持

城市基层社会治理有序运行的前提是明确多元主体的职责，其中的重点是处理好基层政府与社区两委的关系。Z镇按照依法依规的原则，厘清职能部门、居委会在基层社会治理中的职责。在此基础上，引导职能部门主动跨前，眼睛向下，力量下沉，主动为社区提供指导、服务和支撑。Y社区张书记在访谈中表示："到现在我都记得，在最难的时候，（Z镇）书记就说：××你这里承受了很大压力，我们党委、政府来强力支持你。"[1] 为此，政府首先依法帮助制定了工作清单，厘清条块工作界面。按照权责法定原则，针对违法建筑、群租、无证无照经营等社会治理中的顽症问题，在事前源头管控、事中分类管理、事后长效巩固三个阶段制定职能部门和居委会责任清单，分别明晰居委会和职能部门的职责，厘清各自的工作界面，分类管理社区内存在的各类问题，对履责不力的一方采取相应处罚措施。其次，主动跨前指导服务，加强重点顽症

---

① 访谈编码：20191231ZJD.

防控处置。Z镇政府引导镇职能部门主动跨前一步，指导、对接、协助居委会开展前端管理，加大监督执法力度。同时，加强网格中心综合指导，强化协调督办职能。镇网格化管理中心通过"962000"及"12345"热线、社区街面巡查、居委会前端上报等平台受理案件。经过研判，把问题分为单个职能部门处置案件及多部门联合处置两类。单个部门的由该部门负责处理，涉及多个部门的则由联合执法办制定方案、统筹处理。再次是协调和完善分类处置机制。按照"集中受理、分类处置、降低投诉"的要求，由社区"大联动"工作站集中受理各类社区治理问题，当天梳理、分析研判，根据情况分别报"四位一体"会议，党建联建联席会议、"大联动"平台等分类处置。

（二）对体制外治理主体的激励

过去，受到自身能力、活动经费、责任落实等制约，各类主体在基层社会治理中的作用发挥有限，个别物业公司、业委会不仅未能很好地履责，反而成为基层社会治理的阻力。要使得体制外的主体长期朝着期望的目标前进，必须形成可持续产生的激励。这种激励可以是积极的，比如更多的收益、奖励等；也可以是负面的，比如退出市场等。为此，M区Z镇政府着力强化对社区治理各方监督考核力度，完善了对各类主体的约束和激励机制。

一是强化对业委会的领导和管理。业委会是现代城市基层社区居民自我管理的重要组织，加强和创新城市基层社会治理需要业委会的积极参与。对此，对符合条件的物业管理区域，Z镇党委、政府首先及时组建业主大会（换届改选）筹备组和临时党组织，推荐提名候选人，领导和督促业主大会及时召开并履行选举职责。同时，加强对业主委员会履行业主大会议事规则、管理条约、业委会工作规则的指导和管理，组织相关单位和业主对业委会配合推进平安社区协同治理、小区维修资金和公共收益管理使用，对物业服务企业监管及调解业主纠纷等工作进行评比，优秀的给予表彰奖励。对运行不畅或履职不力的，居民区党组织要求业委会限期整改。不整改或仍未履行职责的，就会组织召开业主大会会议，根据议事规则表决对业委会罢免、提前换届或增补成员等事项，建立有效的奖惩机制。此外，对暂不具备成立业委会条件的物业管理区域，由物业所在地居委会在镇政府指导和监督下代行业委会的职责。

二是强化对物业公司的指导与监督。Z镇政府按照相关制度规定，积极完善物业服务企业的选续聘机制。由居民区党组织和镇房管办组织、指导业委会，业主大会根据实际情况，通过公开招投标的方式，依法选聘和解聘物业服务企业。居民区党组织要联系法律顾问，与业委会共同拟定物业服务的标准，并在细节方面补充社区协同治理相关要求，落实到招标方案中。同时为强化对物业公司监督约束，还尝试建立了淘汰机制，开展物业服务企业等级公开考核评比，对于考核优秀的，由镇里给予表彰奖励。考核居末三位的物业企业，由房管办、社区办和所在居民区党组织约谈企业负责人并提出书面警告，对于当年度考核分低于60分并业主满意度低于50%的或连续两年考核居末尾三位的物业企业，列入物业服务企业淘汰名单，由居民区党组织和镇房管办会同法律顾问，指导业委会依法解除服务合同。此外，镇房管办建立完善M区Z镇物业服务企业信用档案，明确因不履行合同被业主大会解聘或列入本镇淘汰名单的物业服务企业，不得再参加M区Z镇各居民区物业服务招标，并上报M区房管局在区物业征信平台上记录不良信息，这些不良信息记录将直接影响到相关物业企业后续项目招标等业务，从而也影响到这些物业企业的后续经营发展。

三是强化对群众参与社区治理的激励与引导。在这方面，Z镇政府一个颇具特色的制度创新是帮助和指导社区建立党小组长、居民组长、楼组长（即"三长"，Y社区共吸纳130名社区公众人物担任"三长"）的组织建设、日常管理、联系服务居民以及"创先争优"表彰制度等，引导其成为支持拥护基层党组织工作的重要基石。同时，为社区居民参与社区治理提供途径，畅通社区居民参与的表达渠道。从而让"三长"起到了连接党组织和居民、自治组织和居民的桥梁和纽带的作用，使得居民自治有层次、有成效。同时，从社区群众关切的问题入手，下大气力真抓实干，取得社区群众看得见、摸得着的成效，推动基层社区把基层治理相关事项的知情权、监督权、决策权交给社区群众，以激发社区群众公民意识，提高群众参与治理的热情和活力，赢得群众支持拥护，实现基层社会治理良性循环。此外，按照扎根社区为基本要求，建立全过程评估监管、公开监督、资金扶持和荣誉表彰等制度，培育、扶持社会组织参与社会治理工作并发挥积极作用。

综上可见，在Y社区基层社会治理试点的艰难曲折进程中，上级政府从人员、资金、设施、制度、服务等方面提供了较为全面而有力的支持。事实上，正如戴维·伊斯顿的政治系统理论所指出的，政治系统总是在不断与外在环境发生交互，而要保持系统正常运行下去的，外在对系统的输入就不能仅是要求，而且还要有支持。某种程度上，如果"没有对某些系统的支持，至少要求就不能转换成输出"①。显然，上级政府的全方面支持，成为Y社区持续的基层社会治理试点改革的重要保障和推动力量。

第三节　成为M区的一张名片之后

对于Y社区来说，2017年4月28日是一个值得纪念的日子。在这一天，Y社区被评为"上海市文明小区"，这在某种程度上是对Y社区三年多基层社会治理试点的全面肯定。Y社区居民也将4月28日称为"摘帽日"，而居委会也将这一天定为"Y社区法治日"。Y社区由层级的"沪上最烂小区"一跃成为M区基层社会治理的一张新名片。然而，成为M区的名片后，Y社区基层社会治理工作并没有结束。从纵向国家治理看，Y社区反而迎来了更多更高的基层社会治理任务要求。

一、只能上不能下：以M区"创全"行动的压力传导为例

如果说上级政府推动的Y社区基层社会治理试点，是有计划、有步骤

---

① David Easton. A Systems Analysis of Political Life[M]. New York: John Wiley, 1965:183.

的系统工作，其指向的是常规化的基层社会治理态势，那么M区的"创全"（即创建全国文明城市/区）行动则更像是一种运动式治理。成为M区基层社会治理新名片之后，Y社区自然也在M区"创全"行动中被提出了更多更高要求。在这一部分，笔者追踪M区"创全"行动（2018—2020），从中梳理出运动式治理中上级政府如何将压力传导给基层社区。

需要指出的是，M区本轮"创全"行动成效显著，顺利获得了全国文明城区称号。而且在2018—2020年的三年里，中央文明办组织的年度测评中M区更是每个年度成绩都位列24个直辖市提名区的首位。也就是说，无论从最终成果还是从中期过程性成果来看，M区"创全"全程发力、一路领先。这和M区政府自上而下的组织动员与工作推进密不可分，聚焦M区"创全"行动的动态过程，可以让我们更为详细地了解来自上级政府治理压力动态传导至基层社区的情况。根据纵向国家治理的科层制逻辑，笔者将M区"创全"行动的压力传导归纳为以下三个主要环节。

环节之一：压力萌生。从源头上看，"创全"行动的压力萌生于上级政府治理任务。所谓"创全"，全称是创建全国文明城市（区）。全国文明城市，是一个由中央精神文明建设指导委员会（简称中央文明委）授予的称号。每三年评选一次，目前已评有六届。全国文明城市的评选严格按照《全国城市文明程度指数测评体系》进行测评并排名。城市文明程度测评项目较多、覆盖范围较广，因此一旦一个城区获得全国文明城区的称号，则意味着对该城区各方面工作的全面性肯定，不仅是一项荣誉，正是因为文明城区测评的系统性、权威性，这也使得全国文明城区（市）是全部国家级城市品牌中创建难度最大的一项。也就是说，一旦确立"创全"目标，在接下来的三年"创全"行动过程中，城市建设和城市治理等各方面往往都需要进行较大的系统提升。这对于计划"创全"的城市政府而言，无疑是一种巨大考验。对于M区而言，在2018年之前，上海市已经有六个区入选全国文明城区，作为上海地区生产总值四强的M区，并不甘于在全国文明城区上落后。更为紧要的是，M区政府2018—2020年度的"创全"压力，还源于其在2014—2017年度"创全"

的失败。M区在上一轮创建全国文明城区（2014—2017年）评选中遗憾
落选，这让M区政府颇为不甘心。因此，对于本轮的"创全"，M区上下
可谓铆足了劲誓要拿下。

环节之二：压力传递。有志于"创全"的城市政府，往往将"创全"
视为必须完成的政治任务。而所采取的往往也是典型的运动式治理手段，
以"创全"所涉各项测评指标来考核下属单位绩效，上级政府通常"借助
行政体系中的权力资源，强化对参与主体的控制，使参与者置于自上而下
的行政压力之中，督促各个参与主体投入及调配资源"①。由此，上级政
府的治理压力便向下传递。在M区2018年1号文件《M区创建全国文明城
区工作三年行动计划（2018—2020年）》中，笔者注意到M区将"创全"
工作具化为15项重点任务，并要求"加强一线工作部门、工作人员的组
织管理、业务培训、督办跟踪，强化责任意识，积极主动作为、激发'创
全'热情。各级党政主要领导要挂帅、精心组织，把'创全'三年行动计
划和具体指标逐一细化、明确分工、压实责任"，"全面实施'创全'工作
考核制度，并纳入各单位年度绩效考核和领导班子、领导干部考核内容
中，加大项目实施情况考评力度，落实'创全'责任追究制度"。也就是，
通过责任机制将"创全"任务布置下来。按照国家治理纵向关系，Y社区
所在的Z镇迅速按照M区委、区政府精神，在本区域内贯彻落实"创全"
任务。而Z镇在贯彻落实纵向任务中，同样也是通过责任机制布置任务。
2018年6月，Z镇出台《Z镇"创全"督查问责办法（试行）》，规定：
"本办法所称'创全'督查问责，是指镇监察部门、督查部门对各职能部
门及居民区在各类'创全'测评中问题突出、排名靠后的单位和个人约
谈、问责活动。"由此，M区"创全"任务在层层下达过程中，基于责任
机制，压力也被逐级传递到基层。

环节之三：压力转化。对于Y社区来说，"上面千把锤，下面一根

---

① 文宏,郝郁青.运动式治理中资源调配的要素组合与实现逻辑:以武汉市创建"全国
文明城市"活动为例[J].吉首大学学报:社会科学版,2017(06):38-46.

钉"，"创全"任务最终还是需要基层社区来落实。来自上级政府的任务要求及责任机制约束，使得 Y 社区承接的"创全"压力陡增。从 M 区 2014年启动第一轮"创全"工作开始，完成"创全"任务指标就成为 Y 社区多年来的一项常规性工作。M 区"创全"工作决心强、任务重、持续时间长（长达 6 年），这种治理也逐渐变得"常规化"了，层层传递下来的任务压力也逐渐被基层社区"习惯化"，从而压力也转化为基层社区工作的常规驱动力。

总之，国家治理纵向维度的一个特点就是，治理任务的压力随着指标数量的逐级加大而不断增加，表现为压力的纵向传导性。城市基层在获取上级政府治理资源支持的同时，也会面临多种多样的任务要求，这些共同构建了城市基层社会治理的外部国家治理压力。当然，值得注意的是，就 M 区"创全"行动而言，这种运动式治理更多遵循"绩效"逻辑，即强调在既定时间内的行动成果，要求政府组织各方面资源、协调多方力量在一个规定时间内开展集中性的治理行动。应该说，运动式治理在达成预期目标上通常具有高效和灵活性的优势。但是，运动式治理毕竟不是政府治理的常规选项和规范动作，在基层社会治理实践中，一味贪求运动式治理短期内的绩效表现，在快速而有效地解决基层社会治理问题的过程中却也会不断积累影响既有的基础社会治理制度化建设的负面因素和反向力量，进而干扰正常的城市基层社会治理秩序。甚至，在"快速见效"的运动式治理压力下，基层社会治理主体又可能产生逾矩甚至过激的行动，从而可能会破坏基层社会治理建设中所取得的制度性成果。

二、名誉也有"烦恼"

成为 M 区一张名片之后，Y 社区收获了各方面肯定和赞誉的同时，也遇到了诸多"烦恼"。这里的"烦恼"，从国家治理纵向动力的角度来看，实际上也就是来自上级政府的压力与 Y 社区承载能力之间张力所引发的紧张状态。从笔者调研掌握的情况来看，上级政府压力也给 Y 社区带来一定的困扰，主要表现在：

（一）科层制逻辑与乡村逻辑的冲突

周雪光在研究中发现，在基层治理中存在着国家、科层制及乡村等多重逻辑。[①]基层官员不仅遵循自上而下等次分明的科层制逻辑，对上负责、忠实执行上级指令；而且还会遵循乡村自发形成"地方性知识"的乡村逻辑，对群众负责、回应群众需求。[②]既有的制度框架决定了上级政府对社区两委的控制力，社区两委需要服从上级政府任务要求，将自上而下的科层压力转化为横向的社会治理动力。但是，与此同时，社区又是直面基层群众的第一线，对群众负责、站在群众立场考虑问题，才能赢得治理的基础性支持、保证基层社会治理有效性。对于Y社区而言，2013年试点以来取得的基层社会治理良好局面，实现了上级政府、社区及居民各方共赢的局面。但是，Y社区成为M区一张名片的同时，也带来了"荣誉包袱"：作为典型的Y社区在推进基层社会治理中"只能前进、不能落后"，作为先进的Y社区在完成上级任务上"只能加码、不能减码"。然而在社区及居民来看，能力强并不意味着责任更多、负担更重。而且，作为试点的Y社区还要在基层社会治理上担负起推广经验、扩散创新的任务，这也是当初上级政府选择Y社区试点的一个重要初衷。然而，这也意味着社区需要付出更多时间、精力和资源。据粗略统计，在"创全"的三年里，Y社区累计接待了上级安排的接待任务120多场次、3000多人。

（二）创新悖论

如前文所述，城市基层社会治理试点的根本在于制度创新。正是通过系统的制度创新，才能不断释放基层社会治理效能。在这方面，Y社区基层社会治理中，探索、拓展并深化基层社会治理的"田园模式"，形成以党总支为核心的"1+3+N+X"工作体系（其中"1"指党总支，"3"指居委会、业委会和物业公司，"N"是党员、"三长"志愿者团队、区

---

① 周雪光.多重逻辑下的制度变迁：一个分析框架[J].中国社会科学,2010(04):132-150.

② 凌争.主动"加码"：基层政策执行新视角：基于H省J县的村干部选举案例研究[J].中国行政管理,2020(02):87-93.

域化党建联建单位等资源力量，X是指政府各职能部门）。应该说，通过这一系列创新，使得Y社区基层社会治理实现质的飞跃。创新出成绩，成绩彰显政绩，这里的前提是创新是真创新，是直指城市基层社会治理中的痛点难点问题的实质性创新，是历经反复地"实践—认识—再实践—再认识"的认识运动过程；而不是换个新名称、脑袋一拍想出个新花样的假创新，更不是为了创新而创新的形式主义创新。但现实的问题是，对于取得城市基层社会治理试点成功的Y社区，上级政府对其今后的工作给予了更高的期许，当然也包括对再创新的期许。例如，Z镇副镇长就表示："镇里对不同社区有不同定位，有些社区规划时按照田园模式的初级要求做，有些社区则要求高，Y社区是高标准的'田园模式'，要搞升级版的'田园模式'。"[①]的确，从上级政府角度来看，Y社区有良好的前期基础，具有创新惯性。而且，创新容易出名，也更有可能出大政绩。但创新要遵循创新客观的一般规律，客观规律不是人的主观就能轻易改变。其中，尤其需要注意平衡守成与创新辩证关系，创新过程中也需要守成，特别是对于既有创新成果的总结、巩固，很多时候比单纯的颠覆式创新更重要。的确，创新本质上是有价值的行为，但在上级政府未能充分考虑基层社区承载力及实际的情况下不断"加码"创新，这种任务要求本身就具有很大"张力"，这使得基层社区"不执行存在'张力'的要求意味着基层官员对上级目标的'轻视'，而执行存在'张力'的政策意味着基层官员可能对有效治理的忽视"[②]。其结果要么会促成基层社区为了创新而创新，扰动基层社会治理发展秩序；要么很可能会促成下级社区变通性创新，将一些不具备创新特质的做法包装成创新。从而出现"创新悖论"，也违背推动城市基层社会治理创新、提升基层社会治理效能的初衷。

总而言之，上级政府对Y社区基层社会治理试点输入"支持"的同

① 访谈编码：20191201ZGQ.

② 凌争. 主动"加码"：基层政策执行新视角：基于H省J县的村干部选举案例研究[J]. 中国行政管理，2020（02）：87-93.

时，也包含了对 Y 社区基层社会治理创新"要求"的输入。作为要求的输入，并不是静态不变的，而是随着基层政权国家治理环境和任务的变化而变化，表现出变动性。变动的要求在加码生成基层社会治理驱动力的同时，也可能由于忽视对象本身的负荷能力而衍生出新的基层社会治理问题，从而压力就不止转化为向前的"正动力"，也可能异化为"逆动力"。

第三章 城市基层社会治理的根本动力：社区居民的需求拉力

社会治理要解决的中心问题是人的问题。中国共产党领导的城市基层社会治理秉持的是"为人民服务"的宗旨，贯彻的是"以人民为中心"的理念，走的是密切联系群众的工作路线。治理需"治心"，这不仅是心理学意义上的，更是民心上的政治认同，而这正是社会治理现代化的根与魂。城市基层社会治理的成效如何，始终要看是否最终"满足了人民群众对美好生活的需要"。正如俞可平指出的："虽然社区治理主体多元化，但终极目标都是落到关乎社区居民相关利益的范围。"①同时，城市基层社会治理网络没有居民参与，就不能算是真正意义上的基层社会治理共同体。因此，把握社区居民需求、促进社区居民参与城市基层治理，本身就是从根本上推动城市基层社会治理发展。

实际上，长期以来，中国很多的成功社会治理创新模式，都根源于基层实践，是由基层干部和群众共同创造并向区域、全国范围推广。Y社区社会治理之所以取得显著成就，也正是从社区居民出发，围绕社区居民需求来推动和创新基层社会治理。本章将立足Y社区基层社会治理实践，聚焦社区居民需求如何推动甚至塑造基层社会治理发展。需要指出的是，由于Y社区居民的人口结构特征具有高度的复杂性和多样性，一定程度上也给本书对社区居民需求这一社区治理根本动力的研究提供了诸多充满张力的经验论据。

---

① 俞可平.全球化:全球治理[M].北京:社会科学文献出版社,2003:13.

第一节　Y社区的居民需求

一、人口输入型社区及其特征

以人为中心的城市基层社会治理，首先需要把握清楚基层社区的人口构成情况。Y社区始建于20世纪90年代，面积达31万平方米，社区范围内有7个村共4652户，居住居民近2万人，是Z镇最大的一个老式小区。Y社区也是Z镇最早一批承接中心区动迁的安置型社区。由此，社区居住人口主要以动迁居民（多为徐汇区、原卢湾区、原南市区、虹口区因延安高架建设、地铁建设、市政建设等重大工程从上海市区黄金地段分批次动迁而来）、新上海人和来沪人员为主，是一个典型的人口输入型社区。也是由于历史原因，Y社区在居民构成上比较特殊。按照社区居委会的说法，Y社区人口结构呈现"七多一少"的特点。也就是困难群众多、老年人口多、支疆支内退休人员多、残疾人多、刑释解教人员多、少数民族多、来沪人员多以及就业能力弱收入少，具体来说：

一是困难群众多。由于Y社区人口多为动迁安置，并且住户动迁安置时间较早，并没有享受到"拆迁红利"。截至2019年底，Y社区共有低保户148人，占全部社区人口的0.78%，超过上海市低保户平均比例0.74%，更是远远超过M区低保户比例0.39%。

二是老年人口多。作为一个老旧社区，Y社区65岁以上居民多达2200人，占全部人口的11.6%左右，略高于上海市65岁以上居民人口比例11.4%。

三是支疆支内退休人员多，从笔者掌握的资料来看，截至2019年底，Y社区支疆支内退休人员共计760余人，占全部社区人口比例达到0.4%。

四是残疾人多。残疾人员是一类需要社区关怀的弱势群体，截至2019年底，Y社区共有持证残疾人187人，占全部社区人口的0.98%。

五是刑释解教人员多。刑释解教人员是需要社区重点关注的一类特殊群体，截至2019年底，Y社区共有刑满解教人员14人。

六是少数民族多。据统计，截至2019年底，Y社区共有少数民族居民189人，占社区全部人口的比例达0.96%，高于上海市少数民族人口占比0.63%。

七是来沪人员多。截至2019年底，Y社区共有外来人口4702人，占社区全部人口的比重达24.7%，也就是近1/4人口是外来人口。社区有1800户租户，约6000人，占社区全部人口的31.6%，也就是有近1/3的人口租住在Y小区。

八是就业能力弱收入少。正是人口结构上的"七多"，使得Y社区居民总体上就业能力偏弱、收入自然也就偏少。很多没有什么一技之长的困难群众、外来租户，在觅不到中意的工作时，不少选择在社区内做起摊贩生意，这也造成乱搭建乱设摊现象泛滥，在Y社区试点基层社会治理的2013年，社区内三条街上就有一百多个乱设摊点。

总之，Y社区居民的人口结构表现出高度的复杂性，使得Y社区居民对基层社会治理的需要呈现出多样性的特点。居民需求拉动基层社会治理发展，Y社区也在不断回应社区居民复杂而多样的需求中发展和创新基层社会治理。

二、原子化社区居民及其需求

改革开放四十多年来，伴随高度集中的计划经济体制向社会主义市场经济系统性持续性转变，中国社会结构也发生剧烈转变。在城市，"单位制"开始逐渐解体，依附于"单位"的"体制人"走出单位并转变为"社会人"。原先以单位为纽带和基础连接起来的社会关系松动甚至断裂，在这一过程中，市场经济冲击影响了城市社会的人与单位之间、人与人之间的关系。再加上不断提速的城市化，城市社会的流动性不断加剧，城市社区居民的业缘关系不再稳固并持续淡化，社区居民也越来越呈现出个体化、原子化的生存状态。

Y社区社会结构同样也被这场历史变迁所形塑，而且由于Y社区本身的特殊性（Y社区是Z镇乃至上海市较早一批动迁安置社区），时代的烙印更加鲜明。在市场经济条件下，Y社区居民不再是基于业缘关系而有计划地生活在同一社区，而是依据个体自身的生产生活境遇以及住房商品化背景下自身的购买能力而流动性集聚。由此，Y社区居民结构表现出高度异质化。高度的异质化意味着社区居民之间相同的要素（如业缘、亲缘等），以及基于这些同质基础而衍生的可通约之处越来越少。再加上Y社区居民阶层、身份、职业、成长环境等差异而存在的日常生活习惯、基本需求、利益诉求等诸多不同又加剧了社区的异质性和社会疏离。可以说，改革开放以来，Y社区居民总体上呈现出原子化散居于社区之中的状态。这种原子化散居状态，使得Y社区居民一方面个人主义渐盛，私利追求遮蔽公益主张；另一方面，Y社区居民邻里关系疏远区隔，交往网络窄化、互动频率低化、社会资本弱化，社区治理场域中居民如同"一袋各不相干的马铃薯"[1]，共同体行动难以展开。

因此，原子化状态的Y社区居民，其需求结构也多集中于个人生活方面的私利追求。马斯洛的需求层次理论指出，人的需求具有多样、阶梯式表现，由低到高递次有生理上的需要、安全上的需要、爱和归属上的需要、尊重上的需要，以及自我实现上的需要。而且，在马斯洛的需求理论中，需求表现出动态性，即在不同时期往往有一种需求占据主导，其他则处于相对从属位置，这种占主导地位的需求便是优势需求。通常，越是低阶需求没有被满足，就越是能占据满足行为的主导而成为优势需求。实际上，试点以前原子化状态的Y社区居民需求，低阶需求占据上风并在居民中表现出一致性，只不过这种一致性更像是一种自然的、原始的本能需求。

一是社区居民的生理需求仍然处于优势需求状态。人类最基础的需要是对物理生存的维系。生理需求一直存在，生活在Y社区居民，如果存在一个以上的物理生存需求，他们很可能会首先尝试满足这些生理需求。前

---

[1] 吴彤.自组织方法论研究[M].北京:清华大学出版社,2001:47.

文已经介绍，Y社区人口结构"七多一少"，其中不少居民的收入、健康状况并不太好，而且大量的外来人口、租户，也主要面临着谋生的问题。因此，不少居民为了生计，选择在小区摆摊设点做起了营生。这也导致小区违章搭建、乱设摊问题非常突出，数量到2013年达到顶峰的一百多个。早年间Y社区不仅私设摊点问题严重，而且社区里还有不少"拾荒者"没日没夜穿梭其中。笔者在与社区居委会和居民访谈中也了解到一个印象比较深的例子：社区居民江某，80多岁，两个孩子都患有智力障碍，一位47岁、一位50岁，有自己住房，基本生活自理。而亲戚中，大姐及其子女放弃监护权。老人基本上处于无依无靠状态，一段时期只能背个蛇皮袋在小区里翻捡垃圾、拾卖破烂以维持生计。而老人二姐的大儿子，73岁，虽然表示愿意监护，但还希望能解决自己的工作，做点扫地之类的事情，能有点收入。当然，后来Y社区居委会发现这个问题后，主动联系并将老人安置到社区养老院。

二是对安全的需求一度是Y社区居民最为突出的基本需求。随着城市化进程的不断推进，人口快速增长，Y社区各类社会安全问题不断交织叠加。Y社区在试点改革前是出了名的治安差，小区几乎处于不设防状态，再加上人员流动性高，小区经常发生治安事件，社区安全情况恶劣，居民对社区安全的需求强烈。由于房屋建设标准偏低、公建配套滞后、物业管理服务质量较差，群租、"居改非"和入室盗窃等案件频发，许多小区呈现环境脏乱差的现象，社区居民的安全感和满意度低，不断就环境、治安问题上访。社区居民的治安满意度在2012年仅有65%（5年后，这一数字则是上升到95%）。有居民一度拉出了"Y社区是小偷的天堂、居民的炼狱"的横幅。还有的居民把刚新买来的自行车和电瓶车故意弄得脏兮兮，其原因按居民的说法，小偷是不偷破车、烂车的。社区老百姓普遍对Y社区的安全几乎失去了信心。那时候，社区里能够听到最多的一句话就是："Y社区终究搞不好了。"安全问题一度是这个社区居民最关切的问题，据了解，2013年Y社区在整改之前曾挨家挨户上门发放"意见征询表"，征询结果显示97%以上的社区居民支持动用维修资金改造技防设施（即利用电子监控等现代技术来进行安全防范）。

三、作为治理共同体成员的居民及其需求

唯物史观认为，真正推动社会发展和历史前进的最重要主体和根本力量是人民群众。对此，习近平也明确强调："人民是历史的创造者，是决定党和国家前途命运的根本力量。"①城市基层社会治理说到底是社区居民自己的事业。在本书第一章中，笔者已经论述了城市基层社会治理动力的治理共同体目标逻辑。在理想的城市基层社会治理共同体中，社区居民应该有着明确的共同体意识和认同感，能够自主自觉地参与到城市基层社会治理中来，而普遍性地居民参与在践行"人人有责、人人尽责"的过程中，不断实现"人人享有"的目标旨归，进而又进一步巩固和发展城市基层社会治理共同体。Y社区在基层社会治理上取得成功，很大程度上归功于在基层社会治理中紧紧围绕社区居民需求、充分依靠社区居民的力量。笔者在M区的一份关于Y社区基层社会治理经验总结的政府专报上看到如是总结：Y社区基层社会治理的根本经验之一在于"深耕群众是基础。田园地区Y社区由'沪上最烂小区'经过治理成为现在的平安和谐小区，是小区群众从自治走向善治再到共治的结果。'田园模式'畅通了社区治理参与各方的利益诉求，找到了居委会、业委会、物业公司与社区居民的利益汇合点，形成了突破社区治理困局的最大公约数，那就是紧紧围绕'维护群众利益、解决群众问题、满足群众需求'下功夫、出成效，社区工作才能赢得群众认可和支持。反过来，有了群众基础，进一步激发和引导居民参与社区管理，深化实惠于民的活动举措，不断增强居民的安全感、归属感，也有利于筑牢和夯实基层社会治理基础"。

正如前文所说，人的需求具有层次性。原子化生存状态的社区居民，其需求上的特点主要表现在低阶需求的强烈主导性。当然，这种需求结构

---

① 习近平. 决胜全面建成小康社会 夺取新时代中国特色社会主义伟大胜利：在中国共产党第十九次全国代表大会上的报告[R].北京：人民出版社,2017:21.

既与社区居民自身发展息息相关，也和社区所具有的环境密切相关。那么，当社区居民进入基层社会治理网络并成为社会治理共同体一分子时，其需求结构又是什么样的呢？从治理共同体的规定性出发，作为基层社会治理共同体成员的社区居民将表现出多重高阶需求交叠状态，也就是说，社区居民会具有更热情的交往需求、更强烈的权利意识以及更崇高的价值追求。

一是更热情的交往需求。社会交往是人的本质需求，作为社会的一分子，每个人都需要社会交往，在交往当中才能有共同的认识，形成相应的共识。在一个社区，哪怕近在咫尺的邻居，不交流也只会是陌生人。实际上，共同体的本义就是指具有紧密的有机社会关系的群体，紧密的有机社会联系是其必要的也是最直观的特征。作为基层社会治理共同体成员的社区居民，不再是那种邻里相隔、互不往来的原子化状态，而是邻里相守、亲善互助的网络化状态，而基层社会也回到真正意义上的社区社会，从陌生人社会走向新熟人社会。

二是更强烈的权利意识。社会治理共同体区别于其他共同体的最大特点在于，基层社会治理共同体落脚于治理关系。也就是，这个共同体的成员将有强烈的自觉参与治理觉悟。实际上，现代社会，居民的政治文化标签是公民文化。换言之，居民是社区真正的主人，有权参与到基层社会各项公共事务的治理中来。当然，社区居民强烈的权利意识背后，也寓意着社区居民将在基层社会治理中内在地具备自主性和独立性的品质。在基层社会治理共同体中，社区居民作为多元治理主体之一，是与党组织、政府、社会组织等主体一起，共同肩负驱动基层社会治理共同体发展的使命。

三是更崇高的价值追求。作为基层社会治理共同体成员的社区居民，其在参与社会治理的价值动机上，不再陷于个人私利窠臼，而是有着崇高的公益追求。这样的社区居民会关心社区公共事务，会站在社区全局考量公共问题。这样的价值追求，从马斯洛需求层次来看，新时代，应该说是属于自我实现的高阶需求。的确，社会在发展，人们的低阶需求不断满足的情况下，超越个人主义局限的自我实现所带来的满足感将占据主导。实际上，党的十八大以来，随着发展成果向民众的广泛惠及，人民群众总体上的需求也在不断提升，人们不再停留在对物质生活的追求，追求美好生活的愿景愈发强烈，社区居民美好生活需要（当然也包括对高品质基层社会治理的需要）在不断扩大和发展，越来越多城市社区居民将更加积极投入基层社会治理中。

第二节　满足居民需求的社区治理

从根本上讲，城市基层社会治理的出发点和落脚点，说到底都是为了更好地满足群众的需求和利益，满足他们对美好生活的不断追求。事实证明，建立居民需求导向的治理体系，开展精细化服务，可以为社区居民寻找公共认同基础，让社区居民重新回归社区社会，最终创建有温度与厚度的社区共同体，正是现代社会中的城市基层社会治理之道。[①]

一、"压力山大"："沪上最烂小区"居民的不满

Y社区社会治理现代化的故事，正是从回应社区居民需求开始的，也是在不断满足社区居民变化着的需求中发展的。Y社区自20世纪90年代建成以来，在很长一段时间内，处于乱象丛生景象，具体表现在：环境差，乱设摊点、乱堆垃圾现象严重；治安差，小区内治安事件此起彼伏；口碑差，Y社区在M区是出了名了"烂"小区，关于Y社区的负面新闻报道屡见不鲜。小区乱象直接引发社区居民的强烈不满，访谈中有一些上了年纪的居民就表示："在这小区里，原来小偷确实挺多的，而且不是一两年了，胆儿大的敢踩着外墙管道爬到屋子里去。"还有的被访居民感叹道："我们上海人要面子，以前住在这么破的小区，我们自因为动迁搬家过来

---

① 李增元,董晓宇.现代开放型社会中的城市社区有效治理之道:基于A市"邻居节"的考察[J].甘肃行政学院学报,2019(02):89-100.

十几年了，都不让亲戚朋友进我们小区的，人家进了这个小区，肯定会问（我们）怎么住这种小区，让人没面子的。所以逢年过节，有亲戚来，都是在小区外面的饭店吃饭，不进小区的。"①

而社区乱象丛生的背后原因，不仅仅是社会变革、流动转型等客观环境影响，更是与基层社会治理缺位密切相关。对此，有学者指出，一段时期以来，基层社会的一个普遍性问题就是群众合理诉求得不到及时解决，最终演变成矛盾，而这一问题的根源在于以往社会治理的缺失和滞后。②改革开放后，伴随单位制的解体，传统街居制的回撤，国家政权在基层一度处于"退位"的状态。③当然，国家虽然在积极推进基层群众自治，但与乡村村民自治进展迅速相比，城市社区居民自治进展缓慢。这使得社区社会治理出现一种相对的治理权力真空状态，导致基层社会治理功能缺位。这样，社区乱象与基层社会治理的矛盾就变得异常突出，而这又必然地激发社区居民对基层社会治理的需求。再加上城市社区居民公共需求包括对城市公共生活需求和对社区公共生活需求，在社区治理回应性低的情况下，居民往往更多通过城市获得需求的满足，并降低对社区需要满足的预期。而基层社会治理中，"居民对社区的生活需求非常有限，需求有限性反而会放大这些事务的消极影响"④。而这无疑又进一步放大社区居民对基层社会治理的不满，在Y社区，有居民就回忆道："那时候社区指望不上，物业也靠不住，只能自己多警惕些。"⑤还有居民表示："小区治安形同虚设，小偷的犯罪成本太低了。"⑥可以说，在2013年前，Y社区居民对社区环境、社区公共生活、社区治理普遍存在需求不满状态。而且，如果从人的需求层次来看，彼时Y社区居民对社区需求很多还处于低层次需

---

① 访谈编码：20191224XXM.

② 张立军.以制度创新激发基层社会治理[J].红旗文稿,2019(22):11-12.

③ 胡晓明,高荣.基层社会治理中公民参与机制创新[J].人民论坛,2015(32):34-36.

④ 王德福.社区治理现代化:功能定位、动力机制与实现路径[J].学习与实践,2019(07):88-97.

⑤ 访谈编码：20190713DWW.

⑥ 访谈编码：20191016SCP.

求不满状态，而这也是对社区居民刺激更为强烈的需求不满。

2013年开始，Y社区开启了"革命性"的基层社会治理试点。改革试点就是从社区居民最迫切的需求点开始。Y社区居委会在试点经验总结中就讲道："针对我们小区建立时间早、技防设施几乎没有的状况，我们首先是紧紧抓住'安全'这个小区居民最关切的问题。"在广大居民的大力支持下，在2013—2014年间，Y社区相继完成了1700米的电子围栏、53个监控摄像头和336扇楼道防盗门的安装。治理有力量，小区有变化，群众有感受，Y社区基层社会治理试点的第一把火便烧暖了民心。据2014年底Z镇的一项居民满意度测评中，Y社区居民对社区建设和治理的支持度也上升到87%。而与之相应的，一些社区居民开始自愿参与到社区治理中来。起初，更多的是退休居民纷纷加入小区平安志愿者队伍，踊跃参加每月的爱国卫生活动。例如，查看工作台账显示，在2015年社区组织的"清洁家园"活动中，有130多名社区居民自愿参加，他们中有的是夫妻相伴，有的是老少上阵，甚至还有居民推迟住院治疗，赶来参加。的确，伴随社区基层社会治理工作的不断改进及社区环境的持续改观、优化，社区居民从这些变化中切身感受到社区的发展进步，这对于改善社区治理工作形象有着极大的促进作用。根据笔者调研所获材料显示，在M区Z镇居委会每年进行的行政绩效公众满意度测评中，居民满意度从2012年的65%上升到2017年的95%。在良性治理的场域中，居民的安全感、归属感和获得感不断提升，使他们不仅能够继续认同和支持各项治理措施，还促使自身根据实际情况、力所能及地参与到社区的各项建设和治理中来。也就是说，Y社区不仅环境卫生情况显著改善，社区治安条件显著提高，而且居民的社区归属感和认同感普遍强化、参与意识普遍提高，Y社区的社会治理由此也进入了一个良性循环圈。

由此，Y社区居民的社区需求结构也悄然发生变迁：社区居民参与社区治理的积极性和需求越来越高涨。笔者在Y社区调研访谈中也深深地感受到居民参与基层社会治理的热情。有被访社区居民表示："能给社区做点事感觉到开心，能发挥正能量，闷在家里没事干会不开心。"①还有社区居民（同时也是社区志愿者）说道："我母亲生于1946年，也是居民党小组长。她做这些事很开心。"②为社区做事会感到开心，这正是需求满足的一种结果表现。应该说，Y社区居委会对社区居民需求变化的感知是敏锐的。在不断改造和优化社区环境、秩序的同时，Y社区居委会也主动搭建多元化平台，创造各种社区集体活动机会，积极吸纳社区居民参与到城市基层社会治理之中来。正是在"感知社区居民需求—回应社区居民需求—改进社区治理—再感知社区居民需求"的持续循环中，Y社区基层社会治理取得了一系列的创新成果。其中，Y社区吸纳社区居民参与的情感治理及吸纳社区居民参与的协商治理，无疑是两项让人印象最深的标志性社会治理创新成果。

二、Y社区吸纳居民参与的情感治理

从心理学角度讲，人类的行为主要受两个神经系统支配——理性和感性。相应地，现代城市社区治理也至少遵循理性规律和感性原则两大维度，也就是，不仅仅是基于理性的法律和规范的制度设计，还包括传统的对"人"的及其情感的重要维度。人类是情感社会性动物，我们希望融入群体之中，与他人建立联系，并赢得他人的尊重和认可。城市基层社区是居民亲身生活之所在，维系其秩序、治理其实务，不能只有法理因素而忽视情感因素。有研究者认为："沿着中国共产党对情感重视的传统，中国的国家治理与社会建设，需要关注情感这样一个现有理论体系较少考虑的维度，这才是真正贴近民众需求的。"③因此，城市基层社会的情感治理焦点就在于通过对社区情感再生产过程的干预来协调社区成员之间的关系，借助对结构性情感、情境性情感和自我关联性情感优化的过程，柔化国家

---

① 访谈编码：20190713DWW.

② 访谈编码：20191101SJJ.

③ 何雪松.情感治理：新媒体时代的重要治理维度[J].探索与争鸣，2016(11):40-42.

与社会的权力结构关系，重建社区成员关系并增强成员的社区认同感。[1]

情感是人主观的心理体验，一个人产生什么样情感的倾向，取决于其主观认为的客观事物与自身需求之间的关系。当个人意识到某事物满足自己需求的时候，就会对其产生一定的情感。因此，情感治理中的情感，本身就是客观事物和人的需求之间关系的一种反映。从唯物主义看，人的情感不会自发地产生，情感往往是受到客观事物影响和刺激下引发的心理体验和心理倾向。从Y社区居民的情感结构来看，伴随Y社区社会治理试点的推进和阶段性成功，社区环境、秩序不断改进，这会在客观上刺激居民对Y社区社会治理实践的认同和情感共振。在此之前，Y社区一些居民对社区及社区治理在态度上是失望的、行为上是逃避的。那个时候，不少居民常说的是"这小区没希望的"，"那时候小区脏、乱、差，我也不关心，心想等退休后还是换套房子，换个好小区"。[2]而在试点成功后的当下，社区居民的态度已经发生逆转，笔者调研的一位李叔叔（居民）就表示："说起小区以前脏乱差，全亏了张书记，党的政策好，这次社区拆违封墙时，（居委会）干部要24小时守着不能很快干的水泥墙。很多百姓过来送饭送水，这就是我们自己的家，我们都愿意为家里操心，前天我们志愿者还在这里讨论事情到很晚。"[3]居于其中的居民基于自发的情感认同和功能认同，自然转化为对于城市生活社区的认同和参与行动，并且随着日常生产生活的进行及社会治理活动开展而不断增强。

"感人之心，莫乎于情"，Y社区的基层社会治理中洋溢着浓厚的"人情味"。一位被访的社区居委会委员表示："我们就是要营造有温情的环境，现在效果很好。比如，包括我们有几位老居民，住在长宁区子女那边，每天乘公交到我们这儿来上班，因为这个社区的朋友多。他们有的时候出差、旅游，回来第一天肯定回到小区里，这个就是亲情。包括我们这

---

① 文军,高艺多.社区情感治理:何以可能,何以可为? [J].华东师范大学学报:哲学社会科学版,2017(06):28-36+169-170.

② 访谈编码:20190713FYL.

③ 访谈编码:20201022LYQ.

有位关阿姨，她的女儿住在别的区，她就是一个人住在这，老太太一个人住，看到人们打打招呼，大家见面聊天，相互关心。这个就是人心。人心是靠我们点点滴滴做出来的，这属于情感治理。"①实际上，Y社区社会治理结构总体上体现出了治理的规范化，然而在具体的治理层级内部来说，始终充满情感治理的成分。实际上，在现如今城市社区不再是一个社群概念，而更多地表现为一个地域性集合的情况下，很难在短期内培育出居民对于社区的情感认同。Y社区之所以能够在社会治理中与社区居民"共情"，一个很重要的原因就是深入到社区群众中去，从社区居民多样化需求出发，通过搭平台、建渠道、立表率、做动员等一系列方式方法，将群众吸纳到社区共治共建中来。对此，Y社区的认识是清晰的，被访对象Y社区张书记就表示："此前提到小区治理要做到权责法定，那难道是指不谈思想觉悟、不谈感情吗？不是的，对居民区党组织来说，这两方面是相辅相成的，居民区党组织是调和各方主体关系、增进感情，形成协作关系的润滑剂。"②

Y社区在吸纳社区民众参与的情感治理方面，有很多创新做法。从笔者的调研感受来看，Y社区最优特色做法无疑是搭建九心俱乐部，对接社区居民多样化需求。根据Y社区各类居民的不同需求，在党建引领下，由社区党总支搭建平台，自2014年5月起，患癌居民成立开心俱乐部、残疾居民成立舒心俱乐部、少数民族居民成立同心俱乐部；2014年6月，空巢老人居民成立悦心俱乐部；2015年3月新上海媳妇居民成立美心俱乐部、少年儿童居民成立稚心俱乐部；2019年8月社区"双报到"党员居民成立初心俱乐部；2020年1月退伍军人居民成立兵心俱乐部、志愿者居民成立益心俱乐部。具体来说，九心俱乐部各有侧重，包容了不同类型居民的多样化需求：

一是开心俱乐部。以患癌居民为主体的开心俱乐部，通过特色活动，

---

① 访谈编码：20200613LJH.

② 访谈编码：20200613ZJD.

让患癌居民摆脱阴影，快乐生活。以15位癌症患者为核心成员，以前是自发组成小组开展活动。然而，由于癌症患者自身精力有限，单靠自发组织，小组难以长久地维持下去。因此，社区成立开心俱乐部。旨在为社区癌症患者提供相互支持、相互鼓励、相互成长的平台，从而让癌症患者真正获益。在生理上，癌症患者承受着疾病带来的痛苦。在心理上，他们也承受着巨大的压力。从社会层面来看，一些癌症患者不愿走出家门，不愿与人交流，不愿融入社会。因此，俱乐部将从三个层面为支撑开展活动，从而达到癌症患者相互支持、乐观面对人生的目标。根据患者的身体状况，开心俱乐部以知识讲座、游戏互动、影片观赏、经验分享、小组活动等形式开展。在这里为癌症患者提供安全轻松的团体氛围，从而使患者在娱乐中相互鼓舞，在分享中相互支持。首先，促进癌症患者们对身心健康知识的了解，从而减轻癌症所带来的身体和心理方面的痛苦；其次，引导癌症患者乐观积极的人生态度，坦然接受自己的身体状况；最后，鼓励癌症患者相互支持，融入社区生活，寻找人生乐趣。

二是舒心俱乐部。以残疾居民为主体的舒心俱乐部，帮助残疾居民走出"小家"，融入"大家"。社区残疾人达187名，有视力残疾、听力残疾、肢体残疾、智力残疾等。为了让残疾居民实现自助、互助，在群体中展现自己的特长，社区成立舒心俱乐部，旨在倡导残疾居民自立自强的精神，从而以积极乐观的态度面对人生，最终实现助人自助。残疾人渴望融入社会，真诚与人交流。很多残疾人希望发挥自己的特长，展现自己出色的一面。还有一些轻残居民希望帮助重残居民，为他们做些力所能及的事情，以轻残带动重残，从而形成残疾群体自立自强的氛围。舒心俱乐部不定期开展团体活动，以互动游戏、才艺展示、分享交流、影视观赏等方式增强残疾人的自信心，提高相应的适应性功能。同时，鼓励残疾居民发挥自身特长，不定期组织残疾居民开展志愿活动。鼓励轻残带动重残居民，形成自助氛围。首先，培养残疾人积极乐观的人生态度；其次，鼓励居民之间相互帮助，形成自主互助的氛围；最后，促进残疾群体融入社区大家庭，共同建设和谐社区。

三是同心俱乐部。以少数民族居民为主体的同心俱乐部，在不同节日举办特色庆祝活动。社区内有来自黎族、侗族、白族、苗族等10多个少数民族的居民，人数达89人。这些少数民族居民大都能歌善舞，社区已成立了少数民族书画班和舞蹈队，舞蹈队每年到敬老院志愿演出四五次。在整合相关资源的基础上，社区成立同心俱乐部，旨在把少数民族居民聚在一起，同心同德共建美好家园。少数民族居民能歌善舞，同心俱乐部鼓励他们发挥自身特长。社区通过为他们提供活动场地、硬件设施、组织活动，让少数民族居民愉快地融入社区，最终塑造和谐大家庭。少数民族兴趣小组定期开设舞蹈班和书画班，不定期组织舞蹈班成员参与文艺会演和志愿演出。同时，为书画班成员开展小型展览会，从而提升他们的自信心。努力发掘有少数民族特色的舞蹈和书画作品，使之成为展现少数民族风采的代表性作品。首先，鼓励少数民族居民自娱自乐，展现自己的飒爽英姿；其次，带动小区其他居民共同参与兴趣小组活动，形成良好的互动氛围；最后，促进少数民族居民与其他居民的融合，实现和美家庭、和睦邻里、和谐社区的目标。

四是悦心俱乐部。以空巢老人为主体的悦心俱乐部，助力独居老人乐享晚年精彩生活。Y社区有一百多名独居老人，是最需要关爱的群体之一。目前，社区已开展了独居老人"一对一"结伴服务，主要提供日常生活照料，但对其心理疏导和情感支持较为薄弱。2014年5月，在上海M区利群社会工作事务所的协助下，社区成立了悦心俱乐部，旨在培养独居老人自助、互助的能力，加强独居老年人的社会支持建设。独居老人渴望精神慰藉和更多社会交流，组建悦心俱乐部，通过开展社会性互助小组活动，可以让独居老人相聚一堂、相互吐露心声，获得同舟共济的感觉，让老人不再孤独。主要采用趣味游戏、交流分享小组活动等多种活动形式，为独居老人创造互相交流、互相帮助、互相支持的平台。首先，要消除独居老人寂寞孤独的负面情绪，增强其乐观、开朗、愉悦的正面情绪；其次，促进独居老年人之间的交流互动，增强独居老年人的社会交往能力；最后，培养独居老年人之间互助、自助的能力，加强独居老年人的社会支持体系建设，最终实现"助人自助"。

五是美心俱乐部。以新上海媳妇为主体的美心俱乐部，帮助新上海媳妇打破地域隔阂。俱乐部以 12 位新上海媳妇为核心成员，她们有的是人才引进，有的是婚嫁定居，有的是购房置业，从五湖四海汇集到 Y 社区，具有良好的学历背景和职业背景，有新型的价值观念，家庭道德观念和行为方式。成立美心俱乐部，旨在以"探寻并释放人们改善身边世界的潜能"为核心价值，组织她们主动融入，凝聚起改善自己、改善他人、改善社区的力量，同心同德共建美好家园。新上海媳妇是社区大家庭中不可或缺的一部分，大多人渴望融入社区大家庭，为建设美好家园作贡献，但由于文化、地域差异及上海人残存的陋习，这一愿望的实现受到阻碍。通过组建美心俱乐部，组织开展"线上线下"的活动，对于打破不同人群间的隔阂、增进彼此感情和了解、有效地推动地域认同和文化认同具有重要现实意义。同时，俱乐部将充分发挥她们的价值引领、文化引领、参与（社区）发展引领作用，凝聚小区更多的新上海媳妇，活出人生精彩，实现妇女的平等发展，最终共建和谐大家庭。考虑她们处于工作、家庭、育儿的多重压力，活动大多以"网上交流"方式进行。社区专门为她们建立一个微信群，并推举一个"群主"负责。活动内容包括学习、交流、分享和网上论坛两大板块。第一板块由"多彩生活"由相夫教子、创意生活、心灵驿站、生活指南四方面内容组成。第二板块由"网上议事厅"由对话小巷总理、小区多棱镜、献锦囊妙计三方面内容组成。建立俱乐部建设与发展三年行动计划，并以"我参与、我奉献、我快乐"为每一年行动目标。2015 年，建立微信群，成员间互相传递美好生活、美好情感、美好人生之正能量，中心也将围绕居民区中心工作，及时介绍社区"两个文明"建设推进情况，并畅通成员表达意愿渠道，启迪成员愉悦地"我参与"；2016年，通过开展"我的社区我的家，我的社区我建设"等志愿服务活动，引导成员"我奉献"；2017 年，通过参加家园自治实践，促进自身发展，创建起优雅达观，开明睿智、大气谦和的"美心文化"，点亮社区千万女性美丽，最终达到广义上的"我快乐"。

六是稚心俱乐部。以少年儿童为主体的稚心俱乐部，通过亲子活动，培育家风，传承家训。儿童全面发展是每个家庭的希望，贯彻"儿童优先"原则是国际社会的共同要求。成立稚心俱乐部，旨在以完善学校、家庭、社会三位一体的家庭教育指导模式为目标，以根植和传承中华文化精髓，培育优良的家风、家规、家教为重点，鼓励、支持儿童参与社区生活，增强儿童的尊老爱老社会责任感，养成文明行为习惯，塑造健全的公民人格，促进快乐成长。Y社区有16岁以下户籍儿童722人，其中12~16岁达157人，且大多为独生子女。在千家万户都不惜重金"不让孩子输在起跑线上"的当下，有不少家长往往忽视或放松对孩子家学、家教、家规、家风的传承与培育。通过组建稚心俱乐部，引导家长和孩子从植根于华夏五千多年的深厚文化底蕴中汲取和涵养起"家风良，家规正，家教严，家学深"的家庭氛围，培育起儿童从小关心他人、尊老敬老、文明礼貌的行为习惯，塑造健全的人格。第一，以"青少年假日学校"为平台，稚心俱乐部通过开设书画班、少儿英语班、国学班，请名师，讲故事，讲做人的品格，教育孩子和家长从优秀的中华文化中汲取精华，陶冶孩子心灵，从小懂得"修身齐家治国平天下"的道理；第二，广泛开展"寻找爱心少年"活动，通过家长、学生、楼组长推荐和自荐，发现和培育一批尊老敬老、回报社会好少年；第三，进一步发动和组织青少年开展"1+1"小手牵大手结对活动（即一名青少年志愿结对服务一名社区独居老人），实现"老少同参与，共建和谐大家庭"。通过以上活动，让孩子在未进入学堂与社会前能接受到中华文化精华的滋润和中华民族尊老敬老传统的培育，从小打下明辨是非，从善避恶的良好基础。有利于他们今后到了学校里，好管好教好学上进；到了社会上，文明礼貌，奉公守法。

七是初心俱乐部。以社区双报到党员为主体的初心俱乐部，积极发挥党员作用服务社区。社区党总支共有"双报到"党员48名，他们来自区域化党建联建单位，大多数为卓有建树的中青年党员。为推动党组织的政治和组织优势在基层集聚，充分发挥党组织的战斗堡垒作用。2019年，社区党总支以11名"双报到"在职党员为核心成员，成立了初心俱乐部，旨在通过"区域化党建联建"这个平台，通过"五联动"机制，使双报到党员"亮身份"，明责任，"不忘初心，牢记使命"，主动融入社区两个文明建设，凝心聚力共建美好家园。一段时间以来，党总支通过组织开展"居居联合、校居联手"揭牌仪式、"经典诵读"主题党日等"线上线下"活动，进一步增进了"双报到"党员与居民群众的感情。"初心俱乐部"激发"双报到"在职党员的红色细胞，凝聚实现中国梦的奋进力量，也是Y社区党总支的初心。党总支还将通过组织开展"我和改革开放四十周年"活动，组织老党员、老前辈带领年轻党员"重温入党誓词"等主题活动，引领广大党员时时照亮初心和使命，锤炼党性，终身不渝，在新时代作出新作为。

八是兵心俱乐部。退伍军人们曾为保家卫国、经济建设、社会发展、人民幸福等方面作出了重大贡献。成立相关机构，关心和保障退伍军人生活，有助于从机制上呵护军人用青春、汗水甚至鲜血、生命换来的荣誉；有助于让"一次参军，终生光荣"成为社会共识，让拥军优属成为全社会的共同行动。Y社区现有退伍军人168名，是社区的宝贵财富。成立兵心俱乐部，建立健全、集中、统一的活动平台，加强社区内退役军人的联系，是社区一项重要的民生实事工程，旨在让军人回到社区后依然能够感受到军旅带给自己的荣耀、自豪和来自社区的关怀；旨在激发他们"退伍不褪色"的社会责任感，共同为建设"七彩Y居"贡献力量。俱乐部不定期组织开展团体活动，参加社区公益活动、向社区居民进行革命传统教育、学习参观、分享交流、才艺展示、影视观赏等活动，推动成员间彼此联系、互相关怀、守望相助，构建从陌生人到熟人到亲人的新型邻里关系，实现共同进步。进一步弘扬拥军优属优良的传统，在社区营造"关心国防、热爱部队、尊崇军人、敬重英雄"的氛围，让退伍军人继续发扬军人本色、军人光荣传统和军人优良作风，做好一名新时代正能量的传播者和推进者，一如既往地为国家、社会、地区和社区的发展作出更多贡献。

九是益心俱乐部。公益社区、公益社会，培养居民的奉献精神和服务能力；为具有特殊困难及需要帮助的社区居民提供服务；社区志愿者们秉持公益热心，无私奉献为推动社区发展、社区建设而提供服务。Y 社区有居民近 2 万人，在加强党建引领，共治、自治、德治、法治，以及建设"七彩 Y 居"中，需要一支有力量的志愿者队伍以共同的目标为纽带，通过开展富有特色的志愿服务活动，汇聚民智、凝聚人心，增进居民对社区的认同感和归属感。一是奉献社区。志愿者通过参与志愿活动，有机会为社区出力，尽一份居民的责任和义务。二是丰富生活体验。参与有意义的工作和活动，既可扩大自己的生活圈子，更可亲身体验社区丰富多彩的活动，认识更多的居民，促进和谐邻里情谊。三是凝聚更多社区居民树立"社区是我家、美化靠大家"的共建共享意识，积极参与 Y 社区建设，打造美丽和谐新社区。

Y 社区精心搭建的九心俱乐部，让居民们"走出小家展风采，融入社区共进步"，"润物细无声"地把陌生人变成了熟人和亲人。在这一过程中，九心俱乐部便发展成为社区凝聚人心、传递正能量的重要平台，成为社区居民自发组织开展活动的重要载体。应该说，九心俱乐部反映的是一套社区吸纳居民参与的情感治理方式创新。总之，为全面推进家园自治建设，充分发挥社区自我管理、自我服务、自我教育、自我监督的功能，Y 社区积极探索居民自治的有效途径和载体——九心俱乐部，着力在社区营造互助友善的氛围，鼓励社区居民群策群力，各出新招，"治"出自己的幸福家园，已成为城市基层社会治理的示范点。值得一提的是，正是对接民心共情的社区治理创新，在服务社区居民过程中也不断强化着社区居民的情感认同，而这又会转化为新的参与社区治理的强大动能。

综上所述，在基层社会治理共同体中，情感生成于社区居民对社区公益和社区治理需求的满足，其一经生成便可以成为一种共同体的精神优势，既是一种无形的正向力量，也会激发基层社会治理共同体成员的主动性、积极性以及创造性，也会使成员颓废消极、才智发挥受到严重阻碍。有效基层社会治理，必定善于利用情感的正向作用，通过吸纳居民的情感治理，不仅能够为基层社会治理增添力量和保障，而且有利于增加社区群体的内聚力、提升团结和谐的社区关系进而巩固基层社区共同体。改革开放以来，中国发展奇迹背后不仅是整体的政治、经济、社会结构历经了巨大调整和变迁，中国社会民众的心理结构、情感依赖和价值取向，同样也发生了巨大的变化。需要治理者在社会治理实践中不仅循"物"、更要"走心"。情感治理一般作为一种传统的、非正式的、柔性的治理方式内嵌于 Y 社区社会治理中，在新时代社区居民对美好生活需要越来越高的大背景下，已经并且还将继续发挥着至关重要的作用。

三、Y 社区吸纳居民参与的协商治理

城市基层社会治理不仅要"发乎情"，激发社区居民参与热情和动力；也要"顺乎理"，社区居民携手同心、共同寻求基层社会的良善治理。当然，情感因素的社会影响本身就是双面辩证的，人类历史的经验已经多次揭示：激烈的情感可以压倒原则。这意味着最需要谨慎，合理地应对的情况就是那些我们的情绪最有可能破坏我们长期利益的情况。的确，基层社会治理是复杂的，需要其他治理主体提供系统性的支持。特别是需要公众参与其中，借以明确公众所关注的是什么、公众的需求是什么，以此更好地做出调整，并奠定基层社会治理的合法性和合理性。[①]在吸纳民众参与公共事务治理上，社会主义协商民主无疑是中国共产党和中国人民治理国家方式的伟大创造。社会主义协商民主强调在党的领导下，人民群众在国家治理中通过多方面渠道理性参与、平等协商。党的十九大报告在言及扩大人民群众参与的实践时指出，要"保证人民依法实行民主选举、民主协商、民主决策、民主管理、民主监督"[②]。这是顶层设计层面首次将民主协商明确作为基本环节纳入人民群众有序政治参与的实践之中，也表明社会主义协商民主实践推进迈入一个新的高度。社会主义协商民主在回应时

---

① 陈振明, [加]安德鲁·桑克顿. 地方治理中的公民参与：中国与加拿大比较研究视角[M]. 北京：中国人民大学出版社, 2016:3.

② 习近平. 决胜全面建成小康社会 夺取新时代中国特色社会主义伟大胜利：在中国共产党第十九次全国代表大会上的报告[R]. 北京：人民出版社, 2017:37.

代和现实要求中不断发展。

新时代有新变化，集中体现在我国社会主要矛盾发生了新变化，也即由过去的"人民日益增长的物质文化的需要同落后的社会生产之间的矛盾"转为"人民日益增长的美好生活需要和不平衡不充分的发展之间的矛盾"。矛盾决定任务和使命，要求党和国家工作要继续深化改革、不断创新，努力满足广大人民群众对美好生活的需求。在政治领域，社会主义协商民主要相伴新时代，继续展开。一方面，社会主义协商民主是人民群众表达美好生活需要的基本政治渠道。满足人民日益增长的美好生活需要，其前提是能够准确把握人民群众的所需和关切。社会主义协商民主强调协商于民、协商为民、协商利民，通过构建广泛多层制度化的协商渠道，让人民群众能够持续地参与政治生活，从而能够就自身利益关切、社会现实问题，以及国家公共事务表达观点、展开讨论。另一方面，发展社会主义协商民主也是美好生活的应有之义。美好生活是一个综合性范畴，包括人类活动所涉的经济、政治、文化、社会、环境等各领域。党的十九大报告指出："人民美好生活需要日益广泛，不仅对物质文化生活提出了更高要求，而且在民主、法治、公平、正义、安全、生态文明等方面的要求日益增长。"①人民群众对美好生活的需求，自然包含了对美好民主政治生活的追求。美好民主政治生活是人民群众民主权利得到切实保障的政治生活样态，而发展好社会主义协商民主，就是真实实现人民群众履行当家作主权利、持续参与政治生活、管理国家事务的体现。

社会主义协商民主的实现形式多种多样，其中基层协商治理是其中的基础性形式。在新的历史方位，吸纳基层群众参与协商治理首先有利于基层社会治理效能的提升。制度的生机在于制度优势能够转化为国家治理效能，社会主义协商民主的制度优势，也应当能在治理实践特别是基层社会治理实践征程中转化为强劲的治理效能。其次，吸纳基层群众参与协商治

---

① 习近平. 决胜全面建成小康社会 夺取新时代中国特色社会主义伟大胜利：在中国共产党第十九次全国代表大会上的报告[R].北京：人民出版社,2017:11.

理是党的群众路线在政治领域的重要体现，是联系党和群众的重要桥梁。发展基层协商民主，让基层民众参与到党治国理政之中来，有利于密切党同人民群众的血肉联系。最后，吸纳基层群众参与协商治理是人民当家作主权利的保证。人民群众既是社会主义协商民主的最主要、最广泛主体，又是社会主义协商民主服务对象和目的归宿。社会主义协商民主的制度优势转化为治理效能，就是要将工作重心下移，走进人民群众日常生活，能够满足群众所需、成为人民群众熟悉而又能善用的民主工具。也就是说，吸纳基层群众参与协商治理，将能够继续推进人民在政治生活中有权广泛持续深入参与协商成为日常。

Y社区在吸纳居民参与社区治理的过程中，以居民为中心、以制度为根本，全面开展基层社会协商治理。2014年8月，Y社区两委创建"有事好商量"居民议事会制度，强调社区是个大家庭，家里的任何大事小情都可以好商量、好解决。议事会由社区党总支负责牵头组织、事务调度和监督落实，向所有社区居民开放。协商民主的核心是在党的领导下通过多元主体协商的办法来作出决策，这并不是说民众协商参与仅仅只是在最后讨论决定方案时的在场。实际上任何一项决策都是经历从问题发现到方案拟定再到决策出台的系统过程，就此而言，基层协商民主所主张的是全过程民主。根据笔者的调研观察，Y社区围绕居民议事会所设计的协商民主治理模式，并不仅仅局限于坐在一起开议事会这么一个环节，而是全程都发挥着居民协商议事的作用。首先，在议事会召开前，依托社区两委班子"大调研"制度、组团式联系制度，每月不定期集中走访，深入社区群众，入户走访调研，听取和收集社区群众的意见建议，与群众一起谈热点、话发展、听意见。同时，积极与社区"三长"（即党小组长、楼组长、居民组长）、俱乐部负责人、党员等进行沟通，听取信息，交流在社区居民思想动态、社区治理等方面的工作经验。在这一过程中，社区两委全面而动态掌握社区治理信息，酝酿议事会可能的议题。议事会召开前夕，社区分别召开两委班子会议和"四位一体"会议，将居民反映比较集中的公共问题拟定为议事会主题。其次，议事会坚持"一事一议"，议事的内容，大到小区改造、道路修缮、停车管理，小到垃圾桶是否加盖等都邀请问题的干系人及正反双方居民代表共同参加，相关问题摊开来说，商量着办，真正按照居民的意愿和诉求进行协商推进。为了避免出现大家"七嘴八舌"把"议事会"变成"吐槽会"或"牢骚会"，党总支制定了"九大议事规则"。一些难题通过议事会逐步解决并形成了管理制度。议事会激发了居民自治热情，把遇到的问题拿到议事会上去说，已经成为社区成员的一种约定和习惯。再次，议事结果处理上，对于即知即改的问题及时反馈；需要通过民主协商的问题，议事会上讨论研究，拿出解决方案；涉及镇层面的问题，提交上级流转至各相关职能部门；无法解决的问题，与百姓沟通，取得理解支持。议事会邀请各小区代表轮流参加，听取意见，参与协商，提高群众在社区治理工作中的直接参与度。最后，对于议事会过程、内容及结果情况，及时公开。经居民议事会讨论通过的问题在社区居务、党务公开栏的"民有所呼，我有所应"栏目进行公示，晾晒老百姓切实关心的事，坚持"就怕你不知，就要你参与"的开放工作理念，强化社区群众监督，提高社区党群互信。

　　Y社区以居民议事会制度为依托，广泛吸纳居民参与协商治理，取得了很好成效的同时又进一步赢得了社区居民的信任和支持。笔者在调研中了解到，在某次参加居民议事会时，有一老年党员请假，问其原因，大家说因为前几天被一开电瓶车的快递员在路口撞伤，腿骨折了。在闲聊中，老党员说，社区的快递员跑单量非常多，他们经常开着电瓶车在小区道路上骑得飞快、横冲直撞，过路口时车速不减，给我们居民出行带来了不少安全隐患。获悉这个信息后，社区两委班子马上召开会议进行商量，会后，安排资金，落实人员，在小区的全部主要路口及视线死角区域路面设置了"减速带"。这一举措全面落实后，受到居民们的热烈欢迎。一些老党员表示：我们只是在开会时随便一说，社区就非常重视，而且马上得到落实，办事效率真高。总之，Y社区两委通过民情走访的形式，广泛听取和收集群众意见和建议，及时回应群众诉求，收集了更多的问题。问题发现了，通过"居民议事会"的平台，让百姓自己商讨研究，社区两委参与协助，最后，形成解决方案。这样，既加强了群众的民主决策能力，又履行了居民代表的职责，发挥了居民参政议事的作用。Y社区的"有事好商量"居民议事会，不仅解决了社区具体的治理难题，如车辆停放、垃圾分类等问题，还通过社区的组织协调和居民的参与监督等过程，形成了基层治理民主协商的独特实践。在笔者实地调研行将结束之时，正逢M区推广"老小区房屋加装电梯"工作，而不意外的是Y社区在这方面的工作又再一次走在全镇前列。对此，被访谈的张书记表示："我们这次加装电梯也是一样的，这是Z镇第一部成功安装的。这也靠我们提前进行了良好沟通。信息都要公开透明，我们有'有事好商量'的制度。"①"有事好商量"居民议事会因此发生了重大转变和过程溢出，从最初的组织动员迈向了基层治理过程中的协商民主，基层社会治理中的民主政治得以运转起来。

　　Y社区"有事好商量"居民议事会做法的实效性已然被实践所证明。对此，在一次关于Y社区治理专家座谈会上，一位资深专家如是评价道："Y社区'有事好商量'居民议事会模式是充分体现基层社区治理理念、机制、模式良好运作的好案例。"协商治理的理念引入社区建设中，打破了传统上以政府为中心的封闭式治理理念，广泛吸纳社区居民参与社区公共事务，在不断地协商治理实践中锻炼着社区居民共治共享共责的共同体意识，实现了协调、可持续的社区发展。从Y社区的社区治理工作来看，通过推进协商治理机制建设、搭建协商治理平台，构建了以社区党委领导、居委会、小区业委会、小区物业公司等自治组织和小区居民共同参与的协商治理新格局，有效回应了居民需求，实现了社区建设的安全有序，充分体现出各类社会力量高度参与、各个工作主体协商共治，党组织、居委会高度负责、包容和公正，治理事务透明有效的社会治理特征，实现了社会治理所追求的"善治"目标。Y社区在社区治理中探索出的激发及提升居民自我服务、自我管理、自我协商的积极性，形成自清、自净、自律

---

① 访谈编码：20201227ZJD.

氛围的有效经验，丰富了基层社区治理的有效策略，值得推广。从笔者在Y社区的蹲点调研感受而言，这样的评价无疑是中肯的。

值得一提的是，在Y社区"居民议事会"推行了一段时期以后，社区居委会惊喜地发现社区居民正在"静悄悄地改变"：社区居民都从一开始经常提个人的问题，到如今提出的共性问题，比如公共设施、环境、路面的改善等；从一开始只提问题、发牢骚，到如今能够与其他人一起想办法解决问题。这些变化恰说明居民思想上质的转变，社区居民的基层社会治理共同体意识正在觉醒并不断强化。因此，社区协商治理长效化、制度化之后，每个人都会自觉地参与其中，更有利于城市基层社会治理工作的开展。"有事好商量"居民议事会的持续运行，在党员、干部和群众间形成了良好的互动，把群众充分调动起来共同参与管理，集思广益，依靠群众的智慧来推动管理上的创新，让广大居民自觉参与到社会治理中来，也让社区干部在帮助群众解决问题的过程中找到这份平凡工作中蕴含的责任和使命，这不是流于形式的工作，而是赋予每个社区居民的权利和义务，而这也正是社会主义协商民主制度的"真谛"所在。

四、以居民为中心的治理原则的确立

长期以来，我国城市基层社区在治理格局上具有明显的"中心—边缘"的单向度关系特征；在治理行动上则表现出典型的"政府主导—居民服从"的封闭式过程。也就是说，在城市基层社会治理中，通常由政府单方面包揽城市基层社会治理的规则制定到效能实现的全过程，而基层群众却在关乎自己切身利益的社区治理中处于相对"缺场"的位置。这样的传统社会管理模式无疑是弊端重重，这也在一定程度上导致基层社会问题日益突出、难以切实有效化解。当然，基层社会管理中没有能有效回应社区居民需求、没有能充分吸纳社区居民参与，这在根本上也是脱离群众的一种表现。因此，在新时代城市基层社会治理创新，必须转变传统的单向度、封闭式社会管理立场方式，以社区居民需求为源动力，在社区治理中重新发现"居民"。在这方面，Y社区经过多年的基层社会治理试点，探

索了诸多切实有效的方式方法，取得了很好的效果。一旦社区真正走进群众、贴近群众，"想群众之所想、急群众之所急、解群众之所困"，社区治理就一定能够让社区居民满意，就一定能够让社区居民参与进来，也就一定能够让社区居民共享治理成果。这样，一条以居民为中心的治理原则便清晰可见，它主要有以下几个方面呈现：

首先，城市基层社会治理以社区居民需求为导向。城市基层社会治理的出发点和落脚点是满足社区居民需求、让社区群众有"获得感"。Y社区基层社会治理成功的背后就有"社区居民需求—基层社会治理—社区居民获得感"良性循环的内在逻辑。试点之初，Y社区社会治理的切入口就是通过平安小区建设使治安水平提高，群众安全感大幅度提高，使书记的威信得以树立。在后续的平台设计中，大量加入"参与"和"公开"的元素，让社区居民在参与社会治理中实现自己交往、尊重、自我实现的高阶需求。比如，将有能力有意愿参与社区治理的群众骨干纳入社区治理联席机制中来，让其与职能部门共议问题解决；又比如，由志愿者决定社区关爱基金的使用，并公开资金用途；再比如，邀请共建企业、个体户全程参与小区公益活动，使他们切实感受到一定的资金投入所产生的社会效益，从而进一步增强参与社区公益活动的主动性和积极性。这些做法，使得不同社区居民参与的"获得感"与激发出的热情达到了良性循环的状态。

其次，城市基层社会治理尊重社区居民主体地位。中国特色社会主义制度性质决定了人民是国家的主人，是国家治理的主体。表现在基层，就是充分尊重社区居民在基层社会治理中的主体地位，充分发挥其治理社区的能力作用。社区居民在基层社会治理中的主体地位不是抽象的形式主义口号，而是能够体现在基层社会治理实践之中。为此，就需要社区能够确保居民依法通过各种途径和形式管理社区事务，发展各项社区事业，解决各类社区公共问题。特别是要能为社区居民参与社区治理提供途径、畅通居民参与的表达渠道。从群众关切的问题入手，下大气力真抓实干，取得群众看得见、摸得着的成效，把基层治理相关事项的知情权、监督权、决策权交给群众，激发群众公民意识，提高群众参与治理的热情和活力，赢得群众的支持和拥护，实现社会治理"良性循环"。当然，居民主体地位的实现，还取决于其参与社会治理的能力状况。因此，培育、提升社区居民社会治理能力和素养，就成为新时代城市基层社会治理工作的应有之义。总之，城市基层社会治理的顺利推进离不开社区居民，只有密切联系社区居民、紧紧依靠社区居民，充分发挥社区居民的主体性力量，才能取得成功。

再次，城市基层社会治理以制度建设为本，更好地服务社区居民。以人民为中心的基层社会治理，还意味着在基层社会治理中始终把社区居民摆在第一位，把服务于社区居民贯穿于基层社会治理工作始终。而要保障工作的长效性和持续性，制度建设无疑是根本。应该说，Y社区基层社会治理改革的一条重要经验就是坚持立足于制度建设，把制度问题作为根本性和长期性问题来抓，建立健全一大批具体社区治理制度，使得城市基层社会治理有据可依、有章可循。例如，前文所说的吸纳居民参与社区情感治理上，为了防止在活动、工作开展过程中，俱乐部负责人等可能出现不履职现象，没有规矩不成方圆，Y社区通过收集、征询、召开不同会议制定了《Y社区九心俱乐部管理章程》，以公开、公正、公平原则，以透明化做事为抓手，用规章制度来管人、管事、管财、管物，取得了较好的办事、处事效果。在吸纳居民参与社区协商治理中，Y社区坚持民主集中制原则，不断推进社区协商治理工作议事的制度化、经常化、规范化建设。自2013年改革试点以来，Y社区结合本社区的实际情况，先后制定了包括《Y社区业委会议事规则》《Y社区协同治理联席会议议事规则》《Y社区"四位一体"协商会议议事规则》等一系列"有事好商量"议事会制度体系，从制度上保证社区治理的高效运作、更好保障社区居民参与社会治理权利。

最后，城市基层社会治理紧扣民心以激发社区居民参与的共同体意识。以居民为中心的基层社会治理原则，包含了民心政治的意涵。社区居民融入基层社会治理共同体，首要的是有治理共同体的意识，而这则在根本上需要社区治理能够赢得社区居民民心上的政治认同。就此而言，基层社会治理不仅要"治事"，更需"治心"，不断提升社区居民治理共同体意识。然而，社区居民的治理共同体意识提升是一个系统的、持续性地涵养过程，不能一蹴而就，需要循序渐进。而且，由于社区居民的构成多样复杂，在治理共同体意识的提升上很难达致齐头并进。笔者在调研中也注意到，受自身教育、家庭、阅历等影响，有的社区居民本身就有较高的治理觉悟，例如有的社区居民参与社区治理热情不高，基于此，Y社区在城市基层社会治理中，始终紧扣民心，以社区感受社区温暖为导向，以激励鼓励为出发点，以培养积极乐观生活态度为初衷，以融入社区为宗旨，以"我参与，我奉献，我快乐"为原则，以培养良好品格为方向，组织开展各类社区特色活动，真正实现群众引导群众，群众教育群众，群众带动群众，使家园自治的氛围更加浓厚。用社区治理的上心用心，使得社区居民舒心暖心，进而换来社区居民对社区治理的真心热心。在如此良性循环的过程中，最终也就让社区居民的治理共同体意识不断生成、巩固以及提升。

社区既是人民群众居住的地方，也是生活和交往的空间，更是社情民意集中表现的场所。习近平总书记2018年在上海考察期间强调："城市治理的'最后一公里'就在社区。社区是党委和政府联系群众、服务群众的神经末梢，要及时感知社区居民的操心事、烦心事、揪心事，一件一件加以解决。"①党的十八大以来，随着中国广大人民物质文化生活水平的不断提高，人民群众对城市基层社区公共产品和服务的需要持续增长，对基层社会治理能力的要求也不断提高。实现人人共享社会发展成果就必然要求社会不断提供更多更好的公共产品、不断均等化地提供基本公共服务。否则人人共享发展成果就会流于空洞化，背离其最初的宗旨。因此，坚持以人民为中心，促进公平正义，增进人民福祉，满足

---

① 习近平.坚定改革开放再出发信心和决心 加快提升城市能级和核心竞争力[N].人民日报,2018-11-08.

社区人民群众对美好生活的需求，是城市基层社会治理的出发点和落脚点。当城市基层社会治理能够准确把握社区居民需求变化、充分尊重社区居民的主体性地位、真正确立以居民为中心的治理原则，社区居民需求的强大拉力就必然会驱动着最广泛社区居民主体参与的城市基层社会治理共同体加速形成。

第四章　城市基层社会治理的场域动力：社区内部的矛盾张力

从辩证唯物主义看，任何事物都包含有内部的矛盾，而事物发展的根源就在于其内部的矛盾运动。同样的，社会生活内部也始终存在着矛盾，矛盾的发展引起社会的前进。毛泽东在《矛盾论》中也指出："按照唯物辩证法的观点，自然界的变化，主要地是由于自然界内部矛盾的发展。社会的变化，主要地是由于社会内部矛盾的发展。"①矛盾的张力是驱动事物发展的动力，基层社区这些纵横交错的矛盾运动也恰构成了基层社会治理变革、发展的内在驱动力。社区内部矛盾虽然说是独立于人们意识以外的客观事实，但矛盾终究是通过人来实现的。因此，城市社区主体要能够正确认识到客观存在且动态变化的社区内部矛盾，在此基础上才能有效利用这些矛盾，且在解决矛盾的过程中释放社区内部各类主体的能动性，进而促进城市基层社会治理。在本章，笔者将深入到 Y 社区治理场域中，把握不同主体多样性的利益关系格局，揭示社区纵横交错的内部矛盾，进而围绕 Y 社区社会治理改革实践，探讨社区如何认识并在化解内部矛盾张力中实现社会治理向前。

第一节　Y 社区纵横交织的内部矛盾

一、社区公共空间的私人化

公共空间有广义和狭义之分，狭义的公共空间一般是指开放的、面向

---

① 毛泽东选集：第 1 卷[M].北京：人民出版社，1991:302.

公众使用的物理设施和场所；而广义的公共空间则超越了物质意义的理解，还涵盖了人们社会交往、话语传递以及精神互动。实际上，现代城市社区，既是人们私人生活的场所，也是满足居民社会公共需求的场域，社区公共空间是居民生活世界的一部分。"尽管公共空间形式及其承载的活动类型各异，但是这些活动的背后无一不指向共同的满足要素——公共需求。"①由此可见，满足社区居民的公共需求是城市社区公共空间存在和发展的价值旨归，而公共性便成为评判公共空间的基本属性和标志。

社区公共空间通常被认为是居民表达不同意见，讨论普遍关注的问题并在交流互动中发展集体解决方案的社会空间。然而，随着城市化、市场化进程的推进，在扩大个人自主性、流动性的同时，人与人的交往空间也在被挤压、消退，被访的一位Z镇党委原委员就表示："上海人过去是住在里弄里的，大家相互交往是没问题的，夏天天气热，大家都跑出来乘凉就有交往了，讲讲故事就有交往了，串串门就有交往了。现在独门独户、人员流动性又大，社区就缺少交往，缺少交往就很难形成社区氛围，就很难把人民群众组织起来共同治理。"②过去，单位代表整个公共空间，承担着对社区居民需求表达的吸纳及转化。伴随"单位制"的解体，单位的公共空间功能逐渐消退。现在，单位只不过是公共空间的一个组成部分。而在这一过程中，也弱化了政治权力系统对基层社会的影响和支配。与此同时，伴随市场经济进程的推进，个人利益觉醒不断冲击着公家观念，个己交往关系逐渐挤出单位关系，个体行动逻辑开始代替集体活动逻辑，私人事务而不是公共事务主导着人们的社会活动空间。这一系列的变迁表现，归根结底就是城市社区公共空间的公共性衰退。

社区公共空间的私人化现象，在改革开放和社会主义市场经济发展进程中比较普遍。Y社区同样不例外。不同的是，这个在20世纪90年代建成的安置社区，很长一段时期里是处于公共性缺失（不仅仅是衰退）的境

---

① 曹现强,王超.公共性视角下的城市公共空间发展路径探究[J].城市发展研究,2013（8）:30-33.

② 访谈编码:20200921LGF.

地。而且，由于Y社区人口构成开放性、流动性特征也使得Y社区关系结构极为松散，难以为社区公共空间的生成提供紧实的关系基础。再加上，社区基层组织的弱化、虚化甚至边缘化，难以担负社区引领和激发公共行动的职责，这又使得Y社区公共性的生长点也极其羸弱。古希腊思想家亚里士多德就曾指出，人的天性中包含了追逐于一己之私、冷漠于公共之利的基因，这使得个人在未有公共性价值教化的情况下，缺少为公共服务的动机，从而使得"凡是属于最多数人的公共事务常常是最少受人照顾的事务"①。Y社区公共性的缺失，使得社区空间高度私人化，社区各类主体对社区公共问题视若无物，对社区公共事务袖手旁观，对社区公共利益漠不关心，即使是偶尔的有限社区集体活动，一些参与主体也是无精打采。而在那一段时间，Y社区是处于"十里长街"乱设摊，"百只家禽"招摇过市，"78家无证无照经营户"违法违规经营的乱象状态。而社区居民也对Y社区几乎不怎么抱希望，而这也导致Y社区一度被称为"沪上最烂社区"。

二、社区利益格局的碎片化

"城市的公共空间并非一个单纯物质形态的空间，它的生产与再生产的背后，其实是各种不同利益及利益群体相互斗争后的结果。"②Y社区纵横交织的内部矛盾，从深层次上看，与社区利益格局的碎片化息息相关。市场经济本身是由利益导向的经济，其正是通过价格、竞争等市场机制来释放人们原始的利益动机来驱动经济发展。总体上看，四十多年来的市场经济历程无疑给中国社会带来了巨大的利益增量。但是，市场经济在实现利益增量的同时也在改变着人们的利益观念、建构着新的利益关系、塑造着新的利益格局。这是一个持续改变的过程，是旧利益格局解体到新利益格局生成的否定之否定过程。在这一进程中，利益格局碎化失衡不可避

① 亚里士多德.政治学[M].北京:商务印书馆,1965:68.
② 殷依文.当代上海城市公共空间的私人化[D].上海:华东师范大学,2017.

免。当下，中国市场经济虽然发展迅速但仍然不成熟，市场经济发展越是在量变积累越多，其蕴含的质变因子也会越强烈，一些转型问题愈发尖锐显露出来，这使得利益格局碎片化愈加突出。对此，有学者指出，严重的利益失衡、利益分化乃至碎片化，已经成为当前中国社会领域的一个显著特征。[1]作为中国社会的基层构成，社区利益格局的碎片化问题同样突出，并在深层次上影响着城市基层社会治理的推进。

城市社区利益格局的碎片化，最直接的表现是社区利益主体的多元化。异质化的居民个体和群体居住在社区之中，与社区之间存在不同的利益关联，因此本身就是一个个分散的利益主体。就 Y 社区而言，其社区各类利益主体五花八门。既有在社区内从事营利活动的公有制企业（如工商银行支行、邮政集团支局等）、私营企业（联华超市有限公司分店、清美食品分店）、个体户（蔬菜店），也有驻区事业单位（如外语实验小学分校、幼儿园分园）、社会团体（如书法家协会分会）等，当然，还有大量的作为个体利益主体的社区居民。Y 社区不同群体差异较大，协调利益、回应诉求、促进融合的难度不言自明。

城市社区利益主体的多元化也自然会形成社区利益诉求的多样化。不同的利益主体必然意味着利益诉求的差异，当前城市社区中的多元利益主体，由于自身的角色定位及所处境况的不同，所追求的利益目标也不尽相同。例如，从事营利性活动的私营企业，追求经济利润最大化是其天性。而驻区事业单位，在服务社区社会需要的同时也有完成职责和上级任务之需要。对于社区居民，更是由于不同的阶层、职业、身份等而面临着不同的现实需求，其相应的利益偏好也差之甚远。

事实上，城市社区利益主体多元化及利益诉求的多样化，是市场经济发展的客观趋势结果，其本身并不是问题，问题在于利益分化引发的利益失衡和利益冲突。在市场规则下，多元利益主体往往从自身利益出发，"必然拉拢对自己有利的一方，对自己的竞争对手则极力排斥，从而相互

---

① 赵磊. 改革 30 年：面临的问题与出路[J]. 江汉论坛, 2008(04):5-9.

间形成不同的派系，如不及时引导，则极有可能出现出于狭隘、功利目的破坏公共利益"[1]。也就是说，各类不同的利益主体，在缺失共识机制和超利益主体协调的情况下，通常选择遵循利己行为逻辑。当与其他利益主体发生利益交叉和利益冲突时，为实现自己利益就有可能会有破坏对方利益乃至影响公共利益的行为发生。这样，城市社区多元主体的利益冲突，就不仅影响社区各类利益主体参与社区治理的积极性，也会造成社区各类利益主体参与力量的内耗和消解，从而有可能演绎成为阻碍城市基层社会治理共同体形成的反向动力。

三、社区治理主体的互疑化

具有不同价值理念的社区治理主体，他们依据治理中的正式规则和非正式规则，在持续的互动过程中经博弈而建立互动关系。一个主体经济效益会直接影响其对社区责任的履行。[2]正是由于社区公共空间的私人化、社区利益格局的碎片化，使得不同利益主体在参与社区治理过程中，往往是从自身私利出发并局限于个己关系圈群。在一个人人为己的氛围中，不同的利益主体往往推己及人，就可能会先入为主地判定他人社区行为徇私而非公心。久而久之，就会在社区治理实践中不断加深彼此在公共行动上的不信任。在社区公共事务处理以及集体活动中，不同利益主体由利益碎化走向治理互疑化，从而在城市社区治理中容易出现零和，甚至负和博弈。

在Y社区，在基层社会治理试点前及试点后不久，社区治理主体的互疑化问题非常突出。笔者在调研中注意到，在Y社区治理主体互疑化中，一个典型的例子就是社区物业和社区居民的互不信任。实际上，Y社区长期存在物业费收缴率过低等问题。居民以物业服务不到位为借口不愿缴纳物业费，物业公司则因居民不缴物业费而降低服务标准，双方

---

① 王红梅.城市基层社会治理改革问题分析:以贵阳市为例[J].城市发展研究,2015(12):1-4.

② 张桂蓉.企业社会责任与城市社区建设[J].城市问题,2011(01):94-100.

互相推诿指责，使小区管理陷入恶性循环。而政府财政资金的投入基本倾向为一次性综合改造，不可能持续投入。这使得Y社区物业管理质量长期处于失效停摆状态，Y社区的环境便很难得到改善，甚至越来越恶化。不仅如此，社区物业和社区居民在社区治理中的互疑，不仅不利于社区治理，而且还可能激发新的矛盾问题。有居民在回忆当时社区物业和居民矛盾对立时的情形，表示"那时候，我们经常跟物业吵架"①。"门口保安都是摆设，个个还厉害得要命"，"门口保安招的都是些老弱病残，整天睡大觉，指望他们能有什么用"。②而矛盾冲突的另一方，物业公司也表示："我们也是一肚子火。物业费，有些人就是不交。物业有些工作很难做，我们也要吃饭的。（社区居民）根本不配合，上下楼漏水，我们只能从中协调。"③

实际上，在快速现代化、城市化的当下社会，城市社区各利益主体的信任关系变得越来越脆弱。美国学者罗伯特·普特南就提醒人们注意，现代化、城市化在推动物质富裕的同时，也会出现一些非预期性后果。而作为人与人之间社会联系的基础——信任等社会资本存量，却已经直线下降，并使我们的社会公共生活和社区关系陷入"贫困"。④当前的城市社区不再是一个社群概念，而更多地表现为一个地域性集合，相较于前者，现代城市社区很难在短期内培育出居民对于社区的信任和情感认同；与此同时，功能性满足上的衰退，也使得居民对城市社区的依赖感、归属感减弱，现如今，城市社区中最难看到的是年轻人的身影，为谋生计，年轻人朝九晚五甚至"996"的工作状态使得社区生活对他们而言似乎仅具有类似于在旅馆休息的功能，偶有闲暇时光也大都用来走亲访友或外出旅游，因而"出走社区"状态才是社区居民特别是年轻人的社区常态。由此，年

---

① 访谈编码：20201221WD.

② 访谈编码：20191224LG.

③ 访谈编码：20191224SJY.

④ Putnam, Robert D. Bowling Alone: the Collapse andRevival of American Community[M]. New York, 2000:113.

轻人参加社区组织的活动减少了，与邻居的了解减少了，与朋友见面的频率降低了，甚至与家人打交道的频率也降低了。Y社区在城市基层社会治理中，一个非常深刻的体会便是年轻人对社区的疏远问题。①

总之，在社区公共空间私人化、社区利益格局碎片化、社区治理主体互疑化的背景下，Y社区城市基层社会治理面临着诸多复杂挑战，城市基层社会治理共同体的形成和成长也变得异常困难。但辩证地看，纵横交错的内部矛盾也蕴含着变革的动力，它会倒逼社区回应矛盾、解决矛盾，而正是在化解社区矛盾中实现基层社会治理创新。

第二节　在化解社区内部矛盾中推进Y社区的治理

在辩证唯物主义的视野里，矛盾是无处不在、无时不在，是驱动事物发展的动力。矛盾多种多样，既有主要的矛盾亦有次要的矛盾、有敌我矛盾也有人民内部矛盾。相对而言，城市基层社区各类纵横交错的内部矛盾，显然算不上是敌我矛盾，而是人民内部矛盾。人民内部矛盾不是通过你死我活的斗争和专政来解决，而更主要是运用人民民主的方式来化解。Y社区积极探索的也正是民主的协商治理模式来化解社区内部纵横交错矛盾，而Y社区的基层社会治理也正是在"商量着"化解社区内部矛盾中不断前行。

一、有事好商量：寻找最大利益公约数

法国思想家霍尔巴赫曾有一句流传极广的名言："利益是人类行动的一切动力"（Interest is all the power of human action），马克思也认为："人们奋斗所争取的一切，都同他们的利益有关。"②同样，不同主体参与城市基层社会治理，也必然地同他们的利益相关。因此，推动城市基层社会治

---

① 访谈编码：20191203MJH.

② 马克思恩格斯全集：第1卷[M].北京：人民出版社，1956:82.

理离不开利益。城市社区有多种多样、多层多维的利益，不同主体的利益结构也不尽相同，如果能恰当引导，寻找到社区内部不同主体最大利益公约数，就能够激活强大基层社会治理动能。

从基层社会治理的角度看，城市社区内部最大利益公约数必定是落点于各主体私人利益与社区公共利益的平衡处。也就是说，城市基层社会治理需要在充分尊重多元主体利益的同时推动社区公共利益的实现。那么，如何达到这个私利与公益的平衡点就成为社区基层社会治理必须直面的问题。考虑到"公共利益不等于多数人的利益，也不是所有人利益的总和，更不是精英们价值偏好的反映，在某种程度上公共利益是一个社会多元主体互动的建构过程"①。现代社会，民主协商的是一种公认的有效建构公共利益的基本方式，其主张不同主体在公共理性的指导下，就公共问题进行表达、辩论、说服等互动以建构共识。其突出功能在于既能让不同主体利益诉求差异化表达，又能让他们在公共利益上达成共识，基于各方主体共识基础上形成的方案更能为多元主体接受并推动实施。在这方面，Y社区"有事好商量"居民议事会就是创新社会治理、鼓励居民协商治理的一种良好方式，为社区不同主体提供了公平、集中的对话平台和互动空间。

通过协商对话来寻求私人利益和公共利益的共识，前提是要有完备有效的协商议事制度来保障。笔者调研了解到，Y社区围绕"有事好商量"居民议事会，加强相关制度建设。经过反复且充分的考虑，Y社区总体上形成了比较详尽的"九大议事规则"，包括：社区公共事务规则（也即社区居民议事会议事的项目内容属于居民自治范畴内的社区公共事务，遵循公序良俗和法律法规）、议题公示规则（即议事会议事的主题、内容、时间、邀请人员等提前5个工作日公示要求）、干系人健全规则（即无论是该项目的受益者还是利益受损者及利益相关者，都有代表参加，如有必

---

① 唐庆鹏,康丽丽.用地冲突,还是公共性危机?:邻避问题认知与治理的演进脉络[J].天津社会科学,2016(01):73-77.

要，还邀请相关职能部门专业人员参加，以推进问题实质化解决）、发言有规矩规则（即议事会过程中所有发言人必须围绕动议中心一事一议，不能偏移主题，每个发言人应按照规定的时间和次数发言）、尊重理性规则（即要求发言者在讨论中对事不对人，不得打断对方的发言，不对别人进行道德批判，可以不认同他人的观点，但应尊重正在表达的人）、方案优先规则（发言人不能只表述观点，要提出解决方案，可以不同意别人的方案，但是要提出新的方案来取代，要么附议别人的方案，要么带着方案去反对，不能仅仅表示反对，否则反对无效）、中立均衡规则（主持人应坚持中立规则、不发表有个人倾向性的意见，由熟悉此议题的人来主持，引导议事本身而不是对发言者进行引导，定规不定调）、少数服从多数规则（也即议事会决议表决时根据少数服从多数和过半数规则通过）、执行反馈规则（也即议事会决议要达成会议纪要，经与会者签字后公示；有相关执行者推进决议的执行；将议事会达成的决议、执行情况、进展、遇到的困难等均告知居民）。

"有事好商量"社区议事会所议项目是以社区居民需求为本，针对多数居民的集中诉求，结合可操作性而形成的。笔者通过对调研资料的梳理，将Y社区"有事好商量"居民议事会项目，重点落在四大类项目：一是社区生活服务类事项，以满足群众日常生活需求为目标，促进居民安居乐业、和谐有序；二是社区社会管理类事项，以维护社区和谐为目标，调处矛盾纠纷、解决社会问题。三是社区公益慈善类事项，以照护残障人士、孤寡老人、低保及特困人员等弱势群体为服务对象，为他们提供基本生活保障、恢复基本社会功能；四是社区文体活动类事项，广泛组织群众开展文化科教、休闲娱乐、体育锻炼、文艺表演、健康保健等社区活动，以融洽邻里关系、增强归属感和幸福感。在这四大类议事项目中，社区生活服务类和社区社会管理类议事项目是实践应用最为频繁突出，笔者将两个典型案例基本情况简介（如表4-1）所示。

表4-1 Y社区典型"有事好商量"社区议事项目

议事项目	典型案例	时间（频次）	地　点	参会人员	达成共识
社区生活服务类	蔬菜进社区项目	2018—2018年（2次）	社区居委会一楼大会议室	两委班子成员6名，楼组长、居民代表8名，党员代表4名，业委会1名，物业公司2名。	每周日上午在社区街心花园处设立蔬菜销售点。
社区社会管理类	车辆管理制度	2016—2018年（8次）	社区居委会一楼大会议室	两委成员6名，楼组长、居民群众代表10名，党员代表5名，社区协管员2名，业委会1名，物业公司2名。	《Y社区车辆管理制度》（共23条）

　　Y社区"有事好商量"议事会自2013年探索建设以来，通过对社区公共议题的挖掘、拓展和共议机制建设，组织和动员各种社会力量参与基层治理。可以说，Y社区制度化、常态化的议事平台和机制已经在社区治理实践中生根开花。多年来，Y社区"有事好商量"议事会在多次社区治理的政治实践中不断发展成熟，在许多具体社区治理场景中很好地平衡了多元利益主体多样化利益诉求和社区普遍性公共利益之间的平衡，促进了多元主体参与社区治理的利益表达、和谐稳定及有序运转。当然，需要指出的是，"有事好商量"议事会在实践运行中，往往对一个议题的解决需要酝酿、讨论很长时间，甚至多次反复。这容易让人误以为效率低下，譬如Y社区车辆管理的议事讨论，就前前后后历时近2年。全程在律师的指导下，经过大会、小会、"四位一体"会议、"有事好商量"议事会、业主代表大会反复征询，最后共征询了4652户业主意见，于2018年5月14日，通过了"双过半"，正式出台了《Y社区车辆管理制度（试行）》，同时还举办了车辆管理制度培训班，落实了监督员制度等。实际上，社会治理过程中，往往涉及方方面面利益，呈现各种各样矛盾，如果一味追求"赶快把事做好"，不一定能够如愿。而把民主决策的居民议事过程放在执行前面，看似"慢工出细活"，实则一些难解的问题可以在社区得到更多共识，执行的效率反而更高。

二、有事找书记：带头人的作用

在化解基层社会内部矛盾中，Y社区党委张书记起着至关重要的作用。他不仅是Y社区建设和发展的带路人，而且也是Y社区基层社会治理的带头人，还是Y社区"有事好商量"居民议事会制度的推动者、组织者。笔者在Y社区一年多的调研中，也充分感受到社区各类主体对张书记的认同和支持，有事"找阿拉张书记"是居民们常挂在嘴边的一句话。

汇总居民访谈及张书记的深度访谈资料，可以发现，张书记任职8年来，在基层社会治理中发挥着至关重要的作用，可以说Y社区社会治理大事小情几乎都离不开张书记的身影。实际上，在化解社区内部矛盾上，张书记带头人的作用从一开始就显现出来。接下来，笔者通过聚焦张书记新任职之初工作开展情况来揭示社区书记及党组织的作用。之所以如此选择，盖因在开始的新官上任阶段的"三把火"，恰能集中反映出张书记的带头作用。2013年张书记来到Y社区任职社区书记，摆在张书记面前是一个"沪上最烂小区"，其中社区秩序混乱、社会矛盾问题异常突出。新上任的张书记，在全新的环境下开展工作，一开始做的便是熟悉环境并掌握情况。"我刚来的头半年多时间就是走访，拿着名册跑人家，走访社区的志愿者骨干，包括党员居民，跑了几百户人家，去了解到底大家在想什么呢？刚开始了解到大家对我们的居委会有意见。那么到底什么问题造成的？走了几百户人家走下来了以后就搞明白了。"[1]经过一段时间的深入调查，张书记对Y社区的基本情况摸排清楚、做到了心中有数。经过分析讨论，张书记与社区两委班子形成共识，Y社区的社会治理要好起来，首先得从治乱开始。其中最突出的有三件：乱设摊、车辆管理和养鸡养鸭。

第一件治理的是社区内的乱设摊问题。治理这一问题的难点在于设计的利益关系极为复杂。有居民回忆起当时整治乱设摊问题的情形，"小区里有好多利益关系，想把做实事的书记赶走。一个是乱设摊，居委会干部

---

[1] 访谈编码：20190802ZJD.

也不是很纯的，小儿科的事情很多。以前小区里的志愿者还有小帮派。有的楼组长也不正派。"①对此，新官上任的张书记"软硬兼施"，一方面与相关利益主体交流、沟通，用说服的方式来动员自主撤摊。"先跟帮派约谈，跟他们聊，跟他们喝老酒。当时，业委会不配合，我们就求业委会搏下去，跟他们做思想工作，跟他们聊天。物业公司也不配合，看在镇里领导的面子上才托管的，镇里给补贴。清理垃圾要付钱。楼组长、志愿者、党员都在观望。就是一个个做思想工作。"②另一方面利用组织力量集中强力整治，"设置市容环境整治组，组长再下派工作，给他们5个名额，一个人一个月3000元（但实际上是两个人拿钱），向他们支付补贴。从政府补贴给物业公司的经费中拿出一半当经费来源。以物业公司的名义来聘请环境整治组。一直做到2017年底。让那些头目自己想办法解决乱设摊的问题。同时，动用城管资源执法"③。此外，加强宣传、争取群众支持。"挨家挨户做居民工作，问他们是要方便还是要干净卫生。镇里也大力支持，因为是为居民好。"④经过一系列的整治措施，乱设摊问题得以彻底解决。而这第一把火烧好了，不仅让新来的张书记站稳脚跟，也为今后带领社区治理工作打下了良好的基础。对此，张书记感叹道："把乱设摊赶光，是第一件收人心的事情。那时候竖立起来党组织的威信。"⑤

第二把"火"是老大难的小区车辆管理问题。在解决车辆管理问题上，张书记也促使Y社区各方面的力量慢慢组织起来。车辆乱停放是Y社区的老大难问题，"以前社区就是个免费的大型停车场，有卡车、集装箱车、大巴士，对小区道路、绿化带影响很大"⑥。对此，张书记推动"有事好商量"居民议事会专门协商车辆管理问题，形成制度性共识，进而分头行动强力整治。一位社区居委会成员在访谈中回忆道："从2013年底到

---

① 访谈编码：20191127CJ.
② 访谈编码：20190802ZJD.
③ 访谈编码：20190802ZJD.
④ 访谈编码：20190802ZJD.
⑤ 访谈编码：20190802ZJD.
⑥ 访谈编码：20190714LYQ.

2014年3月初，那时候，书记就已经开始指挥，有威信了。摸排开卡车的业主时，物业公司挨家挨户上门去沟通。讲清楚，到年底车子肯定不能进来。物业公司上门宣传后，业主上门来找书记。一辆车子，一张表格，家庭情况要排摸清楚，老底要摸清楚。党员怎么干，你有单位的更不怕。小区里面肯定是不能停的。让业主跟原单位去谈。搞清楚了，开回家的车子其实公司都有补贴的。疏导结合。采取行动以前，思想工作做在前面。把初步矛盾减少到最小。"①

第三把"火"则是处理居民在小区里养鸡养鸭问题。由于Y社区居民有很多是此前的动迁户，不少居民还有养鸡养鸭的习惯，这无疑影响到社区环境问题。清理社区里的鸡鸭成群问题，一开始也并不顺利。"我们讲要清理社区内的鸡鸭，有的居民就把家禽藏起来。后来觉得这么做也不是事，这么多的鸡也抓不完。"②很快事情就出现了转机，"正好碰到禽流感。借这个契机，我们做了大量工作，重点宣传禽流感的危害。告诉居民，罹患禽流感严重的会致人死亡，（想清楚）要鸡还是要人。90%的家禽是居民自己宰杀的。"③。由此，Y社区养鸡养鸭问题得以根除，社区环境也相应得以极大改善。

总之，张书记新官上任"三把火"烧出了成效。但这只是一个缩影，在他在任的8年间，张书记无论在社区治理常规性工作，还是专项社区治理工作（如"创全"），抑或一些突发性社区治理工作（如2020年抗疫工作），都做了大量的实事，起到了社区治理主心骨、带头人的作用。党的力量在基层，根基也在基层，而基层党组织的核心和带头人就是支部书记。因此，在Y社区，有事找书记，一定程度上反映了Y社区各类利益主体对社区党委的信任，对党领导基层社会治理的认同。从中也可以看出，在化解城市基层社会内部矛盾中，党的领导是关键，发挥着至关重要的作用。

---

① 访谈编码：20190802LJH.
② 访谈编码：20190802ZJD.
③ 访谈编码：20190802ZJD.

三、有事找社团：社区团队的力量

党建引领社区团队建设，Y社区基层社会治理中的一种积极探索。Y社区在基层社会治理中加强社区团队建设，就是把培育和扶持团队建设，作为凝聚服务群众的重要抓手，以兴趣爱好为纽带，进行团队的再组织、再动员，焕发其内生活力，逐步实现团队的自我教育、自我管理、自我服务和自我监督。Y社区的九心俱乐部和艺苑艺社，是社区两大类社区团队。九心俱乐部和艺苑、艺社（艺苑包括腰鼓队等10支艺术队伍，艺社包括剪纸工作室在内的4个工作室）是Y社区根据居民的个体特长爱好和群体特征，进行总体设计分类、宣传吸纳后，居民自愿加入而成。这两大社团组织，不仅为Y社区居民提供了一个互动的平台，还为他们提供了习得社团知识、获得组织合作、进行公共参与所必需的一些价值观，和亲身进行实践的机会。那些基于趣缘进入社团并参与了活动的居民，与非社团成员的居民相比，能够对本社团之外的其他组织，尤其是社区安排的工作，表现出更加积极的态度和支持。他们愿意配合参与，也愿意提出意见建议。这样，Y社区结合本社区社会团体发展条件较好的实际情况，创新性地发展出了以社区团队为依托的基层社会治理的新模式。这一新模式，通过"支部领导团队、党员融入团队、团队凝聚群众"的逻辑路径推动社区团队建设。以团队为基础，以居民兴趣爱好为依据，这样，团队搭建起居民与党组织、居民彼此间互动联系的桥梁，使得"以'趣缘'为基础的社区团队建设，能够较好地弥补了社会管理中'业缘'作用下降所留出的空档"①，不仅满足了居民多样化的兴趣需求，并在不断地治理实践中培育居民社区治理共同体意识，而且增进和改善了党群关系，强化了党建引领下社区建设和治理的奋进合力。而在这一过程中，社区社会治理能够更有效地动员和组织各方面主体参与。也就是说，社区利用社团的组织网

---

① 周敏晖.以政党为中心的城市社区再组织化：以上海市J街道为例[J].长白学刊，2020（06）：1-7.

络、团队信任与动员基础，动员社团及其成员参与社区基层社会治理工作，特别是诸如"创全"、垃圾分类、疫情防控等一些专项社会治理任务。例如，在2020年Y社区新冠疫情防控期间的社区志愿者，就主要来自九心俱乐部中"益心俱乐部"。作为既是社区居民又是社区团队成员，他们志愿参与社区治理有着先天性良好基础，能够很好地配合Y社区疫情防控工作。对此，益心俱乐部负责人王叔叔在访谈中向笔者表示："我们经常组织集体活动，大家都很熟悉，都很有公益心，讲奉献。小区疫情防控需要志愿者，我们在微信群里一说，大家一呼百应。"①实际上，之所以有如此顺畅的合作表现，主要缘于Y社区一直以来对社区团队的建设，通过规章制度、资源场所、活动机会等多方面的支持，Y社区各类团队在平时就与社区有很频繁的互动，当通过社团参与社区活动成为习惯的同时，Y社区实际上也就构建了一条"社区两委—社区团队—具有不同兴趣爱好的社区居民"的组织路线，很好地将社区居民团结起来，服务社区社会治理各方面工作。

　　Y社区加强社区团队建设和引领，很好地发挥社区团队在基层社会治理中的积极作用，而这也获得了Z镇的肯定。实际上，Z镇在吸取Y社区团队建设经验基础上，迅速在全镇推广。2017年Z镇出台《关于深入推进居民区团队党建工作的行动计划（2017—2020）》中提出，至2017年底，所有居民区均设有至少1个群众性团队，并参与条线部门组织的相关评定。至2018年底，所有居民区均设有至少1个特色群众性团队，每年在党组织服务群众专项经费中，用于特色群众性团队活动的经费比重不低于25%，并在社区发展基金中，探索设立群众性团队培育建设专项资金。到2020年，全镇所有社区都要设立具有自己社区特色的团队党建项目，体现"一居一品"。镇政府则在专门政策扶持、专业力量推进、专项资金支持等方面，为各社区团队党建项目建设提供帮助，力争促成全镇五分之一的社区团队党建项目达到示范引领的标准，在不断提升社区团队党建水平的同

---

① 访谈编码：20200912WTY.

时，也在推动社区团队更好地发挥功能作用。

总之，Y 社区以增进群众福祉为目标，以巩固党的执政基础为核心，以党建引领基层治理为抓手，以服务凝聚群众为突破口，创新社区团队建设工作的体制机制和平台载体，围绕社区群众需要开展基层党组织建设，紧盯社区团队开展党建工作，实现党组织及其工作的全覆盖，做到"哪里有团队，哪里就有党的组织和工作覆盖"，积极推动社区群众性活动团队发展，是更好地化解社区内部矛盾、回应群众对美好生活向往的一条创新之路。也就是说，社区团队具有贴近居民、专业性、高吸引力等优势，在社区两委的合理引导下，不仅能够满足居民多样化的趣缘需求，还能够承接一定的社区工作任务从而在基层社会治理中发挥越来越重要的作用。可以说，Y 社区居民习惯于"有事找团队"，其背后体现的正是党建引领基层居民自治的基本逻辑。

第三节　从"各自为政"到共建共治局面的形成

一、难以为继的"各自为政"

改革开放以来，城市社区社会转型的同时也出现利益格局碎片化态势。伴随"单位制"的解体、"街居制"衰弱，在传统的利益协调机制缺失的情况下，多元利益冲突又激化出城市社区内部错综复杂的矛盾。在新的时代背景下，迫切需要理顺各类社区社会治理关系、改革社区社会治理体系，推动形成共建共治的社区社会治理格局的形成。从实际情况来看，在社区既有的社会治理格局中，党总支、居委会、业委会、物业公司这四大主体是核心的组织主体，社区最为核心的社会治理权力互动也发生在它们四者之间，从而这四大核心行动主体一度也被业内人士称为社区治理的"四驾马车"。但是，"四驾马车"拉动社区治理前行的一个前提是，四大主体应该能够同心协力、劲往一处使，也就是能够产生协同治理效应。然而，社区治理核心行动者并不会自然形成协同关系。事实上，基于理性的

经济人动机，"有理性的、寻求自我利益的个人不会采取行动以实现他们
共同或集团性的利益"①。社区治理核心行动者内在的有不参与甚至破坏
社区社会治理的集体行动。这也使得，在实际社区社会治理中，社区治理
核心行动者往往陷入各自为政的境地。

在 Y 社区社会治理实践中，"四驾马车"南辕北辙的问题曾一度非常
突出。也就是说，在 Y 社区大刀阔斧改革之前，党总支、居委会、业委
会、物业公司的合作难题不断，甚至不乏出现破坏社区治理的问题。笔者
在多个 Z 镇的内部工作报告中看到，包括 Y 社区在内，"长期以来，基层
社区组织缺少相应资源和制度保障，尤其是对业委会、物业公司等缺乏有
效抓手，致使其在小区综合治理中的领导核心作用难以有效发挥"。就物
业公司而言，其本身是私营营利性组织，追求自身利润最大化是本能使
然。因此，在过去，Y 社区社会治理环境极其恶劣的时期，居民对物业公
司的满意度极低，鲜有愿意缴纳物业费。而物业公司由于物业费的收缴率
低，工作态度比较懈怠，保安未能发挥职能，技防设施不到位，导致 Y 社
区治安发案率过高。甚至在某些情况下，物业公司职员为谋取利益，在社
区安保及服务工作上，徇私舞弊。譬如，在 Y 社区车辆管理制度制定完
毕、开始实施后，Y 社区两委在调查中发现，原本社区规划了 1200 个车
位，但物业公司却开出了 1500 张车辆停车证。对此，物业公司的辩解则
是，人手少、忙中出错很正常，或者就是搞不清是哪里出现了问题。而经
过进一步调查和居民揭发后发现，社区物业公司还私下与监督小组联合，
收受钱财违规办证。此外，业委会作为居民社区物业管理自治组织，由业
主选举产生业主代表组成。事实上，长期以来业主委员会在实际的社区社
会治理中更是处于两难境地：如果迎合业主，帮助业主维权，就必然站在
物业公司的对立面，双方难以合作；如果与物业公司保持亲密关系，与它
一起牟利，就会造成业主的利益难以保障，甚至滋生腐败。此外，由于其

---

① 曼瑟尔·奥森.集体行动的逻辑[M].陈郁，郭宇峰，李崇新，译.北京：生活·读书·新知
三联书店，上海：上海人民出版社，1995:2.

内部工作人员没有工作资金，业委会还面临资金和组织困境，这也导致一些业委会成员参与社区治理的动力不足，业委会的预期功能难以真正实现。因此，一段时期以来，Y社区业委会虚置化较为突出，很多居民在涉及物业管理等方面问题时，首要的不是直接通过业委会及物业公司来解决，而是直接找到社区两委。而面对居民上门来的诉求，社区又不能置之不理，很多时候只能硬着头皮承接。由此，社区很大程度上代替了原本业主委员会和物业公司的功能，导致社区治理主体间的职责错位。

访谈中，Y社区两委成员多次用"大象的屁股推不动"来形容当初社区治理多元主体"各自为政"的局面。张书记在访谈中回忆道："2013年，我来到了我们Y社区工作，每次协调联系物业公司派人去清理无主垃圾，清除乱涂、乱画、乱招贴，维修公共设施时，物业公司经理就问我'钱谁出？'我又找到业委会，业委会说：'这是物业公司应该做的，不可能另外付钱。'"[①]而业委会和物业公司长期以来形成的失责惯性，不仅让社区基层社会治理试点变革难以开展，而且"四驾马车"缺轮少翼也使得Y社区深陷社会治理困境。"业委会和物业公司相互推诿、争执，物业公司经理甚至当面顶撞我说：'我是与业委会签订合同的，又不是跟你书记签合同的，不听你的又怎么了。'"[②]从宏观上看，市场经济变革潮流下，"单位制"解体和"街居制"衰退某种程度上意味着社区治理中"行政力量"的回撤，与此同时，中国社区引进"市场力量"（物业公司）和发展"自治力量"（业主委员会）。虽然预期意图是为了更好促进社区管理和服务，但在缺乏有效的协调机制下，"反而造成意外后果，即造成社区治理体系的组织复杂化，本来应该集中的稀缺治理资源被稀释，组织间协调协作成本高昂，使得任何一方都难以有效整合和链接资源，集中力量'办大事'"[③]。这种"各自为政"又"相互卸责"的治理格局已经到了难以为

① 访谈编码：20200912ZJD.

② 访谈编码：20200912ZJD.

③ 王德福.社区治理现代化：功能定位、动力机制与实现路径[J].学习与实践,2019(07)：88-97.

继，下大气力加以改革势在必行。的确，像Y社区这样一个人口构成多样、居民利益诉求多元、历史遗留问题复杂、内部矛盾纵横交错的社区，单纯的管治难以起到预期效果，走社区多元主体共建共治才是根本出路。

二、Y社区共建共治局面的形成

在社区治理矛盾愈演愈烈的背景下，2013年，Y社区在新上任的张书记带领下，以M区综治办、Z镇政府和区公安分局在Y社区里合作试点"田园模式"为契机，积极探索社区共建共治新局面逐渐形成。在这一过程中，Y社区社会治理上的"各自为政"又"相互卸责"的恶性循环顽症也得以攻破。Y社区所构建的共建共治格局是一项系统性工程，涉及多方面因素和内容。总体上看，Y社区构建共建共治格局最核心的主要有两大典型做法：

一是在社区多元主体共治体制上，建立"1+3+N+X"工作体系。"1"是明确将居民区党组织作为社区治理的领导核心，通过区域党建、工作指导和推荐符合条件的居民区两委成员通过法定程序兼任业委会主任或委员等形式，实现社区党组织和党的工作全面覆盖。"3"是要求以居委会、业委会和物业公司等为主体依法履行职责，共同参与社区治理，鼓励其负责人在党组织兼职，更好地传递和贯彻党组织意图；"N"是挖掘党小组长、居民组长、楼组长等"三长"与志愿者等作为联系服务居民的触角；"X"是下沉公安、城管、房管、拆违、市场监管等部门作为支撑，参照社区民警兼职做法，逐步推进相关职能部门兼任社区两委班子成员，条块紧密配合，合力治理。也就是说，以居民区党总支为核心，居委会、业委会和物业公司各司其职，党员骨干、"三长"、区域单位负责人等多元主体共同参与，政府职能部门支撑保障，实现"四驾马车"同心同向，合力同行。

二是在社区多元主体共治机制上，构建协商解决问题、联动落实行动的机制。一方面，建立健全"四位一体"协商会议制度，充分发挥基层党组织在社区综合治理中的统筹协同、民主决策、监督考核作用。以居民区党组织为核心，居委会为主导，业委会和物业公司定期召开协商会议，协商处理社区事务，共同参与社区建设，共同开展社区服务，形成"大事共商、实事共做，协作共赢"的社区治理机制，发挥优势互补、形成良性互动。对于社区管理中存在的突出问题和矛盾，在协调会上进行集体讨论，按照民主集中制、少数服从多数的原则，形成处置决议，明确四方分工，各方各司其职执行决议。年末，由党组织组织居民代表进行考核，根据各方履职情况给予一定奖惩。Y社区通过定期召开协同治理联席会议，协商解决社区突出问题，最终实现社区平安和谐、居民安居乐业。另一方面，Y社区结合小区的复杂情况，自行探索出了一套"集、分、降"三字协同共治的工作方法，就是集中化收集社区居民意见、分流处置清单问题及切实降低社区居民投诉。由此形成"主动揽活，一门式服务"的社区治理大联动，这种协同治理机制运行的外在载体是社区治理大联动工作站，无论是社区服务问题、社区建设问题、社区治安问题、还是居民纠纷等所有问题，都可以向社区大联动工作站反映，由社区大联动工作站统一受理、分流和解决处理，并且做到统一回复。这样切实有效地解决社区老百姓的实际问题，从而也就相应会在很大程度上减少了社区居民的投诉率。

在系统性的变革努力下，Y社区逐渐形成了以社区党组织为核心，居委会、小区业委会、小区物业公司等自治组织和小区居民共同参与的"四位一体"共治共建新格局，有效回应了居民需求，实现了社区建设的安全有序，充分体现出各类社会力量高度参与、各个工作主体协商共治，党组织、居委会高度负责、包容和公正，治理事务透明有效的社会治理特征，实现了社会治理所追求的"善治"目标。在社区治理中，社区共治共建体制机制是核心。在推动形成多元主体共治的过程中，Y社区着力推动实现社区多元主体自治。多元主体自治并不意味着无中心的分散化治理，而是在共治共建体系机制的驱动下，社区党组织作为领导核心，统领其他的治理主体，整合社区资源，协调社会治理行动。业主委员会、物业公司、社区居民代表大会、社区议事会、社区自组织等分散的自治力量通过社区党组织的统领成长起来，形成合力，通过协商、协作等互动方式发挥各自的治理主体性，从而为社区居民提供更加高效的服务平台、更为和谐的社区环境。这样，Y社区共建共治共享的治理格局便基本成型（如图4-1所示）。

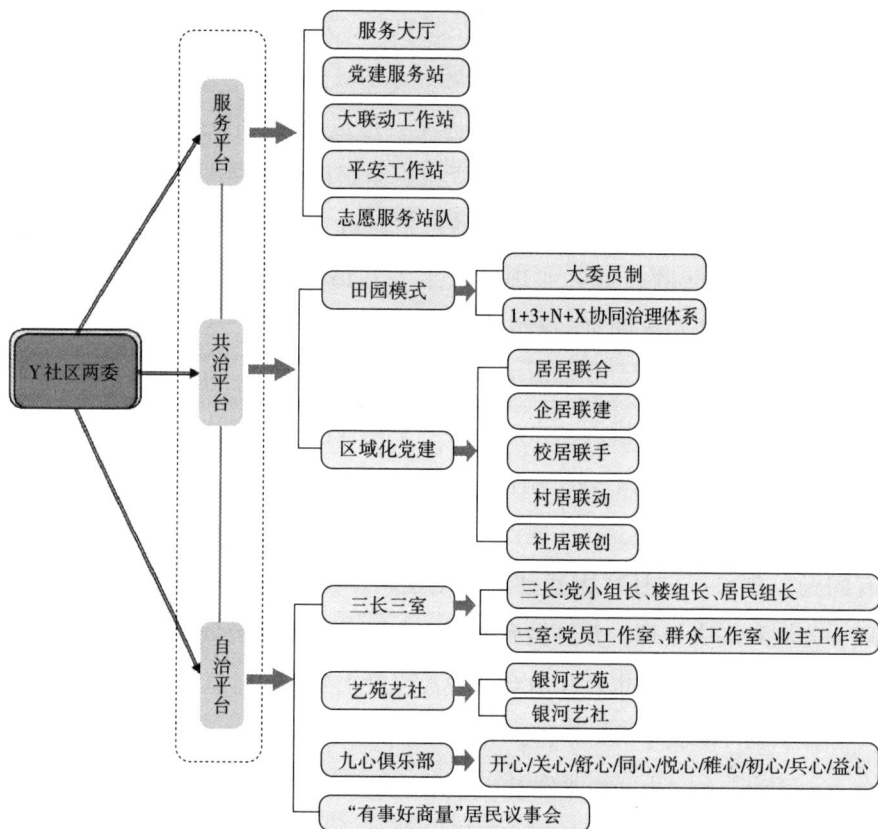

图4-1 Y社区共建共治共享治理格局简图

　　治理变革也带来实际效能的显现，Y社区的"精气神"发生了翻天覆地的变化，完成了由基层治理的"痛点"到"亮点"的华丽转身。2013年试点改革后，成效迅速显现，Y社区无一家整治过的网吧、小餐饮、小超市回潮反弹很好地证明了这一点。综合来看，Y社区探索社区"四驾马车"协同治理是一个多赢模式：居民安全感上升（2015年以来连续多年列全镇第一），满意度上升（全镇第二），物业费收缴率得到提升（2014年就同比增长15%），业委会维修资金拨付率显著提高（2014年就同比增长170%），区域内房价租金也随之上涨，小区面貌焕然一新。而且，更为重要的是，社区各类主体从原先的"被动参与""各自为政""相互卸责"转变为如今的"主动追求""积极合作""责任共担"，能够积极认真参与和支持社区社会治理工作，体现了社区社会治理共同体成员的自觉性。总体上看，Y社区之所以能发生如此大的转变，就笔者的观察和思考而言，主要有以下四方面因素和特色：

一是社区共建共治的领导核心是党组织。在Y社区基层社会治理中，居民区党组织肩负着领导核心的重任。Y社区始终坚持党总支在社区治理工作中的领导核心地位，并通过党总支对社区居委会、社区业委会、社区物业服务公司、社区社会组织等各类社区组织的嵌入式领导，如红色物业建设、社区团队党建项目建设等，发挥党组织居中总揽、重心下沉、工作前推，将党的领导做实做细，实现了党在基层的全面领导。

二是社区共建共治的基础是机制平台。Y社区在推进社区共建共治过程中，主要是以试点多年的"田园模式"为平台基础，整合各类共建共治资源（如各类驻区单位资源），促进社区多元治理主体组织联网、资源联通、公益联做、活动联办，在具体的社区治理行动中实现多元协同效应。在推进共建共治的协同过程中，各类主体与社区逐渐形成利益互构的共同体默契，社区由此能够聚集丰富的社会治理资源，这不仅可以缓解以往社区单一主体的治理压力，而且能够调动社区各方面主体的积极性，使一些公共事务的治理品质得到提升，使居民利益得到补充和完善。

三是社区共建共治的关键是理顺关系。如前所述，Y社区纵横交织的内部矛盾，也反映了不同社区主体的复杂关系。可以说，社区虽小，但关系错综复杂。在试点改革以前，Y社区各类治理主体普遍存在角色定位不清、关系功能不明。关系不清则行动不明，不仅使得难以发挥多元主体共治合力，甚至不利于社区两委等多元治理主体的功能实现。在新的时代背景下，迫切需要理顺各类社区主体社会治理关系、改革社区社会治理体系。而Y社区试点改革取得成功的关键在于，厘清了多元主体在社区治理中的角色定位和关系脉络，形成了在社区党总支、社区居委会、社区业委会、物业公司等构成的社区治理"四驾马车"格局，实现党总支居于全面领导地位，社区居委会作为核心行动者同时也发挥协调其他主体作用，社区业委和物业公司齐抓共治，社区居民广泛参与，推动形成社区共建共治格局的形成。

四是社区共建共治的切入点是发挥党员作用。综合来看，社区安、社区美可以说是社区居民所共同关心的最大利益公约数，社区居民愿意也能够为之奋斗。当然，其中，党员更是起着先锋模范、典型带动的积极作用。也就是说，促进社区共建共治，动员广大社区党员来带头践行，无疑可以以点带面、事半功倍地推进发展。笔者在调研Y社区的改革实践中也充分感受到党员的重要作用，例如在2016年的"拆违"工作中，社区先做党员工作、党员再做群众工作，异常艰巨的拆违工作得以顺利推进。在2020年的"抗疫"工作中，在社区党总支号召下，社区党员主动请缨、挺在一线，凡此种种。当然，在日常社区治理工作中，社区党员的身影也随处可见。对此，张书记不止一次在访谈中表示："党员很关键"，"俗语说：'家有一老，胜似一宝。'我们党总支的274名党员、130名'三长'就是Y社区大家庭最珍贵的宝贝。我们通过学习教育、业务培训、表彰激励等方式，让这些'宝贝'在群众中发光、发热。"[1] Y社区退休老党员孔阿姨（也是社区百合工作室负责人）就是其中的代表，在退休后，孔阿姨在社区动员下，不计报酬得失，积极投入Y社区治理工作中来。在笔者访谈时，孔阿姨就表示："我这么大年龄，为什么还要天天奔波工作，我是从毛泽东思想那个年代过来的，我懂得什么是真正地为人民服务。我们社区很多老党员都是这样，社区很多工作全都靠他们。"[2]

总之，社区内部矛盾不断出现，又不断化解，这就是社区治理发展的辩证规律。任何事物都有其两面性，对待社区内部纵横交错且不断变化的矛盾，基层社区要能看到矛盾的负面问题，也要能看到矛盾的正面影响。正确认识和利用矛盾，改革社区治理的弊端和问题，创新社区治理的方式方法，就可能推动城市基层社会治理发展。反之，如果不能正确认识并及

---

① 访谈编码：20200104ZJD.

② 访谈编码：20200104KBH.

时化解社区内部矛盾，就会阻碍城市基层社会治理发展。当然，社区内部矛盾本质上是人民内部矛盾，是可以在人民群众根本利益一致性的基础上，团结一切可以团结的力量，用民主的、商量的方法来解决。就此而言，一个有机的基层社会治理共同体，需要吸纳各方面利益主体参与的、团结的共同体。它能够整合各种利益诉求，以社区公共利益为导向，在协调社区公共事务行动，及时化解社区公共问题中推动形成共建共治基层社会治理良好局面。

第五章　城市基层社会治理的内在动力：社区居委会的绩效驱动力

在城市基层社会治理中，社区居委会无疑是最为核心的行动者，也是构建基层社会治理共同体的组织者、推动者和实践者。从组织逻辑上看，长久以来，城市社区居委会实际上承担着双重角色，既是主导者也是执行者，既要办理本社区社会事务，又要落实上级政府职能部门及其派出机构交办的各类行政事务。执行上级政府任务和办理社区事务的实际结果，便是社区居委会的绩效。由此，绩效就成为社区居委会对上级政府"要求"和本社区"需求"的实际回应。进而，就社区居委会的行为逻辑而言，社区在城市基层社会治理中的行动表现，则可以通过相应的绩效管理来加以把控和驱动。城市基层政权力量对社区居委会的影响往往以绩效考核为依托，考核社区居委会在城市基层社会治理中的业绩，进而通过绩效后果的应用产生对社区居委会的激励。实际上，社区居委会的绩效驱力的构成及表现是伴随城市基层社会发展与基层组织建设而动态变化。本章，笔者将在考察 Y 社区居委会组织建设与社区治理方式变迁的基础上，分析社区居委会绩效考核转变对社区治理动力的建构性影响。应该说，绩效驱动的社区居委会治理行动逻辑既有城市社区建设的路径依赖，也有城市社区治理变迁的创新效应。

第一节　Y社区居委会的几次变动

作为城市基层社会治理的核心行动者，社区居民委员会本身是一个动态的开放系统，在不同时期、不同阶段、不同的居民群体中，社区居委会的工作内容、方式、载体和途径等都会有所不同。在本节，笔者通过历史回溯的方法，对 Y 社区居委会进行历时性把握。

一、社区初创时的居委会

历史地看，上海在城市基层组织建设中始终走在全国前列。早在新中国成立之初，上海就积极探索城市基层组织建设。而且，历史上"上海的社区建设具有明显的行政主导特征"[①]。上级党政部门通过自身的党组织系统及行政组织体系推进社区建设、为社区社会治理提供指导和支持。实际上，长期以来，城市社区治理发展在很大程度上体现为城市政府的强势主导及社区对政府的依赖。早在 1951 年 4 月，上海市政府和市政协委员会召开全市街道里弄代表会议，决定在上海基层建立居民委员会。在各级政府的强力推动下，截至 1952 年 12 月，上海全市共成立居民委员会三千八百多个，居民委员近五万人，全上海九城以上的里弄都成立了居委会组织。[②]当时的居委会主要任务是：办理有关居民的公共福利事项，向当地人民委员会或者其他派出机关反馈居民的意见，组织居民响应国家号召及遵纪守法，安排群众性安保工作，调解居民一般性矛盾纠纷。1954 年底，国家颁布《城市居民委员会组织条例》，整顿和规范全国各地城市居委会组织建设，而且该条例也是首次以法律形式明确城市居委会是"群众自治性的居民组织"。上海也据此进一步加强社区建设，特别是在组织建设上，上海在全市范围内要求居委会规范设置福利、治保、文教、卫生、调解五个工作委员会。新中国成立初期到 1958 年，居委会干部主要由居民直接选举产生，城市居民委员会是典型的自我教育、自我管理、自我服务和自治性群众组织。改革开放以后，国家重新恢复城市基层群众自治制度，城市居民委员会组织重获发展。而到 1989 年，《中华人民共和国城市居民委员会组织法》正式出台，城市居委会建设有了较为成熟的法律基础。自 20

---

① 孙荣,等.改革开放四十年上海城市社区治理的制度变迁研究[M].上海:复旦大学出版社,2019:94.

② 王邦佐,等.居委会与社区治理:城市社区居民委员会组织研究[M].上海:上海人民出版社,2003:4.

世纪90年代以来，伴随社会主义市场经济建设的全面启动，城市基层治理和组织建设也在不断改革。

Y社区居民委员会正是在变革中的20世纪90年代建立起来的。1995年3月，根据城区建设发展、人口动迁以及群众生活需要，经M区人民政府批准正式成立Y社区居民委员会。设立之初的Y社区居民委员会，无论硬件还是软件方面都还有很多不足，极大影响着社区居委会功能的发挥。在硬件方面，Y社区居民委员会办公用房比较紧缺，八九平方米的房间，要容纳五六个人办公，社区居民委员会办公场所拥挤不堪。虽然在社区居民委员会设立之初，M区Z镇给予了大力支持，在设施建设上也不断进行升级改造，但与大量的实际需求相比，Y社区所拥有的办公用房和活动用房仍然不够。在软件方面，由于编制身份问题以及工作性质问题，当时社区居民委员会的工作对年轻人的吸引力并不大，Y社区不少居民委员会工作人员年龄偏大，精力能力有限，难以应对越来越繁重的社区治理任务。同时，虽然1990年末上海市开始在全市范围内系统推进"两级政府、三级管理"体制改革，但总体上社区居民委员会体制仍处于初步建设阶段，一些具体的配套措施还有待进一步补充，这也在一定程度上制约了Y社区居民委员会的功能发挥。再加上，随着外来人口的大量流入、城市化进程的快速推进以及衍生的各类发展问题，使得Y社区居民委员会从开始设立就面临着严重的治理挑战和治理任务。

二、党的十八大以前的居委会

进入21世纪，伴随市场经济发展、中国加入世界贸易组织等一系列变革性的机会窗口的打开，城市经济发展迎来了新的发展机遇，城市化进程在带来巨大物质经济成就的同时，也衍生出更加复杂多变的利益关系和矛盾问题。社区是城市之基，城市发展中累积的各种矛盾、各种风险、各种思想、各种问题往往都会在社区汇聚，城市基层社会的急剧变化考验着社区居委会的能力和水平。应该说，在20世纪90年代末开启的"两级政府、三级管理、四级网络"改革努力下，城市基层社区居委会建设初见成效，社区两委班子基本成型并稳定。就 Y 社区而言，社区居委会的人员结构近年来较为稳定。2013 年走马上任的张书记在访谈中表示，"在我正式来任职之前，社区居委会干部有 7 人，包括 1 名党总支书记兼行政负责人、1 名社区副书记、3 名居委会委员、2 名社区工作者。"①但是，相对而言，社区治理制度体系建设远难跟得上城市基层社会的快速发展。无论是"两级政府、两级管理"还是"两级政府、三级管理、四级网络"，这一系列变革的目的在于，城市管理者希望通过制度变迁来驱使城市基层社会治理效能的提高。就此而言，城市社区居委会的组织建设还只是开始，更为重要的是，社区居委会怎样在城市基层社会治理中发挥应有的预期作用。

彼时，Y 社区居委会所呈现出来的样态，可以用笔者所访谈的一位已退休居委会干部的话来概括，就是"我们的一些居委会干部是'三无'干部：一无权力，二无财力，三无激情"②。这里的无权力，不是狭义上理解的不掌握行政权力，社区居委会本身是基层群众自治组织，法理上并不属于行政机关，也不拥有行政权力。权力在一般意义上是一种影响力，所谓的无权力，更多的是从社区居委会的影响力来讲，也就是社区居委会在基层社会治理中没有影响力、作用力，不能发挥应有的作用，也难以在社区群众中树立威信。无财力，指的是社区居委会本身所能动用的资源非常有限。通常，社区居委会的经费来源大体可以有三大块：一是来自上级政府的相关经费，如定期拨付给社区居委会的各类专项工作经费、表彰奖励社区的专用资金等；二是来自社区自身，如社区内一些设施经营性收入等；三是来自社区外部社会各界的赞助性的资金等。党的十八大以前，这个"沪上最烂小区"居委会在后两项上很难取得收入，糟糕的治理业绩也使得 Y 社区多年来所获上级表彰奖励少之又少，在整个 Z 镇 30 个社区居委会、9 个村委中排名垫底。在基层社会治理中既未能充分发挥预期的重要影响力和作用力，也没有足够的资源支撑建设和发展的情况下，Y 社区居

---

① 访谈编码：20201227ZJD.

② 访谈编码：20191221ZJR.

委会的基层社会治理工作难以有效展开，疲于应付社区居民的各种不满及上级政府部门施加的考核压力，Y社区居委会在基层社会治理中表现出被动应付的特征，居委会干事热情长期处于低迷状态、缺乏推进基层社会治理的自觉动力。一些社区居委会干部甚至出现抱着"破罐子破摔"的心态，任凭"沪上最烂小区"等居民不满怨言充耳不闻。此外，社区居委会全部工作的推进，书记（主任）一把手起着至关重要的作用。1995年Y社区成立时的第一任书记（主任）在2010年退休，接任的书记是一位"80后"的年轻女同志。但由于资历有限，在接任后其并没有树立起个人及组织较高的威信。这使得Y社区居委会一方面班子队伍因缺少强有力的核心领导而难以凝心聚力，影响社区居委会班子整体能力发挥；另一方面社区居委会在实际工作上，也由于缺乏统一指挥和协调领导而使得工作效率大打折扣，并进而影响到社区居委会的实际治理绩效。

总之，在功能发挥、资源支撑和治理动力等方面的交互影响下，一段时期以来，Y社区居委会的治理能力和水平处于较低状况，而Y社区的社会治理陷入一种难以解脱的恶性循环：Y社区治理问题多、负担重—Y社区居委会应对水平低、能力弱—Y社区居委会获得治理支持基础差、资源少—Y社区居委会社会治理热情减、动力乏—Y社区治理问题增多、负担加重。

三、党的十八大之后的居委会

如前所述，党的十八大以前，Y社区社会治理问题陷入恶性循环的怪圈之中，社区似乎是越治越乱，成为"沪上最烂社区"。社区居民普遍对社区居委会失去信心，因为在社区居民看来，作为社区主要治理主体的居委会难辞其咎，"居委会不行，社区治理就搞不好"①。一位退休社区居委会干部在访谈时表示："那时候，听到最多的一句话就是'Y社区终究搞

---

① 访谈编码：20201221LYQ.

不好了'。"①与此同时，党的十八大以后，中国特色社会主义进入了新时代。相应地，城市进入高质量发展阶段，城市居民对美好生活的需求也越来越高。社区作为城市居民生活的基础单元，其功能服务也在不断扩展，涉及社区居民生活服务、社区养老等公益服务，社区文化卫生体育服务等综合性内容。而随着社区公共生活的日趋活跃，社区治理事务的内容也不断丰富，包括社区公共秩序问题、社区环境问题、社区教育问题、社区卫生问题，以及其他与居民民生利益息息相关的公共问题。经济和社会的发展使居民公共生活空间日益扩展，使居民公共事务管理和公共资源配置的载体又回归社区。社区公共事务如何处理和执行的好坏，直接标志着社会发展水平的高低，直接地影响到社区居民的生活质量。各种社会经济因素和体制环境的变化，要求基层社区的力量不断发展，要求社区居委会加强民主自治的功能，要求在社区的层面上组织资源和开展公共事务。②在此背景下，有组织的高效基层社会治理成为各方的共同追求，而进一步加强城市基层社区居委会建设无疑是其中的一项核心抓手。党的十八大以后，国家治理迈入现代化新征程。作为国家治理基础的城市基层社会治理同样也在不断推进治理现代化，Y社区基层社会治理试点开始铺开。笔者通过查阅社区相关档案资料，可以发现Z镇政府对Y社区居委会进行了系统性的重组和优化。

一是调入强兵勇将，充实Y社区两委的治理力量。应该说，加强社区居委会建设，党的领导是根本保证，而选好"一把手"书记更是关键。Z镇政府按照"上管一级"原则，对全区村居党组织书记实行条件管理，明确村居党组织书记具体岗位条件，形成进编享编、退出、教育培训等制度文件。2013年从政府城市管理口调派张书记就任Y社区党委副书记（一年后任书记），强化典型引领，形成正面激励，推动社区居委会建设和发展。

二是从制度建设入手，深入推动Y社区居委会自我革命。首先，按照

---

① 访谈编码：20191221ZJR.

② 王邦佐,等.居委会与社区治理:城市社区居民委员会组织研究[M].上海:上海人民出版社,2003.385.

居委会选举制度和程序规定，广泛组织动员居村群众参与居委会选举，既让关心社区、热心社区治理事业的人能够进入到社区居委会，又能激发社区居民参与社区公共活动中来的热情。其次，加强考核、保障等制度建设，围绕新时代基层社会治理工作要求确立考核指标，让真正想干事、能干事的居委会成员能够真正意义上不断投入基层社会治理事务过程中。最后，强化监督管理。Z镇在全镇范围内创新提出"居务监督委员会"建设，要求在社区居委会会议上，各社区要安排居务监督委员会成员列席会议。而在社区重大事项的决定上，必须让居务监督委员会签署监督意见，从而保证监督管理能够落到实处。

三是鼓励社区居民委员会制定并根据组织章程开展自治。Z镇政府在总结过去经验教训的基础上，逐渐认识到城市基层社会治理工作中，社区居民委员会不能只是"政府的腿"，还要成为"居民的头"。为使社区居委会发挥应有的功能作用，Z镇政府尝试多方面赋予其更多的自主性。例如，研究制定了"Z镇居（村）委会依法协助行政事项清单"，建立行政事项准入把关机制，尽量减少上级政府对社区居委会工作的行政干预，充分尊重各社区意愿，鼓励各社区能够结合自身实际探索多样化的自治实现形式和途径。经过一系列的改革推动，Y社区居委会无论是精神上还是能力上都得到了整体提升，相关社区居委会成员在访谈中表示："当时我们两委一班子人心里就憋着一股劲，一定要把别人'难弄'的地方弄好，不辜负上级组织的重托、居民的期待。"①

第二节　社区治理方式转换后的居委会干部

党的十八大以来，党中央愈发重视基层社会治理，把脉基层社会发展，对新时代基层社会治理进行了一系列实事求是又富有远见的顶层设

---

① 访谈编码：20201022YJL.

计。城市基层社会治理理念和治理方式由此开启了新一轮的变革①，城市基层社会治理实践也随之发生了显著改变。城市社区治理理念和治理方式转换后，对社区居委会提出了新的要求和挑战。

一、从运动式治理到常态化治理

城市基层社会治理的方式有多种，就其持续性而言，可以区分为运动式治理和常态化治理两大类别。应该说，城市基层社区治理中既有运动式治理，也有一些日常的常态化治理。城市基层社会治理现代化的一个重要的基本意涵，在于通过制度来实现基层社会治理的常态化、有序化。但是，从社区治理公共问题的应对来看，长期以来，对于社区突出公共问题的治理，运动式治理无疑占据了社区居委会的更多资源和精力。城市基层社区运动式治理惯常的是自上而下的行政推动，往往具有较为明确且紧迫的问题及任务导向。其行为结果通常具有高效率、高机动性，从而也是政府推动工作的一种重要的工具。从动力角度看，社区运动式治理的缘由，并非基于法律法规，更多是缘于社区外部压力，特别是上级政府纵向治理的压力传递。事实上，长期以来，政府的社会治理中习惯上对"运动式治理"的偏好，也就是某种程度上陷入一种运动式治理的路径依赖。其背后既可能是政府出于短平快的政绩追求，也在一定程度上反映出常规性的社会治理能力的不足。当然，如果站在"国家与社会关系"的逻辑下考量，则还与基层社会传统的"强国家—弱社会"结构所决定。而且，在此背景下，社区在运动式治理的实际运作中，更多地扮演着"政府的腿"而非"居民的头"的角色。

如前文所述，党的十八大以前，Y社区居委会在治理实践中自治能力较弱，难以应对日益复杂的社区治理问题。在"强国家—弱社会"结构逻辑下，上级政府通过运动式治理能够在较短时间集中资源动员社区力量投

---

① 2012年党的十八大报告首次提出"社区治理"的理念，并明确部署了"在城乡社区治理、基层公共服务和公益事业中实行群众自我管理、自我服务、自我教育、自我监督"。

入预期治理行动中来，对于推动社区治理变革具有积极意义。实际上，2014年上海全市范围内开启的基层社会治理创新，一开始就具有较为明显的运动式治理特征。在2014年，上海市委把"创新社会治理、加强基层建设"列为一号调研课题，继而在2015、2016、2017年连续三年将这项工作列为上海市委重点推进和督查工作。在纵向国家治理压力驱动下，M区政府相应推出基层社会治理"三年行动计划"，而Z镇则在此基础上相应配套8个工作方案（即《关于发挥"三长"骨干作用，推动居村自治的工作方案》《关于发挥在职党员参与居村民自治作用的工作方案》《关于做实居民区自治金筹集使用项目的工作方案》《关于做实居民区议事平台建设项目的工作方案》《关于做实楼道自治建设项目的工作方案》《关于做实〈居民公约〉和〈村规民约〉项目的工作方案》《关于推进社区社会组织和社区群众活动团队建设的工作方案》《关于加强业委会建设的工作方案》）和1个考核指标体系（即《居村"睦邻家园"评估指标体系》）。

辩证地看，运动式社会治理并不绝对，在社会治理实践的运动式推动过程中，某种程度上也可能包含着不断的制度建设，会将其中的治理事项和治理规则不断固化，从而可能转变为常态化治理。总体上看，在上海市一号课题之后，全市基层社区治理变革是在一种运动式治理框架下展开（包括限定的时间、自上而下的行政推动、明确的政绩考核导向等特征）。随着改革的深入推进，在一号课题中鼓励和尊重基层首创的政策精神要求下，一些基层社区试点的较为有效而有特色的社会治理模式在经由各方确认后，往往被转化为一种持续坚持的做法，也便成为社区常态化治理模式。在这方面，Y社区无疑是其中的一个典型。自2013年试点"田园模式"及随后不断深化"田园模式"，最终形成一套既符合Y社区实际情况又能有效回应各方面社区社会治理需求的特色做法，后经上级政府确认及进一步的总结优化，最终Y社区收获了"七彩工作法"。这一工作方法以"田园模式"为基础，从平安小区协同治理拓展到社区治理"全领域"，将党建引领依法治理与社区治理"全方位"接驳，形成了"三位一体""四治融合""五要素合力"的社区治理的法治架构和运行机理，开拓了社区治理的新格局。

二、社区治理方式转换后的压力

如前所述，由于类似 Y 社区这样改革试点前治理问题复杂而自身治理能力、治理资源又较为羸弱的基层社区状况，政府在推进城市基层社会治理工作时更多是采取运动式治理的方式。党的十八大以来，上海市自上而下推动了新一轮城市基层社会治理创新。当然，起初也多是以一种运动式治理方式展开。但这一轮上海市城市基层社会治理创新在规划理念和顶层设计上表现出更多地系统性、长远性考量，改革不断深入并且不断固化成常规动作，也就是说运动式推动的社会治理创新正在转换为常态化治理。应该说，社区治理方式转换后，作为社区治理核心主体的社区居委会也面临着新的挑战和压力。

一方面，上级政府系统性地推动城市基层社会治理创新，意味着社区居委会也需要系统性地回应上级治理要求。事实上，在系统性社会治理任务的压力下，城市社区居委会不仅承担了传统上上级政府各个部门对应的治安、流动人口管理、意见收集反馈、社区环境卫生、扶贫助残、计划生育等大小事务上，而且还要承担一些协管任务，如协助政府部门募捐等，基层政府部门填表格、建档案、出具证明材料、代收费用等行政性工作也常常需要社区配合。

另一方面，随着城市基层社区的发展及社区治理目标综合性诉求的增加，以前社区居委会主要配合性地针对某项具体社会治理问题开展集中整治工作，而现在社区居委会需要对错综复杂且相互关联的社区治理问题进行主动的综合治理。由此，对城市基层社区居委会治理能力和水平提出了更多要求。被访社区居委会成员就表示："我们社区居委会原来的工作关注比较多的是我们自己的需要，没有关注到老百姓的需求。"①而社区居民对社区治理的不满，往往就会将矛头直接指向社区居委会。随着社区居委

---

① 访谈编码：20191101LJH.

会在基层社会治理中发挥的功能作用越来越突出，社区居委会被寄予的任务责任也变得更重了。

在新形势下，一些社区居民也逐渐养成"有事找社区"的习惯，一些可能并不是社区居委会权限范围内的事，在"居委会为居民服务"的逻辑下，社区居委会往往也会承接、帮忙。现实中，居委会工作条例在老百姓中知晓率还不够高，社区居委会在他们心目中似乎是可以包办一切的存在。在实践中，最凸显就是关于居委会出具证明的问题。众所周知，居民在办理贷款等事务时，往往相关机构会要求出具相关证明，开证明某种程度上也成为一项频繁的民生事项。盖章开证明需要依法依规进行，一般需要找对口的部门来出具。但是，对于普通民众而言，并不一定能够厘清对口关系，而最为直接的选择便是"有事找社区"。被访谈的一位社区居委会成员表示："其实很多居民的盖章事项处于'灰色地带'，但有些章不敲吧，老百姓不高兴，敲吧，自己也是心惊肉跳！"①比如，有居民想在房产证上加名字，需要结婚证，但是老夫妻两人结婚已经50多年了，结婚证丢失，便找到社区居委会开具结婚证明。但社区居委会是无法也没有权限开具结婚证明的，本着为社区居民服务的原则，Y社区居委会只好出面向相关民政部门联系，了解补办结婚证的相关手续，帮助居民解决困难。当然，偶尔出现少量的超出社区居委会工作服务范围的事项，社区居委会还能应付。但考虑到随着社区居委会工作在社区治理中前挺，社区在不断化解"居民事无小事"的同时，无形中也在不断增加着社区居委会工作负担和压力。

此外，伴随对城市基层建设和管理更加科学化、规范化的要求，城市社区居委会的工作内容里还包含了大量的资料管理工作。以Y社区为例，按照新的社会治理工作规范要求，Y社区居委会汇总了17个大类的工作台账，涉及党员教育、家庭教育、市民教育、科普、法治教育、计生工作、未成年人活动、敬老活动、组织宣传、文体活动、人口与流动人口、矛盾

---

① 访谈编码：2020527FLP.

纠纷排查、禁毒戒毒、志愿者、创全、条线活动、五联工作等具体活动，每项活动都按照台账表格形式的要求分类和记录，每个月都需要抽出专门的时间来整理和定时上报。笔者在访谈中了解到，社区居委会对改革普遍而直接的感受是，要求更多更全面，压力也就更大更明显。有被访的Y社区党总支副书记就表示："用一种流行的说法，就是搞社区工作，一要有大学生的水平，二要有外交家的口才，三要有消防员的速度，四要有装修工的力气，五要有宰相的肚量，六要有外科医生的细腻。"①套用一句话来说，现在的社区工作既要纵向到底，又要横向到边，而且斜线要到角。而被访对象Y社区张书记也表示："现在的形势大不同了，要求我们的居委会干部要具有较高的综合能力。"②

第三节 考核压力转变为治理的动力

如前所述，Y社区在新一轮城市基层社会治理创新中，迎来了系统性的变化。特别是，社区治理方式的系统性转换，给Y社区居委会带来了新的机遇和系统性挑战。Y社区居委会回应社区治理需求和挑战的实际结果，便是社区居委会的绩效。基于绩效考核的驱动逻辑，城市基层社会治理共同体中社区居委会的应然功能和实然行动的冲突得以整合。

一、考核标准的变化与居委会干部的应对

从社区治理的动力角度看，城市基层社会治理转型对社区居委会的影响，最直接的便是体现在绩效考核标准的变化。城市基层社会治理中对社区居委的绩效考核，顾名思义，就是依据预期社会治理目标及相应的标准对社区居委的实际工作结果进行考察和测评。其中的核心要素是考核标准和实际表现，简单来说，就是期望社区居委会做什么及社区居委会实际做

---

① 访谈编码：20201022YJL.

② 访谈编码：20201227ZJD.

了什么。

如前所述，传统上，城市社区居委会在基层社会治理中被更多地定位为上级政府的任务执行者和工作协助者，在社区治理中处于消极被动状态。在这种行政逻辑下，城市社区居委会的业绩考核更多从上级政府部门本位出发，考核社区居委会完成上级部署的业务情况。此外，传统意义上的考核，在内容上还表现出多变性甚至是临时性。例如，为了更好地落实某个纵向国家治理专项任务（创建任务、专项整治任务等），一些基层政府部门往往会围绕该专项任务来设计具体考核内容。由于相关专项任务往往具有临时性、突然性及快速见效的绩效要求，考核也就会相应临时调整、突然变动、力度加大。而上级政府对社区居委会的考核驱动也以行政事务为中心来设计考核指标，在一些重要事项上，上级政府还可能会采取"一票否决"的刚性指标来要求社区居委会工作。比如，维护社区安全的工作。一直以来，维护安全工作的基础在基层，也是上级政府重点考核内容。在重要敏感节点（如重大节假日、重大活动），维护安全工作更是上级关注和考核的重中之重，社区居委会往往需要投入更多的精力。对于 Y 社区而言，地处中国经济中心上海，重要敏感节点较多、较频繁出现，对基层维护安全的要求也会更高、更多。笔者在调研中曾就此问题对 Y 社区张书记进行过访谈，张书记表示："公共安全问题放在首位，我们各条线都要注意。百姓的所有问题尽快处理。不要让小问题引起大问题。""到了年底要考核，必须严肃面对这个问题。辛辛苦苦付出一年，在关键阶段不允许出任何事情。"当然，Y 社区也深知维护安全工作的复杂性，特别是 Y 社区人口构成较为多样，因此，对这一块的考核结果预期一直不高，"我们很务实，我经常跟他们讲，我们不用争取前三（即全镇排名），但是不能当末尾。"①

伴随着上海全市范围内城市基层社会治理创新的深入推进，以及 M 区 Z 镇对"田园模式"社区治理试点的升级发展，Y 社区面临的社会治理要

_____

① 访谈编码：20200912ZJD.

求也在发生着改变，对 Y 社区居委会而言，最为直接的感受便是对社区考核标准的变化。总体上，对社区居委会的考核发生了系统性变化，表现在考核内容、考核指标、考核方式、考核主体和考核后果等多方面。

首先，就考核内容和考核指标而言，新的考核趋向更加规范合理。Z 镇对各社区的考核主要分为社会管理、社区公共服务、党的建设、个性化工作四大类，并且赋予相应的权值分数（如表 5-1 所示）。以 2019 年的考核情况为例，社区考核内容中：社会管理方面（考核权重 33%），包括设置小区治理架构建设、平安小区建设、安全工作落实情况、网格化工作落实情况、自治平台建设、纠纷协调、信访维稳、无违建及场所管理长效机制等指标，由各考核牵头单位细化指标内容，制定评价细则并实施考核。社区公共服务方面（考核权重 27%），包括设置垃圾分类处理，美丽家园长效管理，水务工作落实情况、参与群众文化建设，参与邻里中心建设，团委、武装工作、双拥优抚，帮困救助，基层评议和约请制度，卫生健康，落实上级部门相关会议精神、制度，妇女、儿童、青少年权益保障，居务公开，老年活动室管理等指标，由各考核牵头单位细化指标内容，制定评价细则并实施考核。党的建设方面（考核权重 30%），包括设置基层党组织建设、创建全国文明城区、大调研常态化、党风廉政建设、五项会议落实情况、社区工作日志落实情况、自治队伍建设、宣传统战、财经制度等指标，由各考核牵头单位细化指标内容，制定评价细则并实施考核。个性化工作方面（考核权重 10%），这一块内容交由各居民区根据年度工作确定，预留了各社区治理创新考核的空间。

其次，就考核主体和形式而言，趋向更加全面综合。在 Z 镇的年度考核工作中，考核工作不仅是上级政府部门对社区居委会的考核，还增加了主要以社区居民为主体的绩效评价内容（如表 5-2 所示）。也就是结合 Z 镇社区的实际情况，按照"四议五评"方式对包括在职的居民小区党政班子成员及工作人员进行测评，"四议"即通过议学、议事、议职、议廉对干部进行综合考核。"五评"即通过党员测评、区域测评、支部互评、群众测评、党委考评对各单位、部门作出综合评价。应该说，这在一定程度上弥补了传统上对社区居委会绩效考核的"对上不对下"问题，能够更好地激发社区居委会服务社区居民的动力。

最后，在考核方式方法上，趋向更加科学准确。包括实行双百分制考核，绩效考核、绩效评价办法和实施细则按双百分制进行考核；设置禁止性指标（倒扣分），对严重违反党风廉政有关规定，发生严重安全责任事故、严重责任事件等情况的，设置禁止类考核指标，并实行倒扣分制度；开展满意度测评。在满意度测评的基础上综合考核成绩、评定考核等级，考核等级分为一、二、三档，评议情况纳入考核结果，并按档次与绩效考核奖挂钩。

表5-1 Z镇2019年居民区绩效考核工作分值表（100分）

考核类别	考核内容	分值	考核部门
社会管理 （33分）	小区治理架构建设 （指导、监督业委会、物业管理工作）	8	社区办、社区中心、房管办
	平安小区建设	6	综治办
	安全工作落实情况	6	安监所
	网格化工作落实情况	5	城市网格化综合管理中心
	自治平台建设	3	社区办、社区中心
	纠纷协调	2	司法所
	信访维稳	2	信访办
	无违建及场所管理长效机制	1	拆违办
社区服务 （27分）	垃圾分类处理	6	城市网格化综合管理中心
	美丽家园长效管理（红色物业等）	3	房管办
	水务工作落实情况（河长制、防台防汛等）	2	水务站
	参与群众文化建设	2	文体中心
	参与邻里中心建设	2	社区办、社区中心
	团委、武装工作、双拥优抚	2	团委、武装、社发办
	帮困救助	2	社发办、老龄委、社保中心、社区办、社区中心
	基层评议和约请制度	2	社发办、社区办、社区中心
	卫生健康	2	社发办（计生办）
	落实上级部门相关会议精神、制度	1	社区办、社区中心
	妇女、儿童、青少年权益保障	1	妇联、社发办
	居务公开	1	社区办、社区中心、社发办
	老年活动室管理	1	社区办、社区中心、老龄委
党的建设 （30分）	基层党组织建设	6	党群办（组织）、党建服务中心、居民区党委

续表

考核类别	考核内容	分值	考核部门
	创建全国文明城区（意识形态工作责任制、学习强国平台运用）	6	文明办、党群办（宣传）
	大调研常态化	3	党群办、居民区党委
	党风廉政建设	3	纪委、居民区党委、社区办、社区中心
	五项会议落实情况	3	居民区党委、社区办、社区中心
	社区工作日志落实情况	3	居民区党委、社区办、社区中心
	自治队伍建设	3	居民区党委、社区办、社区中心
	宣传统战	2	党群办（宣传）、社区办、社区中心
	财经制度	1	居民区党委、社区办、社区中心
个性化工作（10分）	小区重点、难点、特色工作	5	居民区党委、社区办、社区中心
	项目化党建工作	5	居民区党委、社区办、社区中心

表5-2　Z镇2019年居民区绩效评价分值表（100分）

考核项目	考核内容	分值	考核部门
四议（10分）	议学、议事、议职、议廉	10	居民区党委、社区办、社区中心
五评（90分）	支部互评	10	
	党员测评、群众测评、区域测评	40	
	党委考评	40	

二、压力变为了动力

在城市基层社会治理中，绩效考核往往扮演着"指挥棒"作用。对于Y社区居委会而言，考核标准的变化无疑带来了一系列新的显著压力。但压力并不等于负担，当考核标准能够回应城市基层社会治理需求、能够契合社区居委会职能定位、能够服务社区建设和发展，那么，考核的压力就可能变成社区居委会干事动力、服务动力、协调动力。可以说，在Y社区基层社会治理创新中，社区居委会应该做什么、怎么做、做得怎么样，正是通过这些系统的规范合理、全面综合、科学准确的绩效考核来影响和引导。

其一，考核压力变成干事动力。应该说，2013年试点改革以来，Y社区由"乱"到"治"的变迁过程，离不开社区居委会的扎实肯干。Y社居委会由过去的消极涣散状态转变成如今的热情干事状态，一个很重要的原因就是新的考核标准带来的激发力量。笔者在对Y社区居委会成员的访谈中也明显感受到干事热情，例如被访的Y社区居委会张书记表示，通过规范合理的考核，"大家都一样，每年有目标有个事做，混日子没意思"①。当然，对于他个人来说，不仅仅是体现在"刚性"考核上，还有上级领导的"柔性"考核。"镇里派我过来，对我的期望很高——就是要以事业为重，确实要放弃很多个人利益的东西。"②有被访社区居委会成员表示："以前，居委会左右是好人，现在永远冲在第一线。"③这种主观上的变化是过去所没有的，而带来改变的一个重要原因就是客观的考核指标的变动。也就是说，在传统的行政性考核框架下，社区居委会工作消极被动、回避问题，而在新的社区治理本位考核框架激励下，社区居委会工作更积极主动，积极化解问题，把问题矛盾化解在社区。而一旦在考核压力下完成指标任务，实现社区治理成效，从中获得的成就感又会进一步激发社区居委会干事热情。一位被访社区居委会成员，是一位退休人员，就表示："退休后来到居委会，每个月有2000多块钱。工作很累，但是越干越有责任感，就停不下来了。"④

其二，考核压力变成服务动力。与传统的过于注重各条线、自上而下的社区居委会考核显著不同之处在于，在Y社区居委会新的考核框架中，社区居民对社区居委会的测评占据着极大份额。这在一定程度上，要求社区居委会在社区治理中要积极面向社区居民，以社区居民为中心、服务社区居民。在Y社区，社区居民对社区居委会的测评无疑是"动真格"的。一方面，Y社区出台配套的测评方案，对社区居委会测评的程序、要求、条件、结果应用等作出细致规定（如图5-1所示），为测评提供制度保障。刚性的制度保障了测评的真实威力，一位被访的社区居委会成员就表示，

---

① 访谈编码：20200912ZJD.

② 访谈编码：20200912ZJD.

③ 访谈编码：20200613LJH.

④ 访谈编码：20200613LJH.

"接受老百姓的直接测评，我们感到压力还是挺大的。"①另一方面，注重社区居民在测评中的意见反馈，针对社区居民提出的问题及时改进。被访的一位社区居委会成员就表示："刚开始的时候，社区居民代表大会上，居民提了很多意见，梳理下来有一百多条。在分析问题的时候，不少干部觉得很委屈，你说工作没做吧，绝对是冤枉了。要说做得好吧，往往总好像缺那么一口气。工作缺一口气，社区百姓就有可能有怨气。"②实际上，一个良性的社区治理，就是在不断回应社区居民不满中不断改进社区居委会工作，不断深入推进社区治理良性发展。

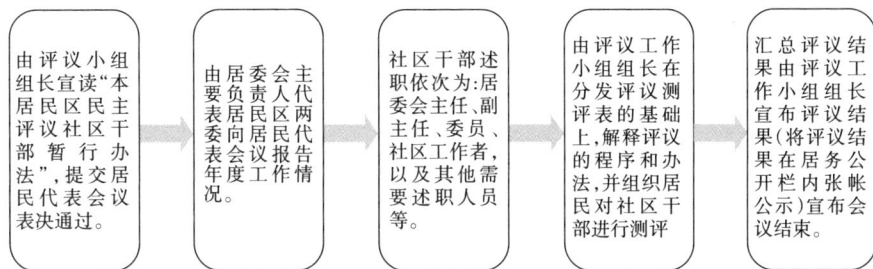

| 由评议小组组长宣读"本居民区民主评议社区干部暂行办法"，提交居民代表会议表决通过。 | 由居委会主要负责居民区两委向居民代表会议报告年度工作情况。 | 社区干部述职依次为：居委会主任、副主任、委员、社区工作者，以及其他需要述职人员等。 | 由评议工作小组组长在分发评议测评表的基础上，解释评议的程序和办法，并组织居民对社区干部进行测评 | 汇总评议结果由评议工作小组组长宣布评议结果（将评议结果在居务公开栏内张帐公示）宣布会议结束。 |

图5-1　Y社区居委会测评程序

其三，考核压力变成协调动力。客观而言，在新的系统性基层社会治理要求下，单靠社区居委会自身很难独立完成治理任务，达成治理预期。这就需要社区居委会协调多元主体，共同参与社区治理、分担治理压力。面对考核压力，Y社区居委会通过各种共治机制、平台建设，发动社区多元社会力量共同参与到社区治理中来。在参与共治的社会力量中，既有营利性组织——物业公司，也有非营利组织——社区团队。就社区物业而言，长期以来，Y社区物业管理陷入"物业管理差—居民不满—居民拒绝缴纳物业费—物业管理难以为继—物业管理差"的恶性循环。针对这种问题，Y社区居委会积极介入，化解物业公司与业主矛盾，协调物业公司管理。被访的一位居委会成员表示："我们和别的社区不太一样，一般社区

---

① 访谈编码：20200912DXQ.

② 访谈编码：20201022MJH.

是居委会抓好业委会就行了，业委会控制物业，而我们这里是居委会非常强势，不仅抓业委会，还抓物业，管的东西非常多，非常辛苦，但是确实有效。"①归纳来看，社区居委会协调物业管理工作，主要集中在两个方面：一方面帮助物业公司解决小区物业费收缴难的问题。由于以前物业遗留的一些问题，很多居民对物业服务不满意，就数年不交物业费，历年欠费使物业无法保证基本运行，服务质量自然跟不上，小区居民怨声载道，双方僵持，恶性循环。物业公司寻求社区居委会帮助，社区居委会帮助物业一边做居民工作，一边督促物业改善服务。在多管齐下的努力下，两年后，Y社区物业费收缴率从过去的不足60%达到了95%。2018年，仅停车费一项就入账180万元。而物业收到了钱马上回馈社区，投入一些智能管理设备，如进出口安装人脸识别系统等。对此，Y社区物业公司的工作人员表示："居民交物业费，我们搞好物业服务，明明是共赢的局面，以前搞不好，现在搞好起来了，和和气气的，关键还是社区居委会从中协调。"②另一方面督促物业公司提高物业服务品质，社区居委会共组织了由14名党小组组长组成的品质监督员队伍，组织协调，监督跟踪物业的服务。值得一提的是，在党建引领的精神要求下，Y社区在改革中还逐渐摸索出有特色的"红色物业"模式。对此，Y社区张书记感受颇深：

> 实际上，老百姓最关心的是我们社区里面的主力军——物业。以前，物业公司是游离于我们党组织之外的，现在通过"红色物业"模式，有的物业建立了党小组，后来又升格为党支部，第九党支部就是我们的物业公司。作为物业公司党支部书记，我可以有所作为。在老百姓的诉求上，比如绿化要赶快做好，物业公司要抓紧时间。以前业委会可以监督他，但也只能提建议，不被采纳也没办法。但是党支部现在可以管理这些，我们也可以借此对物业公司进行考核。③

---

① 访谈编码：20201022MJH.

② 访谈编码：20200623SJY.

③ 访谈编码：20201022ZJD.

就社区团队而言，Y社区居委会则以居民需求为导向，以九心俱乐部、银都艺苑、银都艺社等群众性团队为载体，在社区内形成居民"走出小家展风采，融入社区共进步"的良性互助循环，充分发挥社会主体参与共治。Y社区居委会主动推动社区社会组织发展的过程中，不仅通过多样化的社区团队满足居民多样性需求，同时也在不断吸纳居民参与、整合和培育社区社会力量。而在面对社区治理复杂任务中，Y社区就可以利用这些资源力量和关系网。例如在2020年以来的新冠疫情防控工作中，由于疫情防控任务的复杂性、艰巨性，社区居委会不得不发动各方面力量共同应对。其中，九心俱乐部等社区团队发挥了至关重要的作用。从社区居委会汇总的志愿者名单中可以看到，Y社区疫情防控志愿者绝大部分都是九心俱乐部（特别是以公益为主旨的益心俱乐部）成员，为社区疫情防控工作作出了巨大贡献。

总之，从实际情况来看，社区居委会的角色仍然具有二重性，也就是说，既是党执政的重要基础、城市基层社会管理的基石，需要协助上级政府做好社区的社会治理工作，又是城市基层社会的自治组织，需要具有足够的智慧、相应的能力及恰适的方法来不断推进城市基层社区自治共治。随着系统性基层社会治理改革的推进，城市基层社会治理状况不断改善，而城市基层社区治理能力也相应不断提升，某种程度上意味着"弱社会"在不断成长。而一旦传统的"强国家—弱社会"的结构发生了向"强国家—强社会"结构的演进，与之相对应地也就需要国家自上而下推动的运动式治理转变成由社会来自治共治甚至塑造国家。①无论是国家改变社会，还是社会塑造国家，在城市基层，社区居委会成为各种社会治理力量和各项社会治理事务交错的节点。而将社区居委会建设和社区社会治理创新发展紧密联结起来的，正是相应的绩效管理。科学合理的绩效考核设计，能

---

① 唐贤兴.政策工具的选择与政府的社会动员能力：对"运动式治理"的一个解释[J].学习与探索,2009(03):59-65.

够在回应城市基层社会治理需求、契合社区居委会职能定位、服务社区建设和发展之中，激发社区居委会在社区社会治理中的巨大潜能。可以说，在理想的社区社会治理共同体中，社区居委会的治理绩效不仅意味着社区居委会对上级政府"要求"的落实，也是对本社区"需求"的实际回应，更是出于社区社会治理共同体成员的行动自觉。

第六章　城市基层社会治理的辅助动力：
互联网技术进步与社区治理智能化

互联网技术在当今中国的普及化应用，[①]已经成为一个不争的事实。互联网在中国从1994年的接入到如今的普及化，用时30多年，快速跃进背后的重要支撑则是互联网技术的持续进步，甚至是迭代发展。历史地看，新技术的进步通常会带来显著的社会影响。对此，有学者指出："每每出现新技术，出现看待世界的新视角，人类的经济体制和社会结构便会发生深刻变革。"[②]实际上，马克思在一个多世纪前对技术与社会发展的关系就有着深刻的洞见："随着新生产力的获得，人们改变自己的生产方式，随着生产方式即谋生的方式的改变，人们也就会改变自己的一切社会关系。手推磨产生的是封建主的社会，蒸汽磨产生的是工业资本家的社会。"[③]所不同的是，今天的技术主角是互联网技术。互联网技术进步深刻改变和形塑当下社会诸领域，当然也包括社会治理领域。从社会动力学角度看，互联网技术所引发的系统性变化，本身也构成了基层社会治理的一种新型的社会政治环境，并对其形成技术性倒逼和技术性推动的双重作用，从而使得互联网技术成为当下城市基层社会治理的重要辅助性力量。[④]

实际上，观察近年来城市基层社会治理实践进程，可以看到，互联网技术在其中的应用越来越受到重视。党的十八届三中全会提出"创新社会

---

① 根据中国互联网络信息中心（CNNIC）第55次《中国互联网络发展状况统计报告》显示，我国网民规模从1997年的62万人增长至2024年的11.08亿人，互联网普及率达78.6%.

② 克劳斯·施瓦布.第四次工业革命:转型的力量[M].李菁,译,北京:中信出版社,2016:3.

③ 马克思恩格斯选集:第1卷[M].北京:人民出版社,1995:142.

④ 郝宇青.基层党组织建设的动力探析[J].江西师范大学学报:哲学社会科学版,2020（01）:18-24.

治理"的部署中，利用互联网技术创新社会治理是应有之义。2015年国务院出台《国务院关于积极推进"互联网+"行动的指导意见》，其中明确提出要充分利用互联网技术，特别是大数据技术，提升社会治理能力和水平。而在党的十九大报告中，中央顶层设计中更是紧扣互联网技术进步步伐，前瞻性部署以"智能化"推动社会治理创新。由此，社会治理包括城市基层社会治理创新进程中，与时俱进地利用互联网技术进步的成果就成为必然选择，甚至成为基层社会治理的一个重要考核指标。对于城市基层社区而言，互联网技术进步所引发的不仅仅是一场技术应用的改变，还意味着是一场通过技术赋能衍生出大量"互联网+"机会的城市基层社会治理革命。可以说，在互联网时代，城市社区治理主体只有关注、熟悉并善于驾驭互联网技术和方式，才能拥有更好的未来。

第一节　互联网技术与基层社会治理运用的可能性

从唯物史观角度看，互联网技术进步不仅驱动了社会生产力的发展，而且也冲击着社会生产和交往关系。就本书的研究议题而言，实际上在互联网技术普及化背景下，社会治理形态也被根本性地重塑，在社会治理的组织、过程与权力关系上，被互联网技术系统的内在逻辑所形塑。

一、互联网技术的进步与影响

（一）互联网技术的进步

就技术生命周期而言，互联网是人类通信技术进步的新兴产物，而且其本身还在不断迭代发展。互联网发展史的梳理可以从多个角度切入，考虑到本书聚焦研究互联网技术进步对社会治理的影响，笔者选择从互联网在社会应用载具及其社会卷入度来加以梳理，可以将互联网技术发展区分为个人电脑（personal computer）互联网时期、移动互联网时期和智能互联网时期三个阶段。

1. 个人电脑互联网时期

互联网历史可以追溯到20世纪50年代，起初是服务于军事用途。随着一系列互联网技术难题的突破，20世纪90年代互联网开始了大规模的扩张，从美国实验室走向全世界。这一波浪潮同样波及了改革开放进程中的中国，虽然中国接入国际互联网是在1994年，但发展极为迅速。据中国互联网络信息中心统计，互联网从1997年到2000年的短短3年时间，由最初的62万人激增到1690万人。

个人电脑互联网并不是专指，而是一种代指，用以简单描述传统互联网的特点。个人电脑互联网通常表示用户主要通过个人电脑端的互联网的技术、平台、运行模式和应用。其特点是终端设施的固定性、网络交往的匿名性、信息传递的非实时性及大屏幕等大体态运行设备等。虽然个人电脑互联网时代的联网设备、联网速度非常落后、远不如今日，但它却展现了惊人的吸引力。究其原因，无疑是互联网所提供的一种前所未有的广泛互联的体验。可以说，人类历史上，还没有哪一种通信工具能像互联网这样拉近人与人的传播距离。互联网正是通过其惊人的互联故事吸引着大量年轻人投入其中，正所谓万事开头难，今天人们所熟知且已习惯的网络生活方式，并不是突然的技术跃进生成，溯源则是从最初低级应用功能的个人电脑机联网开始。可见，20世纪90年代开启的个人电脑互联网时期，最显著的成功无疑是技术的认知普及和用户卷入。

2. 移动互联网时期

移动互联网是互联网与移动通信技术结合而成的一种新的联网模式和信息传递方式，相对于以台式计算机为代表的联网终端个人电脑互联网的位置定性，移动互联网的最大特点是网络终端设施的便捷性，并因此可以实现即时即地通信，从而使得联网各方拥有了较高的交互性。应该说，移动互联网是个人电脑互联网发展到一定程度的必然产物，它在技术的社会应用上客观回应了人们对更便捷更交互通信联网的需求。

中国的移动互联网萌发于21世纪初，技术上WAP（无线应用协议）的开发应用可以把互联网上HTML信息转换成WML信息而能够在移动电话上显示、交互。当然，由于受技术发展限制，移动交互速度、带宽较低，最初的移动互联网应用极为局限。标志性的节点是2009年，当时的工信部向三大运营商（中国移动、中国电信和中国联通）发放了第三代移动通信（3G）牌照。这意味着中国开启了3G移动互联网时代。4年后的2013年，工信部又向三大运营商发放了TD-LTE 4G牌照，更加快捷的4G移动网络大规模铺展开来。技术上的升级，带来实际应用的快速发展。如今，5G时代，中国移动互联网用户规模激增，相关移动互联应用数量也随之快速攀升，更大流量、更加实时、更多应用、更快传输、更好交互成为可能。

3.智能互联网时期

技术进步无止境，智能互联网是面向未来的互联网技术系统，它融合了人工智能、大数据、物联网、云计算等新兴技术应用，是互联网发展的最新形态。所谓智能互联网，是指智能互联网是基于物联网技术和智能平台等载体，在智能终端、客户端、云端服务之间进行海量信息采集、交互、分析、应用的智能化网络，具有高速运行、大数据分析和挖掘、智能感知及预测等综合能力。① 与前两代互联网不同的是，智能互联网更加注重虚实场景的塑造、更加突出数据开放共享、更加强调人机共处互动。相对而言，智能互联网对人类社会的影响及塑造将是颠覆性的。

智能互联网是互联网发展的趋势所向，著名的数据分析公司高德纳（Gartner Group）在2017年公布的未来重大科技发展趋势中，智能互联网是其中重要内容，而且"未来将是以智能为核心、通过数字化实现万物互联的时代"②。智能互联网时代的出现和快速发展，让"新型经济关系和社会关系迅速涌现，并对传统生产生活关系产生了很大程度的替代、覆盖甚至颠覆"③。当然，由于目前物联网水平还处于加快起步阶段，云计算、

---

① 史忠植,董明楷,蒋运承,盛秋戬,张海俊.智能互联网[J].计算机科学,2003(09):1-4+10.
② GARTNER. Lists Top 10 Strategic Technology Trends for 2017[EB/OL]. 2018-12-18. https://www.gartner.com/smarterwithgartner/gartners-top-10-technology-trends-2017/.
③ 马长山.智能互联网时代的法律变革[J].法学研究,2018(04):20-38.

大数据和人工智能技术研发还有很大拓展空间，智能互联网在当下的影响力还只是初显状态，伴随智能互联网的升级，发展，可以确信的是其对社会诸领域的变革性影响仍将不断深化。

（二）互联网技术进步的社会影响

互联网在我国经过二十多年的发展，已进入全方位、多层次、立体化、多模式的阶段，并正在成为现代社会新的信息基础设施。互联网技术对人类社会的巨大影响毋庸置疑，那么对于当代中国社会而言，又有什么样的影响呢？基于马克思主义唯物辩证法的思维考量，互联网技术作为一种"由人类的手所创造的人类头脑的器官"和"物化智力"，对当代中国社会的发展既是机遇也是挑战。

1.互联网技术进步对当代中国社会发展的机遇

互联网的概念是不断发展变化的，作为工具，互联网是一种虚拟现实（virtual reality）、信息传递迅捷（high-speed information transmission）、数据处理海量（mass data processing）和多样交互（multiple interactivity）的技术。[1]在互联网高速发展的今天，以个人为中心的交往模式已经从边缘走向主流。例如，在国外，近年来以推特网等（Twitter、Facebook、YouTube）为代表的互联网平台的快速发展，为人们打开了前所未有的互动空间；而在国内，微博、微信等为代表的互联网应用更是产生巨大的政治、经济与社会效能。总体上看，互联网技术对当代中国政治、经济、文化等各个社会领域都带来了巨大的机遇。

首先，互联网技术进步对当代中国经济发展的机遇。互联网技术的强大影响力直接表现在对经济的显著驱动作用上，今天，互联网技术甚至被视为经济发展中最活跃的元素。处于结构性转型的当代中国，互联网技术无疑为之注入了加速剂。为此，在《中共中央关于制定国民经济和社会发展第十三个五年规划的建议》中就专门强调，要"实施网络强国战略，加

---

① 唐庆鹏.网络协商民主的成长轨迹及障碍研究[J].当代世界与社会主义,2015(05): 159-164.

快构建高速、移动、安全、泛在的新一代信息基础设施"①。该文件还着重提到要推行"互联网+"行动计划、大力拓展网络经济空间。而在五年后党的十九届五中全会上，党中央根据互联网技术的新进步，与时俱进地提出"推动互联网、大数据、人工智能等同各产业深度融合，推动先进制造业集群发展，构建一批各具特色、优势互补、结构合理的战略性新兴产业增长引擎，培育新技术、新产品、新业态、新模式"②。确实，互联网技术在一定程度上有力促进了经济模式的创新，形成个性化定制的生产模式、快捷通达的货物流通模式、精准化商品分销模式，等等，在极致降低经济运行成本的同时，不断提高经济效率以及创造经济成长新空间。互联网技术进步所带来的新业态、新模式的发展，又促进了大量新兴企业快速崛起，以及引发社会个体经济生活方式的深刻转变。

其次，互联网技术进步对当代中国政治发展的机遇。从互联网历史看，互联网技术的产生本身是一种政治结果，而其发展又对政治产生深刻影响。而从全球政治发展看，伴随互联网技术进步，网络政治参与的内容不断深入。这主要是基于两个社会事实的判断：其一是几十年的社会转型与发展引发了公民价值观、意识形态新的嬗变，导致公民参与政治活动的意愿和能力不断增强。其二是网络媒介技术的大发展，为公民平等互动打开了一扇机会之窗。截至2019年底，中国已经形成一个由5亿微信用户、2.49亿微博用户和大量移动客户端共同建构的微空间。与此同时，政府积极入"微"，逾34万个政务微博微信正迈入功能深化期。微信、抖音等新兴网络媒介不仅仅是政治互动的传播工具，而且其本身已经成为政治互动的"现场"。

最后，互联网技术进步对当代中国文化发展的机遇。文化建设是社会发展的重要方面，与互联网技术的有机结合是必然的。互联网让文化越来

---

① 中共中央关于制定国民经济和社会发展第十三个五年规划的建议[R].北京:人民出版社,2015:11.

② 中共中央关于制定国民经济和社会发展第十四个五年规划和二〇三五年远景目标的建议[R].北京:人民出版社,2020:13.

越广泛便利地传递给更多的人，使得人们更容易，更快捷地获得文化资源和文化产品。而且，互联网同时也在促进了文化的新表现形式的兴起和文化知识的传播。实际上，在某种程度上，我们可以说互联网不仅是一项技术，而且是一种特殊的文化产物。近年来，互联网文化生活已经成为当下人们生活的日常和文化风尚。而且，互联网在成为改变人们文化生活的颠覆性技术的同时，也在不断改变文化行业格局并带来了文化产品组织生产和发行的新方式，由此也催生着一个不断膨胀的互联网文化市场。根据国家统计局的一项报告显示，2020年，"互联网+"文化产业逆势增长，全年营收达3万多亿元，比上一年度增长22%，占全部文化行业营收的份额超过1/3，并且趋势显示，增长还将继续提速。[①]例如，就电影产业而言，近年来网络电影受到追捧，"90后""00后"成为影视产业的重要受众群，而对于电影投资者来讲风险小、回报大。可见，互联网技术进步与文化的结合，不仅对文化领域产生了巨大影响，而且也创生出新的文化发展空间和机会。

2.互联网技术进步对当代中国社会发展的挑战

随着实践的发展，互联网技术本身的诸多衍生问题逐渐暴露，这也对当代中国社会发展带来诸多挑战，社会诸领域的风险始终存在，其中需要重点关注的至少包括以下三点：

第一，互联网技术对当代中国社会安全与稳定的挑战。互联网技术的快速发展，为人类营造出一个虚拟的社会空间——网络社会。但网络社会并不是理想国，随着实践的发展，网络社会本身的诸多问题逐渐暴露，对当代中国社会秩序带来严重挑战。习近平指出："没有网络安全就没有国家安全。"[②]由于互联网的这种安全风险不仅只是在宏观的国家安全层面，伴随互联网技术在诸领域的广泛应用，个人层面、社区治理层面的网络安

---

① 国家统计局.2020年全国规模以上文化及相关产业企业营业收入增长2.2%[EB/OL].2021-1-31.http://www.stats.gov.cn/tjsj/zxfb/202101/t20210129_1812934.html.

② 习近平.总体布局统筹各方创新发展 努力把我国建设成为网络强国[N].人民日报，2014-02-28.

全风险同样存在，这些都需要在实际应用中加以重视，做到应用、安全和发展一体化推进。

第二，互联网技术进步对当代中国国家治理的挑战。如前所述，互联网技术进步在带来巨大社会发展机遇的同时，也引发了一系列新的社会发展问题（例如网络诱致性突发公共事件的频发），从而对当代中国国家治理应对线上/线下复杂社会局面提出了新的要求。同时，作为国家治理的有机组成部分，互联网治理的好坏也是直接影响国家安全、经济发展与社会认同的重要因素。为此，在互联网深度嵌入到当代中国各行各业各个领域的情景下，加强互联网治理是推进国家治理现代化建设的应有之义、重要内容。

第三，互联网技术进步对当下国民的全面发展的挑战。在马克思看来，"人始终是主体"[①]，因而人的发展始终是当代中国社会发展的中心问题。互联网技术为人所用，其最终的目的也应该是服务于人的发展。近年来，在由互联网构建的新世界里，个人所读、所看、所听的控制力量越来越强大，但自由与发展可能也在受限，例如一些人在网络社会中所表现出来的非理性、无序性、极端化、暴力化、技术异化，等等。因此，互联网技术在推动中国社会全面进步的同时，反思人的全面发展问题就成为一个亟待破解的难题。在关于人的发展上，马克思的认识是科学的且具有指导意义的。马克思在《1844年经济学哲学手稿》中认为，人的发展与社会物质生产发展相关相随，主要由低级到高级、从不全面到全面体现为三大阶段："人的依赖关系"主导的初始阶段、"以物的依赖性为基础的人的独立性"为标志的第二阶段、"建立在个人全面发展和他们共同的生产能力成为他们的社会财富这一基础上的自由个性"最高阶段。从马克思的主张来看，实现这一波浪式前进和螺旋式上升过程的桥梁在于社会实践。互联网技术的进步，广泛而深刻地改变着人类的社会生产、生活及交往实践，人们在习惯于互联网实践的同时，对互联网的依赖性也日渐加深，导致互联

---

① 马克思.1844年经济学哲学手稿[M].北京：人民出版社,2000:91.

网技术应用可能走向异化一端，原本为人的发展服务的互联网技术，反过来可能演绎成为人围着互联网技术转（例如当下一些机构评价考核时网络打卡投票的泛化）的异化现象，而这也可能成为人自身全面发展的限制性因素。

二、互联网技术进步与Y社区基层社会治理的结合

互联网技术进步对社会诸领域产生全面而深刻的影响。在此背景下，为顺应互联网技术进步的趋势、响应国家治理现代化的要求，以及回应人民群众美好生活需要，近年来Y社区在推进基层社会治理创新过程中，主动对接新技术，将技术进步成果转化为社会治理效能。当然，互联网技术进步与Y社区基层社会治理的接榫，并不是一种简单跟风追逐潮，其背后有着深刻的技术、社会因素考量。也就是说，改革创新不是凭空而现，事物的发展往往有其内外在原因。特别需要指出的是，在笔者调研尾声之际，恰逢全球公共卫生事件暴发，从Y社区相关调研对象反馈的情况看，其后一段时期社区社会治理智能化发展进程呈加速状态。

第一，互联网技术进步的现实驱动。技术带来变革性社会影响的前提是技术本身的发展。实际上，互联网技术理念存在已久，并在20世纪五六十年代形成了互联网技术热潮。但是，很长时期以来，互联网技术并没有在社会生活及国家治理中得到广泛和有效应用。究其原因，主要是互联网技术发展并没有达到理论上的预期，技术的滞后发展限制了技术的应用。如今，互联网技术发展实现新的突破，特别是智能互联网时代的来临，人工智能在算法创新与处理大数据的可用性和经验相结合方面取得的发展，是智能互联网能够走向更广阔社会应用的最大技术原因。对此，有学者指出当前人工智能技术的突破性发展，"不仅仅是一场技术革命，更是一场决策革命和治理革命，它正在开启一个新的未知空间，可能带来一

场社会变革，特别是公共治理领域的变革与创新"①。由此，我们可以说，正是互联网技术的突破性发展，构成了Y社区推进社区社会治理智能化创新的现实动力源。

第二，社区社会治理现代化的必然趋势。在变化的时代，国家治理改革是常态。当前，我国改革的总目标是国家治理现代化。其中，社区社会治理现代化是国家治理现代化的重要组成部分，而且是最基础的构成部分，各种科技手段则是国家治理现代化的重要工具，社区社会治理现代化与互联网技术应用便具有内在契合性。社区是现代社会人们集中居住和生活交往场域，这不仅意味着社区是社会要素的汇集地，而且还意味着社区也是当代社会发展中各类风险矛盾的集聚点。随着我国现代化的快速发展，社区所集聚的风险矛盾也在不断递增。当前我们正处于极其重要的战略机遇期，但也处于极其危险的风险挑战期。各种社会风险矛盾从未像今天如此复杂和影响深远，而这也由此对社区社会治理提出了更多更高要求，社区社会治理现代化重要而紧迫。科技驱动社会，无论是个人电脑互联网、移动互联网还是智能互联网时代，互联网技术是驱动社会发展的基本科技力量，社区社会治理要变得更好，就必须不断推进现代化改革，就必须广泛利用先进的互联网技术来实现现代化目标。这样，社区社会治理现代化的目标要求，构成了当下Y社区推进社区社会治理智能化创新的直接动力源。

第三，提升居民获得感的内在要求。社区的主人永远是生活在其间的居民，全部城市的建设、管理和发展也必须立足居民的需求。由此，满足社区居民需求、提升居民获得感是社区社会治理主体存在的正当性基础。在互联网时代，人们追求美好生活的愿景愈发强烈，社区居民需求（当然也包括对高品质社区社会治理的需求）在不断扩大和发展，如何有效回应社区居民需求、提升社区居民获得感是摆在每一个社区经营管理者面前的

---

① 高奇琦，陈建林.大数据公共治理：思维、构成与操作化[J].人文杂志，2016(06):103-111.

重大挑战。这就客观上要求基层社区工作者能够有效回应居民各方面的需求，特别是在智能互联网时代，人们越来越习惯于通过各种智能化商业应用来满足自己的个性化需求。相应地，利用人工智能技术从理论上讲是可以帮助社区在社区社会治理中及时而精准地回应居民多样而复杂的公共需求，而且相比较传统社区社会治理模式，智能互联网技术支持的社区社会治理新模式将会做得更加高效、更加精细和更加智能化。总之，无论技术发展到何种程度，互联网技术始终是人创之物，其发展与应用的目的说到底是满足人的社会需要，由此，居民需求的满足及其获得感的提升也就构成了当前 Y 社区推进社区社会治理智能化创新的动力源。

第二节　Y 社区治理的智能化改造

一、社区治理智能化改造前的状况

改革从来都不是在没有任何前提和前期基础而凭空而生。实际上，Y 社区所属的上海市 M 区在本轮系统性的社区治理智能化改造之前，就已经在社区治理改革创新中积极接纳互联网技术。最初的探索起始于 20 世纪 90 年代。根据笔者对 M 区相关档案资料的查阅，最早在 1998 年，M 区就响应上海市提出的提高社区管理服务水平要求，加强改革建设，积极部署互联网技术在社区管理服务中的应用。典型标志是 1998 年 M 区响应上海市委、市政府的部署，建立了区级"上海社区服务网"管理中心。而在第二年，M 区实现与其他各市区的社区服务热线联网。进入 21 世纪，M 区探索社区治理的互联网技术嵌入步伐没有停止。为扩大社区信息服务网的影响与覆盖，重要的是要让居民接受、使用社区网络信息服务。在这方面，2001 年 M 区推动实施社区信息服务网推广工作。2003 年 M 区又开启保障市民居住安全启动实施"百万家庭网上行"计划，对 10 万社区居民进行信息化培训工作。政策目标群体对政策的认知和理解，是政策顺利运转的前提保障。应该说，M 区的这一系列推广、培训工作为后续社区治理信息化乃至智能化改造创造了社会条件。进入21世纪的第二个十年，特别是党的十八大以来，M区社区治理智能化改造迈入深化发展阶段。由过去追求覆盖面的量的追求，如今，M区社区治理智能化无疑更加注重高质量发展。仅以社区旅游信息服务为例，2012年M区在全区所有社区文化活动中心新建旅游信息服务点，为社区居民提供更加便捷互动的旅游信息服务，深受群众好评。对于Y社区而言，同样被M区社区治理智能化改造浪潮所席卷，在落实上级政府变革任务的过程中也在不断推进着Y社区治理智能化建设。

可见，M区社区治理智能化改造工作有着相当程度的积累，这为当下Y社区治理智能化改造奠定了基础。但是，技术发展和应用无止境，人民群众对高品质社区治理的需求无止境。Y社区既有的社区治理设施和模式仍然存在诸多局限，在新时代发展背景下社区治理问题被逐渐凸显出来。笔者在调研中了解到，在近年来开展的系统性的智能化改造前，Y社区基层社区治理智能化水平还不高，一些信息服务仍然停留在单向信息发布上。而且，Y社区自互联网兴起发展以来，社区治理引入互联网技术本身是缺少主动的系统规划，很多时候还只是被动的、局部性的、工具性的应用，而未能触及社区治理体制和机制变革上，所产生的技术社会效应有限。再加上社区两委工作人员对相关智能化设施的认知和使用水平有限，预期的社会治理智能化功能仍然未能充分发挥出来。

当然，从社区治理嵌入互联网技术的历史发展来看，由于缺少系统规划和制度性保障，一些互联网技术改造项目往往有被动执行或跟风行动的情形，这使得社区治理的技术变革创新的可持续性较弱。正是基于上述局限性，早年间，Y社区引入互联网技术改进社区治理的工作效果十分有限，即使推出一些诸如社区信息服务网等网络服务平台，但社区群众对技术带来的实际改变并不太认可，总体满意度偏低。当然，辩证地看，Y社区及其所在的M区较早开启的社区治理接纳互联网技术的探索，虽然成效有限，但积累的经验及资源却也为当下社区治理智能化改造奠定了基础；与此同时，前期有限的技术改造的不足和局限也构成了当下社区治理智能化的建设空间和努力指向。

二、社区治理的智能化改造

在互联网技术大发展的背景下，Y社区及其所在的M区很早就尝试利用互联网技术提升城市基层社会治理能力。近年来，Y社区及其所在的M区更是与时俱进，紧盯互联网技术发展的前沿应用，大力推进城市社区治理智能化改造。特别是党的十八大报告提出"提高社会管理科学化水平"以来，M区社区治理智能化改造的投入力度显著增大、推进的步伐明显加快，当然，改造的效果也逐渐显现。根据笔者实地调研情况，可以将这些社区治理智能化改造的做法及特点概括为以下三个方面：

一是以平台为核，长效提升社区治理能力。推动基层社区治理传统优势与互联网技术的高质量融合，已然是新时代城市社区治理创新的必然要求。Y社区所在的M区充分利用互联网智能技术的优势特征，加大社会治理智能平台建设的力度，不断促成数据归集、功能模块及移动平台的智能化，从而系统性提升社区治理智能化水平。值得一提的是，为进一步加强社会基层治理，提升社区服务精准度，建设美丽家园，全区范围内打造了一个社区治理智能化平台——"云邻里"。"云邻里"将社会治理与新媒体技术有效结合，在提升社区基层治理能级的同时，也为居村民反映问题、居村委工作人员解决问题提供新路径。"云邻里"是以党建为引领、以移动互联网为载体、以居村党组织为核心、以居村民为主体，实现精准服务和社区自治共治的平台，具有五大核心功能，即党建引领的阵地、精准服务的窗口、居民议事的平台、志愿公益的园地和培育骨干的摇篮，在"三个坚持"上下功夫，努力实现管理数字化、决策科学化、服务智能化，真正赋能新时代基层社区治理工作，推动基层社区治理全面进步、全面过硬。其特色表现在两大方面：一方面是智能化社会治理功能模块。从新时代基层社会治理核心事务需求出发，配置五大类别功能模块，分别是"班长工程"模块、区域党建模块、阵地建设模块以及服务中心等，并在每个大类别下又设有相应的子功能模块。同时，构建起社区治理预警监测系统，及时感知、上报、传递、分析可能的社区风险信息，从而让服务于社区治理的精准化、智能化。另一方面是智能化社会治理移动平台。根据当今使用互联网的实际情况，Y社区所在的M区将"云邻里"延伸到移动客户端，方便社区管理者及社区群众掌上应用，推动实现便捷、实时、高效社区治理互动。基层群众可以很方便地在线办事，进行业务查询和办理、自动排队叫号等，能够让社区民众获得更加精准且有温情的智能化服务。对此，笔者访谈的Y社区张书记就表示："我们社区对高科技产品还要有一个熟悉适应的过程，虽然有很多居民不会使用，包括我们的一些社区干部实际上也不太会应用。但这是长远发展的事，肯定是将来的趋势，提早推进是好的。"①

二是以基础为本，实现治理数字化。就Y社区所在的M区而言，重视社区治理工作的基层、基础、基本，各级基层组织对社区治理数据的采集与汇聚，从基础、规范、过程出发，把社区治理连到网上、建在云端。第一，突出归集整合，确保数据安全。互联网时代，社会治理智能化的基础是要有充分、准确、实时的大数据支撑。没有数据支撑，社区治理智能化改造就会无源之水、无本之木，根基不牢则难以持续运行下去。在这方面，Y社区所在的M区加强基础层面的社会治理数据建设和管理，坚持"用数据说话、用数据管理、用数据决策"的大数据理念和原则，加快建设三级联动、领域互通的数据收集和传输网络，建成了拥有超过百万条社会治理数据的"云邻里"大数据库，为社区治理大数据分析及社会治理决策应用提供了坚实的基础支撑和前提条件。第二，突出基础管理，确保数据实。通过对社区一线数据的收集、分析、处理，实时可靠的数据流串联起社区治理工作流程，推动城市社区治理工作往实处走，重心向基层移。依托"云邻里"社区治理智能化平台，M区建立社区治理信息库，打破平台壁垒，定期传输数据，确保基础数据动态调整、实时同步，真正实现对全区覆盖的有效治理。第三，突出过程管理，确保痕迹清。M区在进行社

---

① 访谈编码：20201022ZJD.

区治理智能化改造中注重进行过程式管理，着力加强队伍建设。对每一件交办事项，实行定点定向跟单式处理，并能责任到人、追溯责任到具体环节。

三是以体验为先，实现服务精准化。社区治理智能化不仅体现在对人民群众面临社会问题的精细之治，而且还体现在对人民群众和社会所需的精准服务上。近年来，Y社区所在的M区充分把握移动互联的趋势，将功能从"网上"向"掌上"延伸拓展，基于数据共享和开放，突出用户体验，打造了"云邻里"智能平台，实现了"数据多跑路，群众少跑腿"，提高社区服务成效。其中的典型做法主要有：一是便捷管理一键可行。为了更好地服务于基层社区进行在线治理，打通了"前台服务+后台管理"两个平台传输渠道，全面实现互联互通。为进一步加强资源和需求的匹配度，形成"互利共赢"的局面，依托社区治理三张清单模块，积极推行两级自动匹配机制，由街镇进行初次匹配，区级进行二次匹配，共形成实际应用项目1264个，切实提高资源利用实效。同时，对项目从立项、推进、完成等进展情况进行实时动态跟踪督办，通过对项目状态的跟踪式管理，确保项目落地见效。二是业务咨询一键可答。依托M区"云邻里"平台，社区工作者和社区群众都能够更便捷地获取政策和业务信息，通过政策文件功能，提供中央、市委、区委三级文件一键下载，目前已上传可公开的文件150余份，有效解决了群众要政策文件没有出处的问题。此外，还开通社区热线功能，社区群众一键连线区社区综治中心，接受权威业务答复。三是社区服务一键可享。为了践行"打通'最后一公里'、社区服务在身边"的理念，拓宽社区服务渠道，创新社区服务方式，切实提升人民群众的获得感。通过线上社区服务功能，向社区群众开放共享不同区域不同类型的政务服务，并且依托智能算法，能够根据个人喜好和个性化需求进行精准化关注、预约和推送，随时收藏分享，有效解决了"社区服务一刀切"的窘况，确保社区服务高质可达。

三、智能化改造后的社区治理

经过一系列的智能化改造，在 M 区的整体推进下，Y 社区治理智能化工作相应地取得了长足进步，极大解决了社区治理的难点痛点问题，显著提高了社区治理能力和水平。根据笔者的实地调查，可以将智能化改造后的社区治理状况归纳如下：

一是社区治理基础不断夯实。社区治理智能化的实现离不开扎实的软硬件基础资源支撑。在硬的基础方面，Y 社区在上级政府的统一部署下，加强智能化基础设施建设，例如通过智能物联，将社区 502 个视频监控探头、各种传感器网络及宽带网络互联，加强社区的智慧安保和消防、垃圾回收清运、车辆出入管理、社区应急车道管理、日常设备检修与维护、环境监测端口等智能化设施的建设优化。而在软的基础方面，最为核心的无疑是社区治理智能化相关制度规范的建设。社区治理智能化不仅仅是一个技术问题，更是一个社会问题、政治问题。社区治理智能化表面上看是一系列智能技术嵌入和变革，而内在里则是智能化治理的制度变迁。在这方面，除了党中央、国务院的顶层设计和上海市委、市政府的统一部署，M区结合自身实际情况关于社区治理智能化的制度成果也较为丰硕，先后出台了《M 区智慧社区建设规划》《贯彻落实〈关于加强本区城市管理精细化工作的实施意见〉三年行动计划（2018—2020 年）》《M 区推动新一代人工智能产业发展的实施意见》，等等，一系列的政策措施为 M 区社区治理智能化改造奠定了厚实的制度基础。此外，还注重激活存量制度功能，自 2018 年起加大了社区治理智能化建设的规划统筹，从基层社会治理的实际需求出发，重点围绕既紧密相关又相对独立的两个领域——城市精细化管理、社区自治共治来进行深度建设和整合制度资源。

二是社区治理不断深化。社区治理智能化改造的重要标志是对社区治理对象数据归集和研判能力的提升，正是新的智能化数据收集和分析技术被应用于社区治理过程，使得社区治理能够及时、深入察知社区潜在风险和可能的矛盾点，真正意义上实现社区治理重心前移。就 Y 社区而言，经由社区治理智能化改造，小区在社区治理水平显著提高，对一些社会治安问题苗头能够早察知、早预防，社区治安环境明显改变，2015年Y社区的入室盗窃案发数是185起，2016年93起，2017年15起，2018年6起，2019年4起，过去5年里锐减99%。可以说，Y社区在上级政府的统一部署下，各个条线扎实推进智能化建设，把智能技术融入基层社区治理设施建设，坚持一切围着基层想、一切围着基础干，社区治理纵深成效极为显著。

三是社区治理有效性不断增强。有效性是衡量社区治理能力和水平的核心指标，从而也是评价社区治理智能化改造成效的重要标尺。社区治理有效性一般是指社区解决本区域内社会问题、提升社区服务效益的实际结果状况。总体上看，M区通过社区治理智能化改造，社区无论是在突发应急行动还是日常管理工作上的能力和作用得到显著提升。例如，在2019年社区"五违四必"大整顿行动中，Y社区圆满完成既定任务并通过上级政府的严格检验。在M区推进的"三个美丽"建设中，Y社区顺利完成本社区的美丽街区创建任务。在服务保障上海进博会行动中，Y社区依托已有的治理平台，大力开展"进博五彩先锋行动"20多轮次，动员党员志愿者近100名，并吸引了近千人次社区居民的积极参与。当然，Y社区治理所取得的一系列成就背后，有多个方面的因素发挥着积极作用。比较看来，在短短的几年间能够发生如此显著的改变和进步，社区治理创新特别是社区治理智能化创新功不可没。可以说，成绩单背后反映了社区治理创新的成效，反映了社区治理智能化的有效性。

第三节　社区治理智能化的作用及局限

一、社区治理智能化的力量

为什么要进行社区治理智能化改造？社区治理智能化改造究竟能给基层社区治理带来什么样的改变和提高？对这些问题的回答，实际上就是落脚于社区治理智能化的力量分析。根据笔者对 Y 社区治理智能化改造实际成效的观察，可以将社区治理智能化的力量归纳为以下四个方面：

（一）强化基层组织力

党的十九大报告指出："党的基层组织是确保党的路线方针政策和决策部署贯彻落实的基础。要以提升组织力为重点，突出政治功能，把企业、农村、机关、学校、科研院所、街道社区、社会组织等基层党组织建设成为宣传党的主张、贯彻党的决定、领导基层治理、团结动员群众、推动改革发展的坚强战斗堡垒。"[①]组织力的提升是一项系统工程，其中，通过智能化技术嵌入基层社区组织建设，对于基层组织力的提升无疑是一条可行且有效的新路。在社区治理智能化改造中，重点工作无疑是推动基层党建传统优势与互联网信息技术融合，这不仅是社区治理智能化的核心内容，而且已经成为新形势下党建工作的基本要求。通过智能化改造，基层组织在突发事件应急管理以及社区公共事务常态化治理等方面的作用都得到切实提升。成绩背后反映的是组织力提升，其中，社区治理智能化改造功不可没，发挥了重要的支持作用。

（二）增强群众自治力

社会主义国家的城市社区是人民的社区，需要人民群众参与进来，形成共建共治共享社会治理格局，才能更好地建设社区、发展社区。应该说，任何社区治理改造，都不能脱离社区群众。从唯物史观的角度看，城市社区只有真正发动起居民、真正发挥人民群众在社区治理中的主体性作用，社区治理才能长效可持续，社区才能真正意义上发展进步。实践中，在 Y 区社区治理智能化改造过程中，利用新技术赋能群众自治既是其改造的重要内容，也是其改造的重要目标。笔者在调研中注意到，近年来 Y 社区的上级政府推行"互联网+群防群治"工作，深入推进"雪亮工程"建设，尤其是加快"雪亮社区"建设，依托 M 区"云邻里"平台，立足网格

---

① 习近平.决胜全面建成小康社会 夺取新时代中国特色社会主义伟大胜利:在中国共产党第十九次全国代表大会上的报告[R].北京:人民出版社,2017:65.

化服务管理平台和社区综治中心，构建信息化便民服务网络，不断提升社区群众自治的智能化水平，打造"智慧自治，切实赋能社区群众参与社区建设和社区治理"，取得了非常好的成效。例如2018年，Y社区入选M区首批24个"青春社区"，利用互联网技术的动员协调和辅助支持，一大批社区青年走上志愿服务社区治理的道路，自觉为社区建设共治共建共享社会治理格局贡献个人力量。

（三）提高社区服务力

社区治理智能化改造最终是为了更好地服务社区，为社区民众提供更便捷更高质量的社区服务。通过社区治理智能化改造，Y社区服务能力和水平显著提高。以社区物业服务为例，物业服务关系千家万户，关乎社区群众切身利益，大多数社区矛盾的根源在于业委会和物业服务企业。Y社区配合M区智慧物业建设工程，近年来充分运用互联网技术，打造智慧物业监督平台，在区级层面统一汇总"物业服务直通车"，实现了居民手机"一键报警"的全天候服务监督网格，对物业服务事项满意度进行了实时排名。而Y社区所在Z镇积极研发和创新信息平台，更是较早开发线上"邻里云"，成为监督评价物业服务质量的重要平台。大力落实"四个一"行业窗口标准化建设（即立好一个门岗、明净一个窗口、扮亮一支队伍、公示一块牌子），全面提升物业企业整体形象，目前小区"四个一"标准化建设达标率100%。此外，注重第三方资源应用，引入专业社会组织开展物业费评估、工程项目审价、维修资金代理记账、群众满意度测评等项目来助力物业行业监管，如Y社区在2019年就实施了"代理记账"。智能化改造以提升物业服务能力只是社区治理智能化改造的一个缩影，总体上看，正是通过社区治理智能化改造，Y社区不仅改进了社区治理状况，更是直接和间接提升了社区服务能力。

（四）提升治理创新力

应该说，社区治理智能化改造本身就是一种治理创新，与传统社区治理方式相比，社区治理智能化更加精准、精细，并且更具灵活性和个性化。社区治理智能化改造实际上就是技术赋能基层社区治理，所打造的是一个智能化的新型社区治理场景。社区治理智能化在提升社区治理创新力上首先是使得基层社区能够更智敏地感知社区信息。信息是治理决策的前提和基础，基层社会治理举措是否得当、是否真正契合居民需求，离不开其全面而准确的对象信息支撑。通过社区治理智能化改造，依托新建的"云邻里"平台，社区治理主体能够动态化收集相关治理数据，做到足不出户就能敏锐感知社区运转态势，为更有效迅捷回应社区治理需求提供了基础。其次是使得基层社区能够更智能处理社区治理数据。从技术应用的角度看，社区治理创新的一个核心表现即智能数据处理的创新。通过智能化改造，社区借助相应的智能应用工具，能够对社区治理中的数据信息进行专业研判，将社区信息转换为治理决策和治理行动的知识依据，技术赋能社区治理主体、推进社会治理创新发展。再次是使得基层社区能够更智慧供给服务。Y社区以社区居民为中心，通过社区治理智能化改造，创新"线上订制"和"线下直达"的社区服务供给模式，让居民获得及时、有效的信息和个性化精准服务。

综上所述，现代社会对互联网的依赖程度越高，互联网技术与社会治理的相关性就会越紧密。就此而言，Y社区所启动的社区治理智能化改造实乃应时而动、顺势而为，互联网技术在社区治理中的辅助力量还将伴随技术的不断嵌入而愈发显著。过去的几十年中，互联网技术进步带来社会飞速发展的同时也衍生出新的社会治理问题并建构了新的社会治理环境，而在当下，互联网技术的社会推动力量又直指社会治理系统本身的形塑。可以说，在现如今互联网技术进步的时代大潮下，现代城市社区治理主体需要而且能够将互联网技术进步的优势转化为基层社会治理的实际效能。

二、社区治理智能化的局限

基于唯物主义思维，看待新事物发展，我们需要坚持两点论。也就是说，我们要看到社区治理智能化改造中的积极成果和功能优势，也要能发现社区治理智能化存在不足与局限。

（一）社区治理智能化的数据壁垒

总体上看，当前城市社区治理智能化还处于初级水平。虽然上海市在社会治理智能化建设上一直走在全国前列（其所推行的"一网统管，一网通办"已经成为一张名片），但距离高水平的智能化治理的预期仍然还有差距，而在基层社区，这种差距就更为突出。其中，最为突出的就是数据问题。归纳来看，主要表现在三个方面：一是社区治理智能化数据质量参差不齐。一些系统的数据存在错输、漏输、迟输等情况，数据质量不高，难以满足社会治理智能化所需。二是社区治理智能化数据主动共享不够。治理的数据分散在一个个信息孤岛里彼此独立，因数据标准、格式等不同形成数据壁垒不能共享。数据的价值在于应用，而应用的关键在于数据开放共享。目前来看，Y社区所在的Z镇乃至M区跨部门、跨行业的数据资源共享尚未形成，公共信息资源开放程度不高，数据资源的价值、红利尚未得到充分挖掘和释放，导致在社区层面的数据共享水平仍然处于低位状态。三是社区治理智能化数据应用偏传统，不少还停留在数据收集和统计报表层面，缺乏深度数据分析应用和智能化管理等举措跟进，数据的价值未能很好地转化为社区治理效能。

（二）社区治理智能化的能力危机

从Y社区的实际情况来看，目前社区的各个条线由于缺少统筹的系统支持，大部分工作仍然习惯于人工操作，缺少管理方法上的创新及对于新型智能化工具的应用实践，工作准确率和效率还未能实质性达到现代社区治理智能化的要求。社区各个条线的管理人员、工作人员亟须加强对于社区治理智能化相关理念、方法和工具载体的培训、学习和实践。而在社区治理智能化设施的运行上，由于缺乏专业的运维管理团队，很多智能化应用设施的设计功能难以在实践中充分实现。这使得依靠现有社区工作力量难以支撑各类智能化管理事项，特别是在智能应用技术本身还在不断迭代发展的趋势下，技术赋能社区治理主体的预期目标无疑面临较大挑战。

社区治理智能化是将先进管理理念通过新一代智能技术手段实现的一个过程，而当前社区管理人员对于智能技术缺乏基础和认识，基层对社区治理智能化的认知不足，有"不好用、不会用"的担忧和问题；同时，开展各项智能化系统建设实施的供应商对于社区治理智能化理念缺乏研究，导致在工作开展、系统开发与实施过程中出现衔接上的各种问题。亟须加强管理和技术跨界人才的培养和输入，平衡业务需求梳理与技术功能实现。

（三）社区治理智能化的内卷困境

内卷（involution）的概念可以追溯到拉丁语的"involutum"，起初的含义是"转或卷起来"，是指"一种缠绕着的、复杂而混乱的事物"。1963年，美国人类学家克利福德·盖尔茨（Clifford Geertz）在《农业的内卷化：印度尼西亚的生态变迁》（*Agricultural Involution: The Processes of Ecological Change in Indonesia*）一书中首次运用了"内卷化"这个概念来探讨社会科学问题。就其在社会科学中应用来看，内卷化"描述的实际上都是一种不理想的变革（演化）形态，亦即没有实际发展（或效益提高）的变革和增长"①。据此，社区治理智能化的内卷困境就可以表述为：虽然新的社区治理智能化要素已经出现，但社区治理模式变革真正要指向的治理属性及其运行机能等并未有实质性转变，甚至在一定程度上，原有的社区治理属性还得到了加强。根据笔者对M区的调查，社区治理智能化的内卷困境主要表现在几个方面，一是社区治理智能化建设存在低水平重复问题。智能化是一个不断迭代发展的过程，需要不断更新软硬件智能设施，但是目前从社区看来，虽然治理智能化已经是大势所趋，但真正保持持续性更新甚至迭代更新的不多且滞后，造成的一个后果是，对社区居民体验来说，机械的、尚未完全智能化的服务很难令人满意。二是在如火如荼的社区治理智能化建设热潮中，不少社区出现了盲目投入、乱贴智能标签、投入产出率低下等诸多问题。有些社区在建设智慧社区、推动社区治理智能化方面仍然是粗放式的，一些带有基础设施方面的投资也被划入智慧社

---

① 何艳玲,蔡禾.中国城市基层自治组织的"内卷化"及其成因[J].中山大学学报:社会科学版,2005(05):104-109.

区的规划下，存在浪费和盲目是客观情况。三是缺乏顶层规划和统筹协调。由于社区治理智能化需要涉及多部门统一平台搭建，其运营也需要管理的长效机制和配套政策和法律，如果缺乏统一标准和规划，社区治理智能化建设就难免陷入重复建设、商业化难突破的局面，最终也将难以实现预期目标。

（四）社区治理智能化的成本包袱

社区治理智能化建设有利于提升社区治理能力和社区服务水平，但在追求社区治理智能化目标的过程中并不是不计成本。相反，成本问题是任何管理都不能绕开的基本问题，基层社区治理在关注产出的同时，还必须权衡成本问题。社区治理智能化的成本主要发生在两个环节：一是社区治理智能化建设环节，也就是作为基层治理创新的一个项目，从立项到建设所发生的费用。从目前来看，在全国的基层社会治理智能化浪潮下，不少基层出现跟风投入的情况，不考虑本地实际需求和自身财政状况，容易造成诸多浪费问题。二是社区治理智能化的运维环节，也就是社区治理智能化运行需要持续维护、保障、更新，这些都需要源源不断的财政、技术资源投入。但是高强度的社区治理智能化运维服务以及高水平的运维人员缺乏等因素，导致社区治理智能化运维成本高问题日渐凸显。根据笔者对 M 区社区治理智能化的调查，目前因社区治理智能化运维成本过高导致系统无人管理维护、无力更新升级，出现"建而不管"的现象，最终使得社区治理智能化建设背离预期效果的案例并不鲜见。在 Y 社区，也出现类似的一些情况。应该说，对于基层社区而言，社区治理智能化建设是一项投入很大的工程，如果不能有效运维管理，不仅不利于今后治理目标的实现，而且对于前期资源投入而言也是一种浪费。因此，如何保证后续资金能持续跟进，无疑将严峻考验着基层政府及社区对项目的管理运营能力。

三、社区治理智能化的反思

Y 社区通过推进社区治理智能化改造，以智能化解决了基层社区治理工作中存在的管理、决策和服务问题，不仅提升了基层社区治理能力，更是提升了基层的向心力和凝聚力，充分发挥了智能治理的"催化剂"作用。笔者通过深入调查和系统思考，将其中的一些经验启示总结如下。

其一，整合各种资源的新平台是社区治理智能化的重要优势，应当充分利用。党的十八大以来，党中央高度重视互联网技术在国家治理中的应用，习近平指出，要"提高用网治网水平，使互联网这个最大变量变成事业发展的最大增量"①。实践表明，社区治理智能化是"互联网+"、大数据、云技术在社会治理领域掀起的一场智慧革命，是信息技术在社区工作中的创新应用。Y社区依托M区的统一部署建设的"云邻里"模式，实现大数据和电脑屏、指挥屏、手机屏全面整合，运用M区建成的集管理服务、分析决策、咨询问政、教育培训、宣传展示、组织活动等功能于一体的社区治理综合平台，让社区治理的触角深入群众、服务群众。

其二，顺应广大社区群众的新期待是社区治理智能化改造的突出特点，应当顺势而为。应该说，互联网是传播人类优秀文化、弘扬正能量的重要载体，同样，互联网也是做好社区治理工作的重要载体。实践表明，互联网技术具有智能高效、集约共享、开放便捷等特点，从而为社区治理工作提供了新手段、新方法、新工具，为基层社区建设和治理插上了"信息化的翅膀"。Y社区主动适应时代发展潮流，积极运用M区线上新平台，让信息化网络为社区治理服务，解开了基层社区治理中的许多难点死结，有效地回应和满足了广大人民群众对社区治理工作的需求。

其三，构建长效运行的新机制是社区治理智能化的关键环节，应当着力建设。习近平指出，互联网是我们面临的最大变量，要"提高用网治网水平，使互联网这个最大变量变成事业发展的最大增量"②。实践表明，城市社区治理智能化是一项宏伟浩大的工程，既不能一劳永逸，也不能一蹴而就，必须根据时代的变迁和技术的革新进行经常性的维护。Y社区紧

---

① 习近平.举旗帜聚民心育新人兴文化展形象 更好完成新形势下宣传思想工作使命任务[N].人民日报,2018-08-23.

② 习近平.坚持正确方向创新方法手段 提高新闻舆论传播力引导力[N].人民日报,2016-02-20.

跟信息化的前沿步伐，因势而动、因时而变、因需而为，通过以点带面的创新，建立健全社区治理智能化改造的常态化、长效化、制度化运行机制，不断推进社区治理智能化平台建设，及时进行系统升级和数据更新，不断保持系统平台工作模式的先进性和服务路径的畅通性。

当然，Y社区的社区治理智能化改造，其实践意义不仅存在于微观做法上，还具有启示全国各地基层社会治理的普遍性意义。

首先，提升基层社区治理智能化是新时代的一项急迫的政治任务，是加强社区治理体系建设，推动社会治理重心向基层下移，打造共建共治共享的社会治理格局的必然要求。基层社区是社会治理的末梢，也是社会治理智能化实践的最前沿。①社会治理现代化，重在基础。因此，提升基层社区治理智能化，是新时代加强党的领导下社会治理现代化的重中之重，是首要的政治任务。社会治理智能化是社会治理现代化的重要组成部分。推动社会治理智能化向基层延伸，一个重要的实践支点就是基层社区治理的智能化，因而，提升基层社区治理智能化，既是社区治理体系建设本身的要求，又是打造共治共建共享社会治理格局向基层延伸的期盼和结果。Y社区在M区统一部署下，通过较为系统的社区治理智能化改造，使基层社区治理工作更加精细、社区服务更加精准。

其次，基层社区治理智能化是一项系统的、长期的工作，不能急于求成。基层社区治理智能化建设是一项系统工程，必须脚踏实地、认真对待。这不仅是由于社区治理智能化本身内容的复杂性决定的，而且也是由于社区治理智能化建设的外部环境的复杂性决定的。再加上改革开放进入攻坚期、深水区，各种新问题、新矛盾层出不穷，这也给已经进入了改革前台的社区治理智能化建设增加了难度。当然，互联网技术本身就是一个复杂且不断迭代的技术系统，在嵌入社区治理智能化建设中必然会引发一系列适应性挑战。因此，提升城市基层社区治理智能化水平，必须有长期

---

① 康丽丽,唐庆鹏.人工智能时代的市域社会治理创新:动力、挑战及进路[J].江南论坛,2021(01):27-29.

进行下去的心理准备，需要有制度化、常态化的机制作保障。Y社区以M区"云邻里"平台为中心系统推进社区治理智能化工作的做法，值得借鉴。

最后，提升社区治理智能化的目标在于增强社区治理能力。与此同时，党的十九大在"打造共建共治共享的社会治理格局"的战略部署中，具体提出了"提高社会治理社会化、法治化、智能化、专业化水平"的"四化"创新目标，可以说，社会治理智能化是新时代社会治理现代化格局建设的重要组成部分。总而言之，把增强社区治理智能化作为打造共治共建共享社会治理格局目标实现的重要路径，这是中央的政治要求，也是全国各地社区建设与治理的实践归宿。上海市Y社区基层社区治理智能化建设的实践表明，正是通过社区治理智能化改造，以智能技术赋能社区治理主体，有力改进了社区治理品质，很好地提升了社区治理能力。

总之，本书将互联网技术理解为推动基层社会治理的辅助性动力，并不是说其在社区治理中的重要性低，事实上，互联网技术在社会治理中已经并且还将继续发挥着重要作用。互联网技术进步构成基层社会治理辅助动力，更多是基于其在社区治理动力系统中相对性而言。技术在社会治理中不能占据统领地位，技术归根结底是服务于人类社会、服务于社会治理，而不是社会服务于技术、社会治理围绕技术展开，不能本末倒置、主次不分。因此，如何把握互联网技术在基层社会治理动力系统中定位，内在所指向的则是如何平衡技术与社会的关系。在城市基层社会治理中，如果错置技术与社会关系，则可能引发一些非预期后果。其中，最突出的可能是城市基层社会治理的技术中心主义和技术伦理问题。

一方面，对于前者而言，技术中心主义会让基层社会治理的工作重心和价值取向发生偏离，"物化"城市社区治理关系，缺失人文关怀而使得城市基层社会治理走向机械化。而这样的基层社会治理则是不可持续的。笔者在访谈中也得知，Y社区在社会治理智能化中也出现过一些"智能化"烦恼。有社区居委会成员表示："（社区治理智能化）要数字，这数字有时候比较死板。我们还吃过亏了，输入社区人口数字，我们本来想报实有人口，我们的实有人口13000人，流动人口加起来有18000~19000，近两万人。那我们报了13000以后，到居委会换届的时候，就是按照1.3万人的标准来算投票率的。居委会换届选举还有投票率要求，按60%算差不多8000人，但实际上按照惯例实际来投票的人只有1000多人。老百姓不关心这个事情的，居委会主任谁做跟他们关系不大的，但如果按照数字来算的话，现实中很不好实施的。"[①]还有社区居委会成员在访谈中提到数字形式主义问题，"一网统管是为了解决问题，但有时候一些部门就是收集信息、收集问题，后面就没了，剩下的全是我们的。我们基层很反感这种情况"[②]。当然，基层社会治理智能化应用未能充分达到预期的效果，除了上述形式主义的技术应用问题之外，也与当下社会治理智能化技术发展本身有关。由于受技术、资源、体制机制等方面因素的影响，人工智能技术融入城市基层社会治理中无论在广度还是深度上都还面临诸多挑战，在一些具体应用和管理方面仍然存在一些亟待解决的问题，这使得城市基层社会治理智能化水平尚有诸多短板和不足，在回应新时代人民群众对城市基层社会治理与社区公共服务高要求上还有不小差距，这也意味着这一领域还有很多工作需要深入推进。

另一方面，技术应用于人类社会实践，必然要考虑伦理问题，对于技术伦理问题的争论从未停息。在加强城市基层社会治理中，如果过度依赖网络信息技术，则有可能造成对网络信息技术的"异化"运用，进而导致对相关社会主体带来伦理风险。譬如，社区治理数据收集过程中，如果不加以规范约束，大量的智能探头可能对社区构成"数字监视"，导致对社区居民隐私的侵犯，甚至形成互联网时代的"数字圆形监狱"状态。[③]互联网技术在社会治理中的动力发挥，不仅取决于互联网技术本身，更取决于社会治理主体如何利用。如果正确有效利用，互联网技术可以成为强大

---

① 访谈编码：20201022YJL.

② 访谈编码：20201022MJH.

③ 周建明,马璇.个性化服务与圆形监狱:算法推荐的价值理念及伦理抗争[J].社会科学战线,2018(10):168-173.

的社会治理工具。对于更好的社会治理决策、更量身定制的社区服务，以及更有效和高效的社区治理资源分配而言，它对城市社区具有巨大的社会治理效能提升潜力。如果使用不当，则还会引起负面社会后果，影响社会治理关系以及基层社区治理共同体的发展等。合理的选择是，在加强人类社会规范的前提下善用互联网技术工具。"应当认识到的是，技术只不过是基层社会治理的工具，它可以为基层社会治理提供信息化、智能化的便利和平台，要体现以人为本、为人民服务的原则。"①

可见，技术是把"双刃剑"，新技术在助推城市基层社会治理的同时，也可能疏远社区社会治理关系、影响社区社会治理的价值层面，甚至可能会对城市基层社会治理发展与创新产生逆向作用。但从长远和全局来看，互联网技术在社会治理中的扩散应用是一种客观必然的趋势，城市基层社会治理应当顺应这种发展趋势，才能切实将新技术成果注入基层社会治理共同体而成为社区治理的强大驱动力。

① 郝宇青.基层党组织建设的动力探析[J].江西师范大学学报:哲学社会科学版,2020(01):18-24.

结　语

本书从社会治理动力学出发，深入调查上海市Y社区基层社会治理的创新实践情况，聚焦分析Y社区治理趋向社区治理共同体的结构性变化，在总结经验的同时，挖掘其背后的动力机理。通过系统研究，所收获的主要结论可模型化为图7-1所示。也就是说，加强和创新城市基层社会治理，关键是要促成人人有责、人人尽责、人人享有的城市基层社会治理共同体，而城市基层社会治理共同体的实现，需要通过完善和优化城市基层社会治理动力机制，激发多元城市基层社会治理主体强大动能。

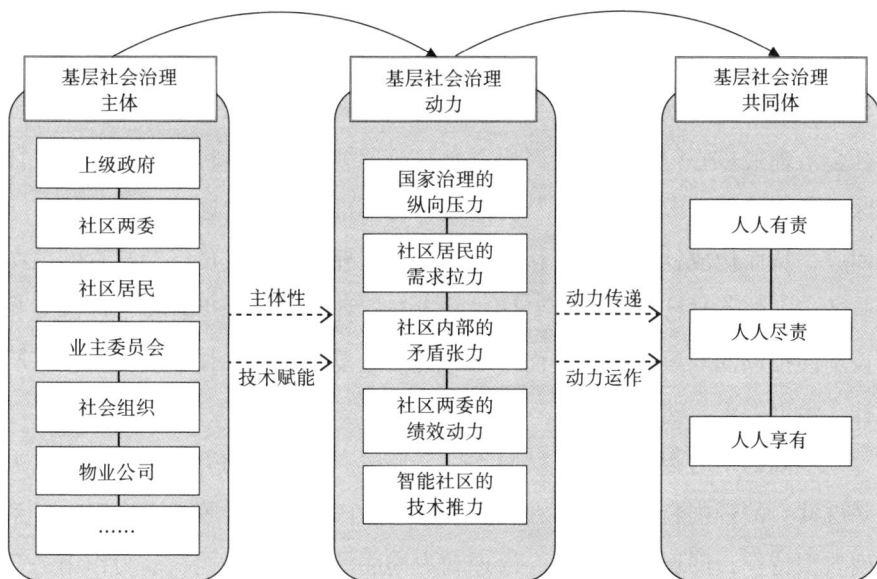

图7-1　城市基层社会治理动力机理

一、城市基层社会治理的动力构成及逻辑特征

城市基层社会治理创新发展离不开动力驱进。从社会管理向社会治理的实质性转变，以及在这一转变，过程中有机社区治理共同体的生成，需要相应的动力驱动和形塑。遵循社区治理共同体的目标逻辑，城市基层社会治理的核心动力包括纵向国家治理结构性的压力、社区居民的需求拉力、社区内部的矛盾张力、社区居委会的绩效驱动力、智能社区建设的推力，为加强和创新城市基层社会治理提供了驱动合力。其中，社区治理天然地同国家治理体系高度链合在一起，基层政权组织及其所传递的国家治理的纵向压力，本身就构成了变革时代基层社会治理前行的最大外部动力；城市基层社会治理网络没有居民参与，就不能算是真正意义上的基层社会治理共同体，社区居民需求的强大拉力是促成最广泛社区居民主体参与的城市基层社会治理共同体加速形成的最根本动力；社区是多元利益关系和矛盾交错的治理场域，一个有机的基层社会治理共同体，需要吸纳各方面利益主体参与的、团结的共同体，基层社区这些纵横交错的利益关系和矛盾运动也构成了基层社会治理变革、发展的场域动力；作为城市基层社会治理最核心行动者的社区居委会，治理绩效及考核机制不仅驱动着社区居委会对上级政府"要求"的落实，也促进了对本社区"需求"的实际回应，从而构成社区居委会作为基层社会治理共同体成员行动自觉的内在驱动力；技术与社会的互动发展对城市基层社会治理产生着技术性倒逼和技术性推动的双重影响，进而使得网络信息技术成为加强和创新城市基层社会治理的重要辅助动力。

不同的动力相互联系、共同作用，形成一个多元动力系统推动着城市基层社会治理创新发展，并在构成、作用、内在及发展等方面表现出一系列典型特征，即城市基层社会治理动力构成的系统复合性、动力作用的交叉传导性、动力内在的利益关联性以及动力发展的动态可塑性。

一是城市基层社会治理动力构成的系统复合性。唯物史观指出，在社会发展进程中，"有无数互相交错的力量，有无数个力的平行四边形，由

此就产生出一个合力，即历史结果"①。社会事物发展从来都不是单一动力源，而是相互联系的综合因素的合力结果。具体到城市基层社会治理，其背后的驱动力同样表现出多元复合的结构性特征。正如本书在阐述五大核心动力构成情况时所展示的，城市基层社区治理动力系统中既有内生性动力，也有外源性动力；既有社会性动力，也有技术性动力；既有直接动力，也有间接动力，更有根本动力。这些多样化的动力子系统相互作用，汇聚而成一个推动城市基层社会治理创新及社会治理共同体发展的复合动力系统。

二是城市基层社会治理动力作用的交叉传导性。社会治理动力驱动社会治理行动，但有动力源并不一定即刻生成预期的治理行动，动力的作用实现通常需要经历传递和运作的过程。基于系统的视角，动力作用于城市基层社会治理系统同样是一个"输入—转换—输出—反馈"递进传导的过程。并且，一旦系统成员固有地发挥作用，就会从系统成员的行为中产生交互作用，而这些无数的相互作用在学者看来就是系统的"相互关系的集合"。②不同的社会治理动力实际上是从不同方面反映了社会治理转型要求、社会治理共同体支持，而这些具体"要求"和"支持"进而共同构成系统"输入"，交叉作用于城市社区治理系统，促成社区治理共同体的行动输出，从而推动城市基层社会治理向前。

三是城市基层社会治理动力内在的利益关联性。"人们奋斗所争取的一切，都同他们的利益有关。"③就动力的内在因素而言，社区治理共同体成员的治理行动取决于相关利益。正如有学者所指出的，城市社区治理取决于相关利益，治理的有效性取决于利益相关性，两者的组合决定社区治理最有效的实现形式。④Y社区张书记说得较为直白："做这个事（加强和创新社区治理），社区好，大家都好。""好"是利益的通俗表达，对于

---

① 马克思恩格斯选集：第4卷[M].北京：人民出版社，1995:697.

② David Easton. A Systems Analysis of Political Life[M]. New York: John Wiley，1965:11.

③ 马克思恩格斯全集：第1卷[M].北京：人民出版社，1956:82.

④ 邓大才.利益相关：居民自治有效实现形式的动力基础[J].东南学术，2014(05):40-49.

国家政权力量而言意味着国家治理与公共利益的实现、对于社区居委会而言表明"绩效"的达成、对于社区市场主体是私人利益的获得、对于社区社会团体代表了群体利益的契合、对于社区居民来说则是社区美好生活需要的满足，等等。基层社会治理动力的充分释放、基层社会治理共同体有机运转，需要趋向落点于多元利益最大公约数的平衡处。

四是城市基层社会治理动力发展的动态可塑性。马克思指出："全部社会生活在本质上是实践的。"基层社会治理动力机制本质上也是推动多元主体能动改造作为客体之基层社会的实践过程。实践不是静止不变的抽象存在，而是具体的、能动的和动态发展的，就此而言，城市基层社会治理动力具有较强的动态性、发展性。从历史视角来看，驱动主体参与城市基层社会治理的动力因素不是凝固不变，宏观上是随着计划经济向市场经济转变、改革开放到新时代等实践背景下基层社会治理实践的发展而发展，微观上则在化解一系列基层社会治理矛盾运动中进行的。基层社会治理动力的客观实践性并不否定人的主观能动性作用，不同治理主体在不断确认和参与应对基层社会治理矛盾实践中建构社区共同体的治理能力。就此而言，城市社区治理共同体需要始终保持继续成长的动力，还有许多前行的道路要走。

二、城市基层社会治理动力的生成与提升

在加强和创新城市基层社会治理的过程中，基层社区治理动力生成和提升的基础条件构成城市基层社会治理共同体的成长土壤。本书通过Y社区的深度个案研究，在具体治理情境中剖析社区治理动力构成及其运行情况。从中可以看到，不同城市基层社会治理动力的生成和提升可能受到多个方面具体因素的影响。但是，基于辩证唯物主义，我们可以从中提炼出一般意义上的城市基层社会治理动力生成和提升的基本条件，这些基础条件至少包含以下四个层面的内容：

（一）社区治理共同体意识

共同体不止在于物质上的共同生活，更重要的是"在共同的感观和精

神上和谐的形式"①，也就是共同体意识。共同体意识是一种成员对群体的归属感（a feeling that members have of belonging），一种成员彼此之间和对整个群体都重要的感觉（a feeling that members matter to one another and to the group），以及一种通过团结一致的承诺将满足成员需求的共同信念（a shared faith that members' needs will be met through commitment to be together）。②在城市基层社会治理中，社会治理共同体意识是维系基层社会治理共同体存续的精神保障、促进社区团结和协调治理行动的文化纽带，从而成为社区治理动力形成的思想基础。Y社区治理共同体的成长故事也充分证明了这一点。作为一个动迁老旧小区，在市场经济浪潮的席卷下，Y社区成员的共同体意识一度孱弱，即"现代性的急剧扩张和极端发展，给现代城市社区共同体意识的培育造成了极大的冲击和挑战"③。Y社区成员关系疏远区隔，交往网络窄化、互动频率低化、社会资本弱化，社区治理场域中居民如同"一袋各不相干的马铃薯"，共同体的有效治理行动难以展开。Y社区加强和创新社区治理的成功做法是从社区成员关切的问题入手，把基层治理相关事项的知情权、监督权、决策权交给社区，激发社区共同体意识，提高社区多元主体参与治理的热情、获得感和活力。意识是实践行动的先导，而基层社会治理共同体的实践行动又在不断强化治理共同体意识，进而实现共同体成员社会治理动力激发和运转的"良性循环"。用访谈中Y社区张书记的话讲，就是"以前社区大事小事就是吵，现在社区是有事好商量，老百姓主动找我们商量"④。"有一个很大的收获，就是我们大家在社区建设和治理方面，形成了团结一致、齐心协力的理念和做法。"⑤

当然，Y社区治理实践的艰难探索历程也提醒我们注意，多元社区治

---

① 斐迪南·滕尼斯.共同体与社会[M].北京:商务印书馆,1999:11.

② McMillan，D W & D M Chavis. Sense of Community: A Definition and Theory[J]. Journal of Community Psychology，1986(01): 6-23.

③ 陈宗章.城市社区"共同体意识"的现代性解构及其重建[J].理论导刊,2010(03):25-27.

④ 访谈编码:20200912ZJD.

⑤ 访谈编码:20201022ZJD.

理主体的共同体意识并不是一朝一夕就能生成的，而是在不断的基层社会治理实践中获得持续性正向反馈后生成的。这意味着在培育社区社会治理共同体意识中，需要首先立足开放的社会治理实践，在推动和支持多样化的社区治理发展过程中，利用社区的各类资源、各种平台和机制创造和扩大社区成员的社会治理互动机会，例如，在 Y 社区有制度化的"有事好商量"议事会等。其次是鼓励社区治理共同体成员积极参与社会行动。没有社会行动，就很难生成社会意识。也就是在城市基层社会治理实践中，需要通过政府与社区居委会立足社区实际情况，制订专门性的政策措施来鼓励具体行动，同时应对根源于自上而下单向度权力传统束缚的结构性挑战，从而支持多元社区主体的社会治理共同体意识生成和提升。再次是相似的设置。应该说，共同体意识直接地体现为共同利益、价值、经验和其他特征，我们应该关注这些共同特征，以支持社区的发展，例如 Y 社区基于趣缘而推动发展的九心俱乐部。当然，社区治理共同体并不意味着一刀切的同一性，而是在追求社区公共利益、处理社区公共事务中为我们在其他特征上彼此区别留出空间，一个健康地共同体意识包含了多样化成员间观念上的求同存异等意涵。

（二）党建引领

单位制解体背景下，城市基层需要改善基层治理体制和再造基层组织来填补基层社会治理结构中单位的缺失及推动社区治理共同体的成长。从政治层面来讲，加强和创新社区治理，是巩固党的执政地位、提升党的执政能力的需要，党建引领在全部的社区治理工作中居于统领地位。通过寓基层"党建"于社会"治理"，加强党建引领社会治理，以重新激活多元主体的参与热情，发挥多元主体的共同力量，已然成为应然选择和必然趋势。党的十九大报告指出："党政军民学，东西南北中，党是领导一切的。"[1]在 Y 社区的治理实践和探索中，加强基层党的建设、巩固党的执政

---

[1] 习近平.决胜全面建成小康社会 夺取新时代中国特色社会主义伟大胜利：在中国共产党第十九次全国代表大会上的报告[R].北京：人民出版社，2017:20.

基础作为贯穿新时代社会治理和基层建设的一条红线。Y社区始终坚持党总支在社区治理工作中的领导核心地位，并通过党总支对居委会、业委会、物业服务公司等社区组织的领导，实现了党在基层的全面领导。坚持党的领导不仅是推动各项事业继续发展的前提条件，也是继续取得成功的根本保证。

事实上，一段时期以来，城市基层社会治理创新中存在动力不足、持续性不强等问题，很大原因正是轻视甚至忽视基层党建，未能充分发挥基层党组织应有的功能作用。更明确地说，"党的十八大以前，由于基层党建的缺位和党组织一定程度的弱化，社区治理和服务的内在驱动不足"①。因此，加强基层党建以引领社区治理发展，就不能只是停留在形式上、口号上，而是要做实做到位。党建引领基层社会治理，基层党组织是主体，引领功能的实现是关键。具体来说，党建引领基层社会治理首要的是加强基层组织建设。而就城市社区而言，至少需要考虑两个方面的组织建设：一方面是推进组织覆盖和党建指导，也就是在社区内的业主委员会和物业服务企业等组织中开展党的工作，通过帮助其成立党支部、组建联合党支部或成立党小组等方式，实现党的组织和工作的全覆盖。另一方面是推进居民区党组织、居委会、业委会、物业服务企业成员交叉任职，即通过推荐符合条件的居民区两委成员，通过法定程序兼任业主委员会主任或委员；挑选优秀的业主委员会主任、物业服务企业项目经理担任居民区党组织委员等，实现基层党组织成员的有机联系，为社区治理共同体生成及社会治理协调行动创造条件。与此同时，党建引领基层社会治理最终要展现在具体功能上，党建引领的功能至少应该体现在四个方面：一是城市基层社会治理的政治方向引领，即在基层社会治理中，基层党组织要统筹大局，为基层社会治理确立基本的方向、原则，避免基层社会治理走偏。二是城市基层社会治理的利益引领，党的宗旨体现在服务于人民的利益上，基层党组织需要直面和协调城市基层社会多元利益的分化和冲突问题。三

① 曹海军.党建引领下的社区治理和服务创新[J].政治学研究,2018(01):95-98.

是城市基层社会治理的价值引领，即通过引领社会主义核心价值观，提供社区公共文化服务等方式来实现价值引领，赢得社区民众社会认同的同时凝聚社会治理共同体力量。四是城市基层社会治理的服务引领，即城市基层党组织应积极协调各方，让多元主体合作实现基层治理和服务绩效最大化。

总之，新时代城市基层社会治理，需要调动和整合各类主体和资源参与社区治理，就必须改变过去基层"行政化"的社会管理模式，发挥"枢纽性"的基层党建引领社会治理作用。[1]通过系统性地党建引领城市基层社会治理结构功能建设，可以有效改善党对基层社会的领导体制和领导方式、激发多元社会主体参与社区共治的积极性、促进党组织为群众提供精准服务的能力、提高基层党组织的执政能力和领导水平、构建共建、共享的基层社会治理格局。Y社区的实践启示我们，基层党的组织有力，社区治理才能运转有序。党的组织统筹联动核心作用的充分发挥，才能打破基层社会的利益壁垒，基层社会治理共同体才能凝聚强大治理合力。

（三）制度保障

政治学对政治制度研究较集中在制度主义（包括传统制度主义和新制度主义），制度主义最突出之处就在于，其强调制度要比其他方面要素对人的行为，以及社会运作具有更大的结构规范性和预期稳定性。正如前文所论，城市基层社会治理的动力问题，本质上指向基层社会治理为什么可能、如何持续的前提性追问。而激发城市基层社会治理长效动力，保障基层社会治理可持续发展，制度无疑是最可靠的选择。持久性的城市基层社会治理不是建立在运动式推动基础之上，而是建立在稳固的制度基础之上。应该说，对于基层来说，变革是常态，加强和创新社会管（治）理工作并不陌生。事实上，上海自新中国成立之初就积极探索城市基层社区建设，改革开放以后更是引领全国城市社区建设和治理变革风潮。总结既有改革情况，可以发现改革创新成果只有以制度形式确立下来，才能转化为

---

[1] 李威利.党建引领的城市社区治理体系:上海经验[J].重庆社会科学,2017(10):34-40.

更稳定持续的治理效能。反之，如果没有立足制度建设，一些改革创新往往昙花一现，只是看上去热热闹闹，实际上自娱自乐没有实效。党的十八大以来，国内不少社区在基层社会治理上进行了一系列的改革创新，成效也很快显现。但同样的潜在问题不能忽视，如何将这些改革创新成果稳固下来，激发社区多元主体社会治理长效动力，无疑是社区治理共同体必须考虑的问题。对此，Y 社区的一条重要经验就是加强相应的制度建设。笔者在访谈中注意到，Y 社区张书记也曾就这个问题进行了详细而深入的思考：

> 我取得的最好的成绩就是制定了社区的规章制度。因为好多居民一直在说，你张书记走了我们小区怎么办。我总是要退休的。但是，我认为国有国法、家有家规，社区也要有自己的规章制度，所以我们这几年一直在做，包括我们的"有事好商量"居民议事平台，我就是这么想出来的。我们有十几个文化团队，每个文化团队就有一个规章制度。这个规章制度不需要文字很严谨，也不需要"高大上"，就是简单的规章制度。我们十几个文化团队，每个团队都有一个制度，这些制度不是我一个人想出来的，大家商量，商量好了以后大家签字，认可同意。我们有"三公约四制度"。四制度，一个是车辆管理制度，一个是绿化管理制度，一个是楼道支持管理制度，还有一个是环境卫生管理制度。这些制度都是适用于我们全体居民的。①

当然，注重制度保障，不仅仅意味着固化改革成果，同时还意味着需要根据城市基层社会治理问题情境发展而不断创新。也就是说，要加强制度创新，与时俱进地为城市基层社会治理提供制度保障和支持。具体到基层社会治理制度创新上，伴随改革开放的不断深化，基层社会环境历史性变迁及城市居民对美好生活需要的增长，对基层社区提出深刻制度变革的

---

① 访谈编码：20201227ZJD.

需要，从而建构了基层社会治理制度创新的机会空间。然而，有基层社会
治理制度创新的需要和机会并不意味着必然的制度创新。就动力机制而
言，制度创新可能是诱致性的（如"顺其自然"或"看不见的手"的力
量），也可以是强制性的，即"通过设计进行制度变迁要求有意识地改变
制度的文化和意识要素及其结构要素"①。诱致性制度创新的自发性特点
在前期撬动僵化制度的变革上能够发挥积极作用，但随着改革的深入则可
能让制度建设陷入被动的"零碎制度修补"局面而缺乏系统性、协调性。
在改革进入深水区的今天，基层社会治理改革与发展需要制度供给者主动
适应环境变化和发展要求，进行动态的、科学的、系统性的制度创新设
计。实际上，本书所调研的 Y 社区，其制度建设的脚步始终在行进。在
2020 年底的最后一次实地调研中，笔者了解到，考虑到社区发展的实际情
况（如伴随社区居民家庭拥有汽车量上升，社区停车位接近饱和、进出排
队时间逐渐拉长等问题），Y 社区正在酝酿召开系列"有事好商量议事
会"，对"三公约四制度"中《Y 社区车辆管理制度》（这也是被称为 Y 社
区第一部"家法"）进行大幅修订。总而言之，城市基层社会治理制度创
新是一项系统的、长期性工作，通过不断的制度创新，持续为社区治理共
同体赋能、赋力。

（四）创新驱动

改革开放特别是新时代以来城市基层建设和社会治理发展的历史与现
实来看，创新无疑是贯穿其中的一条主线。一方面，正是不断创新为城市
基层社会治理动力激活释放机会空间。中国改革开放的主旋律就在于创
新，在城市基层社会，正是创新让延续多年的计划经济时代下的城市管理
体制发生松动并解体，在传统基层社会管控结构消解的同时，新的基层社
会治理关系和力量也在萌生。就此而言，加强和创新城市基层社会治理的
任务是由改革创新的历史引出的。改革开放以来，单位制解体过程中城市
基层社会发生了结构性变迁，而这也生发了基层社会治理创新的可能性空

① 戴维·韦默.制度设计[M].费方域,朱宝钦,译.上海:上海财经大学出版社,2004:199.

间。进入新时代，中国社会主要矛盾发生转变，人们追求美好生活的愿景愈发强烈，对基层社会治理的要求越来越高，而这又系统性地倒逼着国家对基层社会管控转向基层社会治理。可以说，整个城市社区治理的发展及基层社会治理动力的生发，始终在改革创新的大背景、大框架下展开。正是在改革创新的历史背景下，加强和创新城市基层社会治理的顶层设计及地方实践不断铺开，从而为激发并提升城市基层社会治理动力构建了可能性空间。

另一方面，创新蕴含于城市基层社会治理动力生成与发展始终。像历史上许多重大的改革创新那样，基层社会治理创新所引发的变革性影响比当初规划者所预想的还要大得多。可以说，城市基层社会的发展及其面临的治理问题挑战，超越了中国城市基层社会以往积累的全部经验。而这种差异性的治理问题与普遍性的治理回应之间的张力，在对社区治理系统持续性输入"要求"的同时，也在不断注入着社区基层社会治理创新的动能。从一般意义上讲，"创新是引领发展的第一动力"①，这一科学论断同样适用于社会治理领域。就本书的研究对象 Y 社区而言，这个曾经的"沪上最烂小区"凸显的是社区居民生存原子化、社会交往冷漠化、社区利益格局碎片化、公共事务疏远化、社区治理主体互疑化，而这些问题所汇聚起来就是城市基层社会治理的缺失和共同体的衰退。而在试点创新之后，Y 社区完成向"上海市文明社区"的历史性蜕变。正是通过基层社会治理创新，Y 社区的整体面貌发生了巨大变化，创造了一片"翻天覆地、七彩 Y 居"的新景象。而这又映射出 Y 社区治理的巨大进步以及社会治理共同体的快速成长。Y 社区治理的实践显示，在现实需要和顶层设计驱动下，国家致力于诸领域的改革创新，打开了社会治理动力释放的阀门。在创新试点的进程中，社区两委的核心行动者角色和功能实现"再造"。而在一系列的社会治理创新平台和机制支持下，社区社会组织、私人企业甚至居

---

① 习近平.决胜全面建成小康社会 夺取新时代中国特色社会主义伟大胜利:在中国共产党第十九次全国代表大会上的报告[R].北京:人民出版社,2017:31.

民个人在不断"卷入"社区治理生活的同时，社区治理共同体成员的自觉意识也在潜移默化间被"建构"与"发展"。

总之，党的十八大以来，党中央多次提出要加强和创新基层社会治理，打造"人人有责、人人尽责、人人享有"的社会治理共同体。加强城市基层社会治理创新、加快形成社区治理共同体的顶层设计不是权宜之计，而是在基层社会建设领域开展的又一次系统性革命。就此而言，城市基层社会治理动力提升、社区治理共同体生成和发展都还只是进行时，而不是一蹴而就、毕其功于一役的完成时。Y社区的治理故事还在继续，保持和强化城市基层社会治理共同体向前的动力，城市基层社会治理创新就会持续不竭，基层社会治理的奇迹就会不断被创造。

附　录

相关文件

一、相关法律法规、中央文件、部门规章等

1.《中华人民共和国民法典》（2020年）

2.《中华人民共和国城市居民委员会组织法》（1990年）

3.《城市街道办事处组织条例》（1954年）

4.《城市居民委员会组织条例》（1954年）

5.《物业管理条例》（2007年）

6.《国务院关于修改〈物业管理条例〉的决定》（2018年）

7.《城市社区档案管理办法》（2015年）

8.《中共中央、国务院关于加强和完善城乡社区治理的意见》（2017年）

9.《关于加强和改进城市基层党的建设工作的意见》（2019年）

10.《关于加强社会组织党的建设工作的意见（试行）》（2015年）

11.《关于加强城乡社区协商的意见》（2015年）

12.《关于改革社会组织管理制度促进社会组织健康有序发展的意见》（2016年）

13.《住房和城乡建设部等部门关于开展城市居住社区建设补短板行动的意见》（2020年）

14.《社区服务体系建设规划（2011—2015年）》（2011年）

15.《城乡社区服务体系建设规划（2016—2020年）》（2016年）

二、上海市相关政策文件

1.《中共上海市委关于全面加强城市基层党建工作的意见》（2017年）

2.《上海市街道办事处条例》（2016年）

3.《中国共产党上海市街道工作委员会工作规则》（2017年）

4.《中国共产党上海市街道行政组织党组、街道社区党委工作细则》（2017年）

5.中共上海市委组织部《关于落实街道党工委 对区有关职能部门派出机构负责人人事考核权和 征得同意权的实施办法》（2017年）

6.上海市规划和国土资源管理局《关于落实街道规划参与权的实施办法的通知 》（2017年）

7.上海市机构编制委员会办公室、上海市住房和城乡建设管理委员会、上海市社会治安综合治理委员会办公室、上海市民政局《关于落实街道综合管理权的实施办法》（2017年）

8.上海市发展和改革委员会《关于落实街道对区域内重大决策和重大项目建议权的实施办法》（2017年）

9.中共上海市委组织部《关于加强本市各级党建服务中心规范化 建设的实施意见》（2015年）

10.中共上海市委组织部、市委编办、市人社局《关于进一步加强居民区党组织书记事业编制使用管理的意见》（2015年）

11.《关于建设专业化社区工作者队伍的实施意见》（2015年）

12.中共上海市委组织部《关于居民区党组织服务群众专项经费使用管理的指导意见》（2015年）

13.上海市委"1+6"文件 （2014年）

（1）中共上海市委、上海市人民政府《关于进一步创新社会治理加强基层建设的意见》（2014年）

（2）中共上海市委、上海市人民政府《关于深化街道体制改革的实施意见》（2014年）

（3）中共上海市委、上海市人民政府《关于完善居民区治理体系加强基层建设的实施意见》（2014年）

（4）中共上海市委、上海市人民政府《关于完善村级治理体系加强基层建设的实施意见的通知》（2014年）

（5）中共上海市委、上海市人民政府《关于组织引导社会力量参与社区治理的实施意见》（2014年）

（6）中共上海市委、上海市人民政府《关于深化拓展网格化管理提升城市综合管理效能的实施意见》（2014年）

（7）中共上海市委、上海市人民政府《上海市社区工作者管理办法（试行）》（2014年）

三、M区相关政策文件

1.《中共M区委关于以党建引领社会治理的工作意见》（2017年）

2.《M区关于实施"党建引领居村自治，携手共建睦邻家园"三年行动计划（2016—2018）》（2016年）

3.《M区关于做好驻区单位党组织和党员"双报到、双报告"工作的通知》（2015年）

4.《关于进一步落实和完善"双报到""双报告"》（2017年）

5.《M区关于推进邻里中心建设的实施方案》（2016年）

6.《M区关于推进区域化党建加强社区共治工作的实施意见（试行）》（2015年）

7.《关于发挥"三长"骨干作用，推动居村自治的工作方案》（2016年）

8.《中共M区委关于加强党建引领下的基层公共文化服务的指导意见》（2016年）

9.《关于深化"大联动"体制机制建设的实施意见（试行）》（2015年）

10.《关于建立健全居民区（村）评议会制度的工作意见》（2016年）

11.《关于进一步加强村（居）民会议和村民代表会议建设的实施办法》（2015年）

12.《M区关于党建引领业委会建设的工作方案》（2016年）

13.《关于加强和改进社区民警积极参与社区党建工作的指导意见》（2015年）

14.《关于开展本区居（村）标准化社区调解室试点建设工作指导意见》（2017年）

15.《关于进一步推进M区法律服务进村（居）工作的意见》（2016年）

16.《M区民政局、区地区办2020年镇（X工业区）、街道工作考核实施细则》（2020年）

17.《中共M区委关于贯彻从严治党落实基层党建责任制的实施意见（试行）》（2017年）

18.《M区关于加强"党建领航 红色物业"建设的实施意见（试行）》（2018年）

四、Y社区相关文件

1.Y社区"三公约四制度"（2019年）

（1）Y社区居民文明公约（2019年）

（2）Y社区业主公约（2019年）

（3）Y社区文明养宠公约（2019年）

（4）Y社区车辆管理制度（2019年）

（5）Y社区绿化养护管理制度（2019年）

（6）Y社区环境卫生管理制度（2019年）

（7）Y社区楼道自治管理制度（2019年）

2.《Y社区"艺苑"管理制度》（2012年）

3.《Y社区居民党总支"三会一课"制度》（2013）

4.《Y社区居民代表会议制度》（2013年）

5.《Y社区印章管理制度》（2013年）

6.《Y社区顾问团议事规则》（2013年）

7.《Y社区业委会议事规则》（2013年）

8.《Y社区党总支党务公开制度》（2014年）

9.《Y社区"和美家庭""最美媳妇"评选制度》（2014年）

10.《Y社区"优秀楼组长"评选制度》（2014年）

11.《Y社区"专家律师援助团"管理制度》（2014年）

12.《Y社区大联动协同治理工作站制度》（2015年）

13.《Y社区"实有人口信息采集室"工作制度》（2015年）

14.《Y社区服务站制度》（2015年）

15.《Y社区"大师工作室"管理制度》（2015年）

16.《Y社区居民自治公约》（2015年）

17.《Y社区爱国卫生活动制度》（2015年）

18.《Y社区关于加强楼组长队伍建设的管理办法》（2015年）

19.《Y社区百合志愿者服务章程》（2015年）

20.《Y社区"两优"评比制度》（2015年）

21.《Y社区协同治理联席会议议事规则》（2015年）

22.《Y社区"四位一体"协商会议议事规则》（2015年）

23.《Y社区"有事好商量"议事会九大议事规则》（2015年）

24.《Y社区大联动协同治理考核及奖惩办法》（2015年）

25.《Y社区民主评议制度》（2016年）

26.《Y社区"优秀团队"评选制度》（2016年）

27.《Y社区红色物业行动方案》（2018年）

28.《Y社区红色物业创建及评估标准》（2018年）

29.《Y社区"百合社区服务中心群众性俱乐部"管理章程》（2020年）

30.《Y社区"条线"工作台账（2017—2020年）》

31.《Y社区创全工作台账（2016—2019年）》

32. Y社区"全国综合减灾示范社区"创建申请相关资料汇编
（2019年）

访谈调研情况

一、访谈大纲

城市基层社会治理动力研究访谈提纲（1）
（调查对象为镇政府相关负责人员）

1. 您如何看待镇政府在基层社会治理中的角色定位？应该如何处理镇政府与社区居委会的关系？

2. 您觉得Y社区社会治理在党的十八大前后发生了哪些变化？变化的原因是什么？

3. 作为Y社区的上级，您认为Y社区与其他社区主要存在哪些不同，对Y社区的要求与其他社区的要求是否一样？

4. Y社区的党总支书记是如何任命到该社区的？工作上有何期待？

5. 镇政府为什么选择Y社区社会治理试点，对Y社区治理改革都有哪些投入？产生了哪些成效？

6. 镇政府对Y社区社会治理的考核评价如何？未来发展规划是怎样的？

城市基层社会治理动力研究访谈提纲（2）
（调查对象为社区两委成员）

1. 请介绍一下个人的履历。当初为什么选择到这个社区来工作？您刚来社区时的工作想法与现在的计划，以及未来的规划有哪些相同点和不同点？有哪些困惑？

2. 请详细讲讲社区刚建立时候的居委会是什么样的？党的十八大以前的居委会怎么样？党的十八大之后的居委会又如何？为什么发生变化？

3. 您觉得是什么驱动着您和您的同事热情不减、扎根社区干事业？

4. 请具体介绍一下社区居委会的考核情况，以前（如党的十八大以前）考核的内容、方式、后果与现在的考核有何不同？您如何看待和评价这些变化？为什么发生变化？

5. 作为社区两委负责人员，当居民的意见和政府的指示发生矛盾时，您认为社区应该怎么办？

6. 您如何看待社区两委在基层社会治理中的角色定位？应该如何协调与镇政府及社区其他组织的关系？

7. 您认为社区治理工作中感到最让人头疼的有哪些？对未来工作有何期待和建议？

8. 请您介绍一下社区治理中互联网技术的应用情况，您觉得互联网技术给社区治理带来了哪些改变？有哪些好处？又有哪些问题？对未来社区治理智能化改造有何期待？

城市基层社会治理动力研究访谈提纲（3）
（调查对象为居民小区业委会、物业公司负责人员）

1. 作为 Y 社区业委会负责人员，您如何看待小区业委会在基层社会治理中的角色定位？与党总支、居委会、物业公司、居民的关系怎样？遇到与物业公司发生的分歧，以前通常用什么方式解决？现在呢？为什么发生改变？

2. 作为 Y 社区物业公司负责人，您如何看待社区物业公司在基层社会治理中的角色定位？与党总支、居委会、业委会、居民的关系怎样？在遇到居民不配合物业工作的时候，会去找谁协助解决？党总支在物业公司支部建设方面以及业务工作方面做了哪些工作？红色物业运行后，物业工作和以前有什么不同？您认为红色物业在今后的发展中还应该注意什么问题？

3. 您参加过社区"四位一体"会议吗？因为何事参加，会议由谁召集，问题解决了吗？

城市基层社会治理动力研究访谈提纲（4）
（调查对象为社会组织工作人员）

1. 您工作的机构、参与的组织或者社团是什么？有多少成员？您的具体职务是？

2. 您参加过哪些社区活动？（政治活动，如选举、文体活动、管理活动、公益活动、宣传教育活动、其他活动）

3. 您参与所在社会组织开展社区活动的频率是？（一周一次、一个月一次、一季度一次、半年一次？一年一次）有专门的活动场所和时间吗？

4. 您对参与社区公共事务的态度是？您愿意从事社区工作或者参与社区相关组织、社团活动的主要原因是什么？

5. 作为社会组织工作人员，您在参与社区治理活动中感到最头疼的有哪些？对未来工作有何期待和建议？

城市基层社会治理动力研究访谈提纲（5）
（调查对象为社区居民）

1. 您在社区居住了多久？您还记得以前的Y社区是什么样子的吗？和现在相比，有什么变化？

2. 您一般通过什么途径了解社区大事？您平常会和邻居讨论社区大事吗？

3. 您过去参加过哪些社区公共活动？喜欢社区开展什么样的活动？

4. 《上海市生活垃圾管理条例》于2019年7月1日正式实施，若邀请您参加社区生活垃圾分类活动，您愿意做哪些事情？

5. 从"沪上最烂小区"到上海市文明小区，您亲历了什么？您觉得发生巨变的主要原因是什么？

6. 您对社区现在的治理状况满意吗？目前社区治理工作还存在哪些不足与问题？对治理工作改进有什么期待和建议？

二、访谈实施情况

因参与的导师课题研究需要，笔者对 Y 社区的调研早自 2017 年持续至今。在 2019 年确定选题后，围绕选题展开访谈调研主要集中在 2019 年至 2020 年。因此，笔者对 Y 社区的访谈调研可以归纳为两个阶段，即第一阶段的一般性访谈，时间是 2017 年 10 月至 2019 年 6 月，主要是配合导师主持的国家社科基金重大项目开展全面调查和访谈；第二阶段的针对性访谈，时间是 2019 年 7 月至 2020 年 12 月，主要是围绕本书选题开展针对性调查和访谈。

笔者蹲点 Y 社区整个调研过程中，对 Y 社区情况已经较为熟悉，并与大多数社区成员有过直接或间接接触。有一般性地拉拉家常，也有深入地一对一访谈，还有正式的会议座谈，等等。其间，笔者围绕选题共深度访谈 Y 社区治理相关人员 58 名，获得有效访谈资料 52 份，占比 89.6%。在访谈过程中，笔者对每一名访谈对象进行了 15～120 分钟时间不等的深度访谈，并且后续还对部分对象进行了多次回访（回访最多者为 Y 社区党总支书记、居委会主任，达到 12 次）。深度访谈的形式主要是面对面访谈（在疫情期间，也有若干几次配合使用微信等进行线上访谈），访谈地点不定，有街头巷尾的公共休憩区，有课题组举办的座谈会会议室，也有 Y 社区居委会办公室，还有笔者邀请在社区附近的咖啡室等。访谈过程中做好记录工作，在告知并获得访谈对象同意的前提下，还对部分访谈内容进行了录音。

三、访谈对象情况

考虑到研究的针对性和深入性，本处仅列出一些主要的且有代表性的访谈对象，并且访谈内容与本书选题密切相关的访谈对象。根据研究惯例

和学术伦理要求，本表中的访谈对象均已作匿名化处理。[①]具体访谈对象
情况如下：

序号	性别	访谈日期	访谈编码	身份简介
1	男	20191201	20191201ZGQ	Z镇党委委员、副镇长
2	女	20191118	20191118WGQ	Z镇社区管理办公室主任
3	男	20200921	20200921LGF	Z镇党委原委员
4	男	20190706 20190802 20191101 20191231 20200104 20200113 20200527 20200613 20200712 20200912 20201022 20201227	20190706ZJD 20190802ZJD 20191101ZJD 20191231ZJD 20200104ZJD 20200113ZJD 20200527ZJD 20200613ZJD 20200712ZJD 20200912ZJD 20201022ZJD 20201227ZJD	Y社区党总支书记、 居委会主任
5	男	20190802 20191012 20191127 20200912 20201022	20190802YJL 20191012YJL 20191127YJL 20200912YJL 20201022YJL	Y社区党总支副书记
6	男	20190706 20190802 20191101 20200613	20190706LJH 20190802LJH 20191101LJH 20200613LJH	Y社区居委会委员
7	女	20191127 20200912	20191127DXQ 20200912DXQ	Y社区居委会委员

---

① 访谈对象的罗列主要是根据类属来进行，围绕基层社会治理动力所涉及的主要主体
（如Y社区上级政府相关负责人员、Y社区两委负责人员、Y社区业委会负责人员、Y社区物
业公司负责人员和Y社区社会组织负责人员等），有针对性地开展访谈。访谈人员涉及Y社
区上级Z镇、Y社区党总支、居委会、业委会、物业公司、社区组织等负责人员及工作人员。按
照笔者所在学校的统一要求，在访谈调研前、访谈调研过程中及访谈调研后均严格接受学校
"人类受试者保护委员会"的伦理审查，所有访谈者均属于自愿接受访谈，并在访谈前知晓其
接受的访谈仅作为本书研究之用。

序号	性别	访谈日期	访谈编码	身份简介
8	男	20190706 20191203 20200912 20201022	20190006MJH 20191203MJH 20200912MJH 20201022MJH	Y社区居委会委员
9	男	20191221	20191221ZJR	Y社区居委会原委员
10	女	20200527	2020527FLP	Y社区居委会委员
11	女	20191127 20200912	20191127LMM 20200912LMM	Y社区居委会社工
12	女	20191127	20191127ZY	Y社区居委会社工
13	女	20191127	20191127CJ	Y社区居委会协管员
14	女	20191221	20191221DQ	Y社区计生协管员
15	男	20191221	20191221ZH	Y社区综治协管员
16	男	20191221	20191221DLY	Y社区居委会协管员
17	女	20191221	20191221CXL	Y社区居委会协管员
18	男	20191203 20200605	20191203JDB 20200605JDB	Y社区业委会主任
19	女	20191203	20191203CXQ	Y社区党小组长
20	女	20191203	20191203ZHY	Y社区党小组长
21	男	20200104	20200104ZZQ	Y社区居民组长
22	女	20200112	20200112NHD	Y社区楼组长
23	女	20200112	20200112WCC	Y社区楼组长
24	男	20200112	20200112SL	Y社区楼组长
25	女	20200104	20200104KBH	Y社区百合工作室负责人
26	女	20200912	20190912QXC	Y社区开心俱乐部负责人
27	女	20200912	20190912HLZ	Y社区稚心俱乐部会员
28	男	20200912	20200912WTY	Y社区益心俱乐部负责人
29	男	20200527	20200527ZDB	Y社区初心俱乐部会员
30	女	20190922 20191224 20200623	20190922SJY 20191224SJY 20200623SJY	Y社区物业公司负责人
31	男	20190923	20190923ZF	Y社区物业保安队队长
32	女	20191224	20191224LQ	Y社区物业管理员
33	男	20190923	20190923HHL	Y社区书画工作室负责人
34	女	20190923	20190923YJ	Y社区剪纸工作室负责人
35	女	20190924	20191205ZXJ	Y社区内幼儿园园长

续表

序号	性别	访谈日期	访谈编码	身份简介
36	女	20201022	20191213GXW	邮政支局负责人
37	女	20201022	20191213LCC	工行支行负责人
38	男	20190721 20200112	20190721ZXL 20200112ZXL	蔬菜店老板
39	男	20200912 20201022	20200912HK 20201022HK	Y社区居民（志愿者）
40	男	20190714 20190924 20201022 20201221	20190714LYQ 20190924LYQ 20201022LYQ 20201221LYQ	Y社区居民（志愿者）
41	男	20191101	20191101SJJ	Y社区居民（志愿者）
42	女	20190713	20190713DWW	Y社区居民（志愿者）
43	女	20190713	20190713FYL	Y社区居民（志愿者）
44	女	20201022	20201022HZY	Y社区居民（志愿者）
45	男	20191016	20191016SCP	Y社区居民
46	女	20191114	20191114WCY	Y社区居民
47	男	20191224	20191224LG	Y社区居民
48	男	20191224	20191224XXM	Y社区居民
49	男	20201221	20201221WD	Y社区居民
50	女	20191225	20191225LZZ	Y社区租户
51	男	20200112	20200112LC	Y社区租户
52	男	20200112	20200112LD	Y社区租户
53	男	20201022	20201022CM	Y社区租户

参考文献

一、中文著作

1. 马克思恩格斯全集：第1卷[M].北京：人民出版社,1995.

2. 马克思恩格斯全集：第3卷[M].北京：人民出版社,2002.

3. 马克思恩格斯文集：第1、8卷[M].北京：人民出版社,2009.

4. 马克思恩格斯选集：第1-4卷[M].北京：人民出版社,2012.

5. 列宁全集：第31卷[M].北京：人民出版社,1985.

6. 列宁全集：第3卷[M].北京：人民出版社,1972.

7. 列宁选集：第4卷[M].北京：人民出版社,1995.

8. 毛泽东选集：第1-4卷[M].北京：人民出版社,1991.

9. 邓小平文选：第1-3卷[M].北京：人民出版社,1993—1994.

10. 习近平谈治国理政：第1卷[M].北京：外文出版社,2018.

11. 习近平谈治国理政：第2卷[M].北京：外文出版社,2017.

12. 习近平谈治国理政：第3卷[M].北京：外文出版社,2020.

13. 阿尔温·托夫勒.创造一个新的文明：第三次浪潮的政治[M].陈峰,译.北京：生活·读书·新知三联书店,1996.

14. 阿历克斯·英格尔斯.人的现代化[M].殷陆军,译.成都：四川人民出版社,1985.

15. 埃哈尔·费埃德伯格.权力与规则：组织行动的动力[M].张月,等,译.上海：上海人民出版社,2005.

16. 埃莉诺·奥斯特罗姆.公共事务的治理之道[M].余逊达,陈旭东,译.上海：上海三联书店,2000.

17. 安德鲁·查德威克.互联网政治学:国家、公民与新传播技术[M].任孟山,译.北京:华夏出版社,2010.

18. 安德鲁·芬伯格.技术批判理论[M].韩连庆,曹观法,译,北京:北京大学出版社,2005.

19. 安德鲁·芬伯格.可选择的现代性[M].陆俊,等,译.北京:中国社会科学出版社,2003.

20. 安东尼·吉登斯.第三条道路:社会民主主义的复兴[M].郑戈,译.北京:北京大学出版社,2000.

21. 安东尼·吉登斯.现代性的后果[M].田禾,译.南京:译林出版社,2000.

22. 安东尼·吉登斯.现代性与自我认同[M].赵旭东,等,译.北京:生活·读书·新知三联书店,1998.

23. 安东尼·唐斯.官僚制内幕[M].郭晓聪,等,译.北京:中国人民大学出版社,2006.

24. 曹锦清,陈中亚.走出"理想"城堡——中国"单位"现象研究[M].深圳:海天出版社,1997.

25. 曹沛霖.西方政治制度[M].北京:高等教育出版社,2000.

26. 陈明明,何俊志.中国民主的制度结构[M].上海:上海人民出版社,2008.

27. 陈伟东.社区自治——自组织网络与制度设置[M].北京:中国社会科学出版社,2004.

28. 戴维·奥斯本、彼得·普拉斯特里克.再造政府[M].谭功荣,刘霞,译.北京:中国人民大学出版社,2010.

29. 戴维·赫尔德.民主的模式[M].燕继荣,等,译.北京:中央编译出版社,2008.

30. 丹尼尔·贝尔.后工业社会的来临:对社会预测的一项探索[M].北京:商务印书馆,1984.

31. 翟学伟.面子·人情·关系网中国人社会心理与行为的特征[M].郑

州:河南人民出版社,1994.

32. 杜鲁门.政治过程:政治利益与公共舆论[M].陈尧,译.天津:天津人民出版社,2005.

33. 斐迪南·滕尼斯.共同体与社会[M].林荣远,译.北京:商务印书馆,1999.

34. 斐迪南·滕尼斯.新时代的精神[M].林荣远,译.北京:北京大学出版,2006.

35. 费孝通.费孝通社会学文集[M].天津:天津人民出版社,1998.

36. 费孝通.乡土中国[M].北京:人民出版社,2008.

37. 关海庭.20世纪中国政治发展史论[M].北京:北京大学出版社,2000.

38. 关于建国以来党的若干历史问题的决议[M].北京:中共党史出版社,2010.

39. 桂勇.邻里空间:城市基层的行动、组织与互动[M].上海:上海书店出版社,2008.

40. 郭秋永.当代三大民主理论[M].北京:新星出版社,2006.

41. 哈贝马斯.重建历史唯物主义[M].郭官义,译,北京:社会科学文献出版社,2000.

42. 哈贝马斯.作为"意识形态"的技术与科学[M].李黎,郭官义,译.上海:学林出版社,2002.

43. 哈罗德·D.拉斯韦尔.权力与人格[M].胡勇,译.北京:中央编译出版社,2013.

44. 郝伯特·马尔库塞.单向度的人:发达工业社会意识形态研究[M].刘继,译,上海:上海译文出版社,2008.

45. 何金晖.中国城市社区权力结构研究[M].武汉:华中师范大学出版社,2010.

46. 何俊志.选举政治学[M].上海:复旦大学出版社,2009.

47. 何增科,包雅钧.公民社会与治理[M].北京:社会科学文献出版社,

2011.

48. 贺海涛,聂新平.基层社区治理的创新实践:国家治理现代化视野下的罗湖探索[M].北京:中国社会科学出版社,2016.

49. 胡伟.政府过程[M].杭州:浙江人民出版社,1998.

50. 卡尔·曼海姆.重建时代的人与社会:现代社会结构研究[M].张旅平,译.南京:译林出版社,2011.

51. 黎熙元.现代社区概论[M].广州:中山大学出版社,2007.

52. 李培林.中国社会[M].北京:社会科学文献出版社,2011.

53. 理查德·C.博克斯.公民治理:引领21世纪的美国社区[M].孙柏英,译.北京:中国人民大学出版社,2013.

54. 林尚立.社区民主与治理:案例研究[M].北京:社会科学文献出版社,2003.

55. 刘春荣.社区治理与中国组织的边际革新[M].上海:上海人民出版社,2018.

56. 罗伯特·帕特南.独自打保龄球:美国社区的衰落与复兴[M].刘波,等,译.北京:北京大学出版社,2011.

57. 罗豪才.软法的理论与实践[M].北京:北京大学出版社,2010.

58. 闾小波.当代中国政府与政治[M].北京:高等教育出版社,2010.

59. 马克斯·韦伯.经济与社会:第2卷[M].上海:上海人民出版社,2010.

60. 曼库尔·奥尔森.国家兴衰探源:经济增长、滞胀与社会僵化[M].吕应中,等,译.北京:商务印书馆,1993.

61. 曼瑟尔·奥尔森.集体行动的逻辑[M].陈郁,郭宇峰,李崇新,译.上海:上海人民出版社,1995.

62. 茅铭晨.政府管制法学原论[M].上海:上海财经大学出版社,2005.

63. 齐卫平.政党治理与执政能力建设研究[M].上海:上海人民出版社,2014.

64. 任剑涛.除旧布新:中国政治发展侧记[M].北京:中央编译出版社,2014.

65．荣敬本．从压力型体制向民主合作体制的转变[M].北京：中央编译出版社,1998.

66．塞缪尔·亨廷顿.变化社会中的政治秩序[M].王冠华,刘为,等,译,沈宗美,校.上海：上海人民出版社,2008.

67．桑德斯.社区论[M].徐震,译.福州：福建人民出版社,1996.

68．斯蒂芬·范埃弗拉.政治学研究方法指南[M].陈琪,译.北京：北京大学出版社,2006.

69．孙柏瑛.当代地方治理：面向21世纪的挑战[M].北京：中国人民大学出版社,2004.

70．孙立平.重建社会：转型社会的秩序再造[M].北京：社会科学文献出版社,2009.

71．田毅鹏,等."单位共同体"的变迁与城市社区重建[M].北京：中央编译出版社,2014.

72．王邦佐.居委会和社区治理：城市社区居民委员会组织研究[M].上海：上海人民出版社,2003.

73．王敬尧.参与式治理：中国社区建设实证研究[M].北京：中国社会科学出版社,2006.

74．王明生.当代中国政治发展的历史与逻辑[M].南京：南京大学出版社,2014.

75．王浦劬,臧雷振,编译.治理理论与实践：经典议题研究新解[M].北京：中央编译出版社,2017.

76．王巍.社区治理结构变迁中的国家与社会[M].北京：中国社会科学出版社,2009.

77．威廉·费尔丁·奥格本.社会变迁：关于文化和先天的本质[M].王晓毅,陈育国,译.杭州：浙江人民出版社,1989.

78．韦克难.社区管理[M].成都：四川人民出版社,2003.

79．乌尔里希·贝克.个体化[M].李荣山,译.北京：北京出版社,2011.

80．吴志华.大都市社区治理：以上海为例[M].上海：复旦大学出版社,

2008.

81. 熊月之,主编.上海通史:第11卷·当代政治[M].上海:上海人民出版社,1999.

82. 熊月之,主编.上海通史:第13卷·当代社会[M].上海:上海人民出版社,1999.

83. 徐勇,陈伟.中国城市社区自治[M].武汉:武汉大学出版社,2002.

84. 许纪霖,等.城市的记忆:上海文化的多元历史传统[M].上海:上海书店出版社,2011.

85. 亚里士多德.物理学[M].张竹明,译,北京:商务印书馆,2004.

86. 杨淑琴.社区冲突:理论研究与案例分析[M].上海:上海三联书店,2014.

87. 杨雪冬.市场发育、社会成长和公共权力构建[M].郑州:河南人民出版社,2002.

88. 叶南客.都市社会的微观再造——中外城市社区比较新论[M].南京:东南大学出版社,2003.

89. 俞可平.敬畏民意:中国的民主治理与政治改革[M].北京:中央编译出版社,2012.

90. 俞可平.治理与善治[M].北京:社会科学文献出版社,2000.

91. 虞崇胜.政治文明论[M].武汉:武汉大学出版社,2003.

92. 张平,周立,主编.中国城市社区治理报告[M].北京:中国社会出版社,2018.

93. 赵鼎新.社会与政治运动讲[M].北京:社会科学文献出版社,2012.

94. 赵小平,陶传进.社区治理模式转变中的困境与出路[M].北京:社会科学文献出版社,2012.

95. 赵毅旭.城市社区治理路径[M].成都:四川大学出版社,2010.

96. 郑杭生.中国特色和谐社区建设"上城模式"实地调查研究[M].北京:世界图书出版公司,2010.

97. 周雪光.中国国家治理的制度逻辑[M].上海:上海三联书店,2017.

98. 周翼虎,杨晓民.中国单位制度[M].北京:中国经济出版社,1999.

二、中文期刊论文

1. 曹海军.党建引领下的社区治理和服务创新[J].政治学研究,2018(01).

2. 曾凡军.整体性治理:一种压力型治理的超越与替代图式[J].江汉论坛,2013(02).

3. 曾润喜,等.社区支持感对城市社区感知融入的影响:基于户籍身份的调节效应检验[J].中国行政管理,2016(12).

4. 陈秉公.论中国传统文化"和合"理念[J].社会科学研究,2019(01).

5. 陈家喜.反思中国城市社区治理结构:基于合作治理的理论视角[J].武汉大学学报:哲学社会科学版,2015(01).

6. 陈进华.治理体系现代化的国家逻辑[J].中国社会科学,2019(05).

7. 陈亮.超大城市大型社区的治理尺度再造与治理空间再生产:以上海市基本管理单元实践为例[J].内蒙古社会科学,2020(05).

8. 陈鹏.国家—市场—社会三维视野下的业委会研究:以B市商品房社区为例[J].公共管理学报,2013(03).

9. 陈天祥,杨婷.城市社区治理:角色迷失及其根源——以H市为例[J].中国人民大学学报,2011(03).

10. 陈伟东,李雪萍.社区治理主体:利益相关者[J].当代世界与社会主义,2004(02).

11. 陈燕,郭彩琴.中国城市社区治理:困境、成因及对策[J].苏州大学学报:哲学社会科学版,2016(06).

12. 陈义平.社会组织参与社会治理的主体性发展困境及其解构[J].学术界,2017(02).

13. 崔运武,柯尊清.城市基层社会治理体制运行研究[J].学术探索,2016.

14. 董秀.深圳市"社工+义工"联动参与社区治理的思考[J].武汉大学

学报,2009(03).

15. 杜伟泉,朱力.基于权力关系重构的共治型城市社区治理机制探析[J].学习与实践,2019(02).

16. 方亚琴,夏建中.社区、居住空间与社会资本:社会空间视角下对社区社会资本的考察[J].学习与实践,2014(11).

17. 冯猛.中国社会治理转型的动力与路径[J].探索与争鸣,2019(06).

18. 高民政,郭圣莉.居民自治与城市治理:建国初期城市居民委员会的创建[J].政治学研究,2003(01).

19. 龚艳.基层干部焦虑的本质及其化解策略[J].领导科学,2019(15).

20. 顾杰,胡伟.协商式治理:基层社区治理的可行模式:基于上海浦东华夏社区的经验[J].学术界,2016(08).

21. 顾永红,向德平,胡振光."村改居"社区:治理困境、目标取向与对策[J].社会主义研究,2014(03).

22. 关信平.当前我国增强社会组织活力的制度建构与社会政策分析[J].江苏社会科学,2014(03).

23. 郭于华,沈原.居住的政治:B市业主维权与社区建设的实证研究[J].开放时代,2012(02).

24. 韩福国,张开平.社会治理的"协商"领域与"民主"机制:当下中国基层协商民主的制度特征、实践结构和理论批判[J].浙江社会科学,2015(10).

25. 韩志明.治理技术及其运作逻辑:理解国家治理的技术维度[J].社会科学,2020(10).

26. 郝宇青.从分化到整合:改革开放40年社会变迁的动力及其转换[J].江西师范大学学报:哲学社会科学版,2018(05).

27. 郝宇青.基层社会治理的政治学论纲[J].社会科学,2020(06).

28. 郝宇青.基层治理中的风险衍生机理分析[J].国家治理周刊,2020(27).

29. 何艳玲,钟佩.熟悉的陌生人:行动精英间关系与业主共同行动[J].

社会学研究,2013(06).

30. 何艳玲.社区建设运动中的城市基层政权及其权威重建[J].广东社会科学,2006(01).

31. 衡霞.基层社会治理中群众路线制度优势的理论阐释[J].行政论坛,2020(03).

32. 侯博文,尹海杰.人情、面子与法治传统型城市社区治理新思路:以哈尔滨市Y社区"道德法庭"为例[J].理论月刊,2018(01).

33. 胡键.中国共产党的软实力研究[J].社会科学,2015(03).

34. 胡位钧.社区:新的公共空间及其可能:一个街道社区的共同体生活再造[J].上海大学学报:社会科学版,2005(05).

35. 胡小君.从分散治理到协同治理:社区治理多元主体及其关系构建[J].江汉论坛,2016(04).

36. 黄军甫.民族主义内涵嬗变与中国现代化的道路选择[J].社会科学,2018(04).

37. 贾双跃.中国改革开放以来社会分化的基本状况、特征与趋势[J].学术界,2019(07).

38. 姜晓萍,张璇.智慧社区的关键问题:内涵、维度与质量标准[J].上海行政学院学报,2017(06).

39. 康宇.中国城市社区治理发展历程及现实困境[J].贵州社会科学,2007(02).

40. 孔娜娜."共同体"到"联合体":社区居委会面临的组织化风险与功能转型[J].社会主义研究2013(03).

41. 李怀,张华.以"公共性"为基础条件的城市社区体制:一个实地研究[J].兰州大学学报:社会科学版,2018(04).

42. 李慧凤.社区治理与社会管理体制创新:基于宁波市社区案例研究[J].公共管理学报,2010(01).

43. 李强,葛天任.社区的碎片化:Y市社区建设与城市社会治理的实证研究[J].学术界,2013(12).

44. 李强. 后全能体制下现代国家的构建[J]. 战略与管理, 2001(06)

45. 李威利. 空间单位化城市基层治理中的政党动员与空间治理[J]. 马克思主义与现实, 2018(06).

46. 李友梅. 社区治理:公民社会的微观基础[J]. 社会, 2007(02).

47. 李正东. 城市社区冲突:强弱支配与行动困境:以上海P区M风波事件为例[J]. 社会主义研究, 2012(06)

48. 梁宇. 社会组织在城市社区治理中的独特力量[J]. 人民论坛, 2017(21).

49. 林尚立. 有机的公共生活:从责任建构民主[J]. 社会, 2006(03).

50. 刘安. 业委会发展的困境及其突破[J]. 城市问题, 2012(03).

51. 刘京希. 政治生态学理论体系建构刍议[J]. 马克思主义与现实, 2013(04).

52. 刘敏. "国家+"治理社区治理模式的新探索:以深圳为例[J]. 新视野, 2017(02).

53. 刘训练. "共和"考辨[J]. 政治学研究, 2008(01).

54. 刘玉东. 街道职能改革与社区治理模式建构比较研究[J]. 北京行政学院学报, 2015(06).

55. 卢爱国, 陈洪江. "复合式党建":城市基层党建区域化体制构建的目标选择[J]. 探索, 2017(06).

56. 卢福营. 二元到三元:基层社会治理的结构变迁[J]. 社会科学, 2020(05).

57. 卢汉龙. 单位与社区:中国城市社会生活的组织重建[J]. 社会科学, 1999(02).

58. 罗干. 政党制度化与国家治理:后发展国家政治发展的理论观察[J]. 江苏社会科学, 2016(03).

59. 罗家德, 孙瑜, 等. 自组织运作过程中的能人现象[J]. 中国社会科学, 2013(10).

60. 骆小平. 多主体社区治理及其思考:以北京、广州、杭州三地调研为基础[J].华东理工大学学报:社会科学版,2018(03).

61. 吕付华.失范与秩序:重思涂尔干的社会团结理论[J].云南大学学报:社会科学版,2013(02).

62. 马立,曹锦清.社会组织参与社会治理:自治困境与优化路径:来自上海的城市社区治理经验[J].哈尔滨工业大学学报:社会科学版,2017(03).

63. 马卫红等.城市社区研究中的国家社会视角:局限、经验与发展可能[J].学术研究,2008(11).

64. 毛军权.业主委员会社区治理中的制度共识、自治困境与行动策略[J].兰州学刊,2011(05).

65. 苗延义.能力取向的"行政化":基层行政性与自治性关系再认识[J].社会主义研究,2020(01).

66. 闵学勤.社区自治主体的二元区隔及其演化[J].社会学研究,2009(01).

67. 倪咸林.城市核心社区治理模式创新研究[J].行政管理改革,2018(01).

68. 彭勃.国家权力与城市空间:当代中国城市基层社会治理变革[J].社会科学,2006(09).

69. 齐卫平.读懂以人民为中心发展思想新的时代内涵[J].人民论坛,2020(24).

70. 齐卫平.体系与效能:中国特色社会主义制度的国家治理优势[J].行政论坛,2020(01).

71. 秦红增,王希."三社互动"社区治理模式运行问题及提升对策:以南宁市为例[J].云南民族大学学报:哲学社会科学版,2016(04).

72. 秦上人,等.从网格化管理到网络化治理:走向基层社会治理的新形态[J].南京社会科学,2017(01).

73. 任克强.组织化合作动员:社区建设的新范式[J].南京社会科学,2014(11).

74. 尚虎平."治理"的中国诉求及当前国内治理研究的困境[J].学术月

刊,2019(05).

75. 佘湘.城市社区治理中的集体行动困境及其解决:基于理性选择制度主义的视角[J].湖南师范大学社会科学学报,2014(05).

76. 申丽娟,陈跃.社区治理现代化的结构性障碍及其内源式破解[J].四川师范大学学报:社会科学版,2016(03).

77. 盛智明.城市社区治理中的"强人政治"与公共性困境[J].河北学刊,2016(06).

78. 石发勇.业主委员会、准派系政治与基层治理:以一个上海街区为例[J].社会学研究,2010(03).

79. 史云贵.当前我国城市社区治理的现状、问题与若干思考[J].上海行政学院学报,2013(02).

80. 宋道雷.国家治理的基层逻辑:社区治理的理论、阶段与模式[J].行政论坛,2017(05).

81. 宋道雷.专业主导式合作治理:国家社会关系新探[J].南开学报:哲学社会科学版,2018(03).

82. 孙柏瑛.城市社区居委会"去行政化"何以可能?[J].南京社会科学,2016(07).

83. 孙立平,王汉生,王思斌,林彬,杨善华.改革以来中国社会结构的变迁[J].中国社会科学,1994(02).

84. 孙璐.论城市弱势群体的社区参与:以扬州市文昌花园社区为个案研究[J].理论与改革,2007(01).

85. 孙珠峰,胡近."元治理"理论研究:内涵、工具与评价[J].上海交通大学学报:哲学社会科学版,2016(03).

86. 塔娜,等.单位社区杂化过程与城市性的构建[J].人文地理,2012(03).

87. 谈志林,张黎黎.我国台湾地区社改运动与内地社区再造的制度分析[J].浙江大学学报:人文社会科学版,2007(02).

88. 唐皇凤,王豪.可控的韧性治理[J].探索与争鸣,2019(12).

89．唐曼,王宝平,汤庆园.日常生活实践治理:中国城市社区治理的动力机制[J].城乡规划,2017(04)

90．田毅鹏,王丽丽.单位的"隐形在场"与基层社会治理:以"后单位社会"为背景[J].中国特色社会主义研究,2017(02).

91．王德福,张雪霖.社区动员中的精英替代及其弊端分析[J].城市问题,2017(01).

92．王德福.社区治理现代化:功能定位、动力机制与实现路径[J].学习与实践,2019(07).

93．王芳.公民社会发展与我国城市社区治理模式选择[J].学术研究,2008(11).

94．王海洲.仪式与政治时间的更新[J].探索与争鸣,2018(02).

95．王可园.协商治理:村民自治有效实现的路径选择[J].行政论坛,2017(02).

96．王睿,姜雯,申俊龙.基于多中心治理理论的视角探讨中国特色的健康社区治理模式[J].中国全科医学,2018(05).

97．王绍光.不应淡忘的公共决策参与模式:群众路线[J].民主与科学,2010(01).

98．王绍光.学习机制、适应能力与中国模式[J].开放时代,2009(07).

99．王思斌.新中国70年国家治理格局下的社会治理和基层社会治理[J].青海社会科学,2019(06).

100．王颖.上海城市社区实证研究:社区类型区位结构及变化趋势[J].城市规划汇刊,2002(06).

101．王宗礼,李连军.新中国70年来基层社会治理的演进逻辑与主要启示[J].青海社会科学,2019(06).

102．魏娜.我国城市社区治理模式:发展演变与制度创新[J].中国人民大学学报,2003(01).

103．文军,高艺多.社区情感治理:何以可能,何以可为？[J].华东师范大学学报:哲学社会科学版,2017(06).

104. 文宇.城市住宅小区物业管理的现状、问题及其解决对策[J].城市
问题,2013(09).

105. 吴晓林,郝丽娜."社区复兴运动"以来国外社区治理研究的理论
考察[J].政治学研究,2015(01).

106. 向德平.社区组织行政化:表现、原因及对策分析[J].学海,
2006(03).

107. 肖丹.打造共建共治共享的社区治理格局[J].人民论坛,2018(16).

108. 肖林."社区""研究"与"社区研究":近年来我国城市社区研究述
评[J].社会学研究,2011(04).

109. 辛方坤."三治融合"视域下城市社区公共空间的构建:基于上海
D社区的探索[J].社会科学.2018(03).

110. 徐宏宇.城市社区合作治理的现实困境[J].城市问题,2017(06).

111. 徐晓军.城市阶层隔离与社区性格[J].社会主义研究,2007(01).

112. 严爱云.上海加强社区党建的历史进程与经验启示[J].党史与党
建,2008(03).

113. 严志兰,邓伟志.中国城市社区治理面临的挑战与路径创新探析
[J].上海行政学院学报,2014(04).

114. 杨代福.我国城市社区网格化管理创新扩散现状与机理分析[J].
青海社会科学,2013(06).

115. 杨帆,王诗宗.公民参与及其行政可动员性:社区社团组织的功能
溢出[J].南京社会科学,2017(09).

116. 杨宏山.街道办事处改革:问题、路向及制度条件[J].南京社会科
学,2012(04).

117. 杨建华.传统基层社会治理文化的现代转型[J].中国特色社会主
义研究,2015(05).

118. 杨敏.公民参与、群众参与与社区参与[J].社会,2005(05).

119. 杨敏.作为国家治理单元的社区:对城市社区建设运动过程中居
民社区参与和社区认知的个案研究[J].社会学研究,2007(04).

120．杨雪冬.压力型体制:一个概念的简明史[J].社会科学,2012(11).

121．叶良海,吴湘玲.清单式治理:城市社区治理新模式[J].学习与实践,2018(06).

122．尹广文.多元主体参与社区场域中的协同治理实践:基于四种典型的社区治理创新模式的比较研究[J].云南行政学院学报,2016(05).

123．尹浩.城市社区微治理的多维赋权机制研究[J].社会主义研究,2016(05).

124．张必春,许宝君.整体性治理:基层社会治理的方向和路径——兼析湖北省武汉市武昌区基层治理[J].河南大学学报:社会科学版,2018(06).

125．张凤荣.大数据社会治理研究的理论进展与政策堕距分析[J].学海,2018(02).

126．张广乐.责任与压力传导的问题及对策[J].领导科学,2017(24).

127．张桂蓉.企业社会责任与城市社区建设[J].城市问题,2011(01).

128．张平,隋永强.一核多元:元治理视域下的中国城市社区治理主体结构[J].江苏行政学院学报,2015(05).

129．张平.城市社区权力结构的现实样态及其优化:基于社会网络分析的视角[J].北京行政学院学报,2019(01).

130．张卫,成靖.中国式社区治理模式的深层分析[J].中南民族大学学报:人文社会科学版,2013(05).

131．张文龙.城市社区治理模式选择:谁的治理,何种法治化?——基于深圳南山社区治理创新的考察[J].河北法学,2018(09).

132．张翔.基层政策执行的"共识式变通":一个组织学解释——基于市场监管系统上下级互动过程的观察[J].公共管理学报,2019(08).

133．张雪霖,王德福.社区居委会去行政化改革的悖论及其原因探析[J].北京行政学院学报,2016(01)

134．张艳国,李非."党建+"在城市社区治理中的独特功能和实现形式[J].江汉论坛,2018(12).

135．张艳云.中国式人情关系与组织现代治理机制的共生路径探析

[J].领导科学,2019(07).

136. 张勇.社会治理新动力研究[J].沈阳农业大学学报:社会科学版,2016(01).

137. 张再生,牛晓东.东方文化的城市社区关系型治理模式与机制研究[J].天津大学学报:社会科学版,2015(01).

138. 张振等.业主委员会培育与社区多中心治理模式建构[J].中州学刊,2015(09).

139. 郑杭生,黄家亮.当前我国社会管理和社区治理的新趋势[J].甘肃社会科学,2012(06).

140. 郑长忠.多元共存条件下社区治理的政党逻辑:以上海临汾社区物业管理党建联建工作为例[J].理论与改革,2009(02).

141. 钟海.权宜性治理:城市基层社会治理中的居委会行为逻辑探析[J].广西社会科学,2016(04).

142. 钟伟军.地方政府在社会管理中的权宜式治理行为分析[J].江苏行政学院学报,2013(06).

143. 周平.政治文明:涵义、结构和演进[J].云南行政学院学报,2005(01).

144. 周尚文.从弱化到瘫痪—苏共基层组织功能质变的过程和教训[J].2007(05).

145. 周雪光.基层政府间的"共谋现象":一个政府行为的制度逻辑[J].社会学研究,2008(06).

146. 周雪光.权威体制与有效治理:当代中国国家治理的制度逻辑[J].开放时代.2011(10).

147. 朱健刚.城市街区的权力变迁:强国家与强社会模式:对一个街区权力结构的分析[J].战略与管理,1997(04).

148. 朱仁显,邬文英.从网络管理到合作共治:转型期我国社区治理模式路径演进分析[J].厦门大学学报,2014(01).

149. 朱喜群.社区冲突视阈下城市社区多元治理中的权力博弈:以苏

州市D社区更换物业公司为考察个案[J].公共管理学报,2016(03).

三、学位论文

1. 陈亮.走向网络化治理:社会治理的发展进路及困境破解[D].长春:吉林大学,2016.

2. 葛天任.社区碎片化与社区治理[D].北京:清华大学,2014.

3. 关爽.国家主导的社会治理:当代中国社会治理的发展模式与逻辑[D].杭州:浙江大学,2015.

4. 何威.治理共同体建构:城市社区协商治理研究[D].上海:华东师范大学,2018.

5. 胡宝文.社会治理创新视阈下城市社区业主委员会治理研究[D].武汉:华中科技大学,2017.

6. 胡振光.社区治理的多主体结构形态研究[D].武汉:华中师范大学,2015.

7. 孔娜娜.行动者、关系与过程:基层社会治理的结构性转换[D].武汉:华中师范大学,2012.

8. 兰亚春.居民关系网络脱域与城市社区共同体培育[D].长春:吉林大学,2012.

9. 李慧凤.社区治理与社会管理体制创新[D].杭州:浙江大学,2011.

10. 刘功润.作为共同体的城市社区自治问题研究[D].上海:复旦大学,2012.

11. 刘佳.我国基层社会治理模式创新研究[D].长春:东北师范大学,2015.

12. 刘玉东.中国城市社区治理中的资源配置与结构演变研究[D].南京:南京大学,2011.

13. 吕妍.马克思社会发展动力理论研究[D].哈尔滨:哈尔滨师范大学,2020.

14. 潘博.党建引领城市基层社会治理的运作逻辑与实践路径研究[D].

长春:吉林大学,2020.

15. 秦上人.基层社会治理创新的制度化:一项多案例研究[D].杭州:浙江大学,2016.

16. 邵静野.中国社会治理协同机制建设研究[D].长春:吉林大学,2014.

17. 沈筱芳.党的领导与基层社会治理研究[D].北京:中共中央党校,2017.

18. 田丽.马克思恩格斯社会发展动力思想研究[D].北京:中共中央党校,2015.

19. 王国斌.改革开放以来中国共产党社会治理历史演进研究[D].长沙:湖南师范大学,2018.

20. 王艳丽.城市社区协同治理动力机制研究[D].长春:吉林大学,2012.

21. 武小川.论公众参与社会治理的法治化[D].武汉:武汉大学,2014.

22. 夏晓丽.城市社区治理中的公民参与问题研究[D].济南:山东大学,2011.

23. 许婵.中国共产党从社会管理到社会治理的思想演变及发展[D].武汉:武汉理工大学,2018.

24. 易轩宇.社会组织参与社会治理的机制创新研究[D].湘潭:湘潭大学,2015.

25. 张宏伟.治理现代化视域下社会治理模式创新研究[D].济南:山东大学,2015.

26. 郑安兴.中国城市社区治理现代化:逻辑分析与路径选择[D].长春:吉林大学,2018.

四、外文文献

1. Adams D, Hess M. Community in Public Policy: Fad or Foundation?[J]. Australian Journal of Public Administration, 2001(02).

2. Alcouffe S, Berland N and Levant Y. Actor-Networks and the Diffusion of Management Accounting Innovations: A Comparative Study[M]. Social Science Electronic Publishing, 2008.

3. Bevir, Mark. Governance: A Very Short Introduction[M]. Oxford, UK: Oxford University Press, 2013.

4. Bob Jessop. Territory, Politics, Governance and Multispatial Metagovernance[J]. Territory, Politics, Governance, 2016(01).

5. Burr, V. Social Constructionism (2nd Ed.) [M]. London: Routledge, 2003.

6. Connelly, S. Constructing Legitimacy in the New Community Governance [J]. Urban Studies, 2011(05).

7. David Easton. A Systems Analysis of Political Life[M]. New York: John Wiley, 1965.

8. David Schambaugh. China's Propaganda System: Institutions, Process and Efficacy[J]. China Journal, 2007(57).

9. Emerson, Kirk, Nabatchi, et al. An Integrative Framework for Collaborative Governance[J]. Journal of Public Administration Research & Theory, 2012(01).

10. Eversole, R. Community Agency and Community Engagement: Re-theorising Participation in Governance[J]. Journal of Public Policy, 2011(01).

11. Frankowski A. Collaborative Governance as a Policy Strategy in Healthcare[J]. Journal of Health, Organization and Management, 2019(07).

12. Gash A A. Collaborative Governance in Theory and Practice[J]. Journal of Public Administration Research & Theory J Part, 2008(04).

13. Gates, C. Community Governance[J]. Futures, 1999(31).

14. Gibson, W. Neuromancer[M]. New York: Basic Books, 1984.

15. Henri Lefebvre. The Production of Space[M]. Cambridge University Press, 1991.

16. Jones, Charles O. An Introduction to the Study of Public Policy: 2nd ed. [M]. Mass: Duxbery, 1977.

17. Kooiman, J. Modern Governance: New Government-Society Interactions [M]. London: Sage Press, 1993.

18. Landry, Pierre. Decentralized Authoritarianism in China[M]. Cambridge University Press, 2008.

19. Leslie Shieh. Becoming Urban: Rural−Urban Integration in Nanjing, Jiangsu Province[J]. Pacific Affairs, 2011(03).

20. Ludlow D, Khan Z. Participatory Democracy and the Governance of Smart Cities[J]. Annual Aesop Congress, 2012(01).

21. Michael Haus, Hubert Heinelt and Murray Stewart. Urban Governance and Democracy: Leadership and Community Involvement[M]. Routledge, 2007.

22. Migdal, Joel S. State in Society[M]. Cambridge: Cambridge University, 2004.

23. Mills, C Wright. The Power Elite[M]. Oxford: Oxford University Press, 1956.

24. Parsons, T. The Social System[M]. New York: Free Press, 1951.

25. Patrick Dunleavy. Digital Era Governance: IT Corporations, the State, and E−government[M]. London: Oxford University Press, 2006.

26. Perri, B. Joined−Up Government in the Western World in Comparative Perspective: A Preliminary Literature Review and Exploration[J]. Journal of Public Administration Research and Theory, 2004(01).

27. Peter Smith Ring and Andrew H. van de Ven. Developmental Processes of Cooperative Interorganizational Relationships[J]. Academy of Management Review, 1994(01).

28. Peters, B G. Governance: A Garbage Can Perspective[J]. Political Science Series, 2002(04).

29. Postman, N. The End of Education: Redefining the Value of School[M]. New York: Alfred A knopf, 1996.

30. Robert, Adams. Empowerment, Participation and Social work [M]. New York: Palgrave Macmillan, 2008.

31. Rogers E, Weber E P. Thinking Harder About Outcomes for Collabora-

tive Governance Arrangements[J]. American Review of Public Administration, 2009(05).

32. Sorensen, E, & Torfing, J. Making Governance Networks Effective and Democratic through Metagovernance[J]. Public Administration, 2010(02).

33. Stoker, G. New Localism, Participation and Networked Community Governance[M]. Manchester: University of Manchester, 2004.

34. Sullivan H, Skelcher C. Working Across Boundaries: Collaboration in Public Services[J]. Health & Social Care in the Community, 2003(02).

35. Thomas Winslow Hazlett. The Political Spectrum: The Tumultuous Liberation of Wireless Technology, from Herbert Hoover to the Smartphone[M]. Mass: Yale University Press, 2017.

36. Thomson A M, Perry J L. Collaboration Processes: Inside the Black Box [J]. Public Administration Review, 2006 (s1).

37. Whyte Martink, Parish, William L. Urban life in Contemporary China [M]. Chicago: University of Chicago Press, 1984.

38. Wierda, Howard J. Corporatism and National Development in Latin America[M]. Boulder: Westview Press, 1981.

39. Zeldin S, Camino L, Calvert M. Toward an Understanding of Youth in Community Governance: Policy Priorities and Research Directions[J]. Analyse Psychologic, 2007(01).

40. Žižek, Slavoj. How to Read Lacan[M]. New York: W. W. Norton & Company, 2007.

41. Zygmunt Bauman. Modernity and Ambivalence[M]. Cambridge: Polity Press, 1991.

后　记

搁笔之际，积压已久的心绪终于得以释怀。回望这段交织着困顿与突破的学术旅程，脑海中浮现的不仅是伏案疾书的日夜，更清晰的记忆是沿途那些为我点亮星火的身影。

求学之幸始于明师。初中班主任刘丽老师，高中的张春昌老师与张爽老师。他们在我面临压力时候给我信心和力量，告诉我人生很长，目光应放得长远，不局限于某一次的成绩和短时间的成败。我的博导郝宇青教授以严谨的学术品格为我示范何为真正的学者，从课堂到科研的路上都蕴含着治学的温度与尺度。老师们的教导是求学路上的航标，让我在迷茫时总能找到前行的方向。

父母之爱筑就生命底色。我最想感谢的就是我的父母，他们给我最无私的爱和最强大的支持。在我的记忆里，他们只在大方向上对我严格要求，对我想做的事很少说不，都尽力满足我，希望我开心快乐。上小学的时候，母亲告诉我，每个人都有自己的本职工作，要想实现更多可能性的基础是把本职工作做好。我作为学生，最重要的是把学习这项工作尽力做好。这句话贯穿了我二十几年的学习生涯，我一直牢牢记在心中，激励着自己不要松懈。父母告诉我学习的重要性，积极地引导我，却从来没有施加压力。他们给我最充足的爱和信任，让我有健康的身心去感受生活中的美好。特别是我的妈妈，从小到大，我心中最敬佩的人就是她。她让我知道，无论什么时候，发生任何事，都有一个人会爱着我、相信我、支持我，这让我充满力量，可以无所畏惧地向前冲。她的努力、她的优秀激励着我，要做跟妈妈一样优秀的人。她是高级工程师，也是我心中最伟大的母亲。

　　我还要谢谢我的丈夫和两个可爱的宝贝。修读硕士和博士学位期间，因为学业与他们聚少离多，但丈夫一直说没关系，让我专心于学业，做自己想做的事情。在书稿的创作期间，我曾因压力和过度的紧张焦虑，出现了严重的失眠和情绪的波动。在睡不着的深夜里，他会耐心地陪我聊天，给我鼓励，让我坚持。还有我两个可爱的宝贝，悠悠甜甜的声音和妥妥的笑脸对我有最强的治愈力。因为她们，我的生命更加完整了。唯愿这份坚持本身，能成为送给孩子们最好的成长礼物——让她们相信，思想的星空永远值得仰望，生命中的美好也值得我们去奋斗。

　　此刻合卷，更觉所有艰辛都已沉淀为生命的礼物。谨以这份研究成果致谢生命中所有的托举之力，愿在未来的探索之路上，仍能不负那些期待的目光。以后的路，要更努力，也要更精彩！

赵爽

2025年5月